C・G・ユング

分析心理学セミナー

1925年、チューリッヒ

ソヌ・シャムダサーニ／ウィリアム・マガイアー 編
横山 博 監訳
大塚紳一郎・河合麻衣子・小林泰斗 訳

みすず書房

INTRODUCTION TO JUNGIAN PSYCHOLOGY

Notes of The Seminar on Analytical Psychology Given in 1925

by

Carl Gustav Jung

edited by

Sonu Shamdasani, William McGuire

First published by Princeton University Press, 1989

口絵１　「来たるべきものの道」と名づけられた『新たなる書』の最初の１頁目．W.W. Norton & Company, Inc.

口絵2　作品番号1950-134-59．マルセル・デュシャン「階段を降りる裸体 No.2」（1912）

口絵３　「未来の地獄行き」の冒頭．ユングの最初のアクティヴな視覚的ファンタジー（58-9 頁参照）．『新たなる書』頁番号iii，裏面，紙面の一番下のイメージに描かれたもの．W.W. Norton & Company, Inc.

口絵 4 「未来の地獄行き」のさらなる詳細（58-9 頁参照）．ユングの視覚的ファンタジーを描いている．『新たなる書』頁番号iii，裏面．W.W. Norton & Company, Inc.

口絵５ 「英雄の殺害」．ユングが見た，ジークフリートを殺害する夢を描いている．紙面の一番下のイメージに描かれたもの．『新たなる書』頁番号iii〔実際にはiv〕，裏面．W.W. Norton & Company, Inc.

口絵6　「密儀．出会い」．エリヤ，サロメ，ヘビとのユングの出会いを描いている．『新たなる書』頁番号v，裏面．W.W. Norton & Company, Inc.

Mysterium.

Begegnung. cap. ix.

In der nacht / da ich der weisheit des gottes nachdachte / wurde ich
eines bildes gewahr: ich lag in einer dunkeln tiefe.
ein alter mann stand vor mir. er sah aus wie einer der alten propheten.
zu seinen füssen lag eine schwarze schlange. in einiger entfernung
sah ich ein säulengetragenes haus. ein schönes mädchen tritt
aus der thür: sie geht unsicher und ich sehe / sie ist blind. der alte winkt
mir / ich folge ihm zum hause am fusse der hohen felswand. hinter uns kriecht die schlange.
im innern des hauses herrscht dunkel. wir sind in einer hohen halle mit glitzernden
wänden. im hintergrunde liegt ein hellwasserfarbener stein. wie ich in seine spiegelung
blicke / erscheint mir das bild der eva / des baumes und der schlange / darauf er-
blicke ich odysseus und seine gefährten auf weitem meer. plötzlich öffnet sich zur rechten ei-
ne thür in einen garten voll hellen sonnenscheins. wir treten hinaus und der alte spricht
zu mir: weisst du / wo du bist? i: ich bin hier fremd und alles ist mir wunderbar / angst-
lich wie ein traum. wer bist du? e: ich bin elias und dies ist meine tochter salome. i: die
tochter des herodes / das blutrünstige weib? e: warum urtheilst du so? du siehst / sie ist
blind. sie ist meine tochter / die tochter des propheten. i: welches wunder hat euch vereinigt?
e: kein wunder / es war von anbeginn so. meine weisheit und meine tochter sind eins.
i: ich bin erstarrt / ich vermag es nicht zu fassen. e: denke darnach: ihre blindheit und meine
sehendheit haben uns zu gefährten gemacht seit ewigkeit. i: vergieb mein staunen / ich bin wohl
in der unterwelt? S: liebst du mich? i: wie kann ich dich lieben? wie kommst du zu dieser
frage? ich sehe nur eines / du bist salome / ein tiger / das blut des heiligen klebt an deinen
händen. wie sollte ich dich lieben? S: du wirst mich lieben. i: ich dich lieben? wer giebt dir das
recht zu solchen gedanken? S: ich liebe dich. i: lass ab von mir / mir graut vor dir / bestie.
S: du thust mir unrecht. elias ist mein vater / und er kennt die geheimnisse tiefste. die wän-
de seines hauses sind von edelsteinen. seine brunnen halten heilkräftige wasser und sein
auge schaut die künftigen dinge. und was gäbest du nicht um einen einzigen blick
in die unendlichen dinge des kommenden? wären sie dir nicht selbst eine sünde werth?
i: deine versuchung ist teuflisch. ich sehne mich zurück nach der oberwelt. hier ist es grauenhaft.
wie schwül und schwer ist die luft! e: was willst du? du hast die wahl. i: aber ich gehöre
nicht zu den todten. ich lebe im lichte des tages. warum soll ich mich hier um salome quälen?
und habe doch genug am eigenen leben zu tragen. e: du hörtest / was salome sagte. i: ich kann
es nicht glauben / dass du der prophet / sie als tochter und gefährtin erkennen kannst. ist sie
nicht aus ruchlosem samen gezeugt? war sie nicht eitel gier und verbrecherische wol-
lust? e: sie liebte aber einen heiligen. i: und hat schmählich sein theures blut vergossen.
e: sie liebte den propheten / der der welt den neuen gott verkündigte. ihn liebte sie / ver-

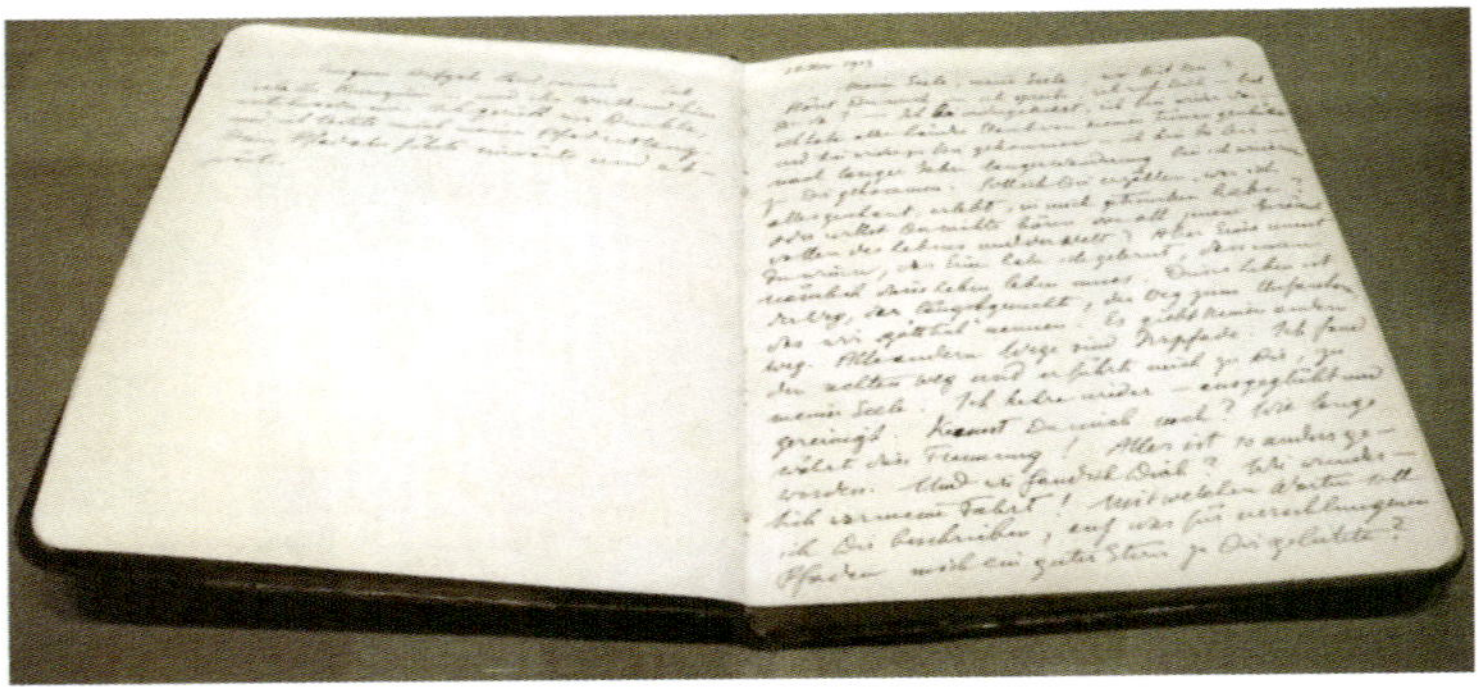

口絵 7 『黒の書 2』，編者（シャムダサーニ）撮影.

口絵 8 『赤の書』，編者（シャムダサーニ）撮影.

目次

凡例

一、本書は *Introduction to Jungian Psychology: Notes of the Seminar on Analytical Psychology Given in 1925*, Princeton University Press, 2012 の邦訳である。なお、原書にある The Collected Works of C. G. Jung（英語版ユング著作集の文献リスト）は割愛した。

一、原文にあるイタリック体は原則として傍点にて、一部は「　」で強調した。ただし、当該箇所が英語以外の言語（ドイツ語、ラテン語、フランス語）であることのみを示す場合には強調を施していない。

一、訳者による注は原注とともに巻末に収録し、訳者による簡便な文意の補足は本文中に〔　〕で挿入した。

二〇一二年 フィレモン・シリーズ版への序文

歴史的観点から見ると、このセミナーは多くの点において、ユングが行なったセミナーの中でもっとも重要なものであった。自らの考えの発展、そして『赤の書』（『新たなる書』）のもととなった自己実験についてユングが自身が語った、信頼可能な唯一の一次資料だからである。ところが、このセミナーがそれにふさわしい注目を広い範囲で集めることは一度もなかった。一九八九年、本セミナーはウィリアム・マガイアー（一九一七―二〇〇九年）[1]による編集版の形でボーリンゲン・シリーズの一冊として出版された。同版は高度な水準を目指して準備されたものだった。[2]『新たなる書』の出版はこのセミナーを新たな形で提示する機会を提供している。ここでのユングの議論が違った姿を見せるようになるからだ。改訂を施されたこのフィレモン・シリーズ版では、新たな序文が付け足され、それと同時にユングが『新たなる書』の中で言及している素材への相互参照、および新情報を伴う追加の注が付された。一九八九年版の間違いが、わずかだが削除された。さらなる研究から判明したのは、ジョーン・コリーの『ユング心理学ＡＢＣ』(*ABC of Jung's Psychology*)の中の本セミナーからとられたものとされ、また補遺で再現されている文章が、実際には同年にイングランドのスワネージで行われたユングのセミナーからのものだということだった。そのため、それらは削除されている。

マガイアーはセミナーが三月から七月にかけての月曜日に中断期間なく開催されていたと考え、各レクチャーに日付を付した。しかし、最近になって復元されたケアリー・ベインズによるノートは、セミナーが週二回開催されていたことを示唆している。したがって、付け加えられた日付は削除した。

ソヌ・シャムダサーニ

序　論

ソヌ・シャムダサーニ

一九二五年三月二四日、チューリッヒ。ケアリー・ベインズはこう記している。

昨日、新体制がはじまった。セミナーの初回だ。学校の教科書に書かれている古代の戦争のように、これには直近の理由と、遠く離れた理由とがある。このうち前者は、ユングの回覧書簡の中で明確な形で述べられている。この手紙を受け取ったとき、コリーさんはまるで自分の父親が亡くなったかのような気分になったらしい。[1] 熱心な人々のあいだに全般的な悲しみや嘆き、それに歯を喰いしばるような思いがあった。ただしそこからは「四方」[i] の喜びも得られた。一二月のはじめ以来、二時間しか分析の時間が持てていなかったので、私には素晴らしい機会のように思えた。

私たちは月曜日と木曜日の、午後四時三〇分から六時までゲマインデ・シュトラーセの一室に集まることになった。[2] 昨日集まったのは以下の人たち。ショウ博士、ケイ博士（二八歳、オーストラリア出身、私とは初対面、とびきりの美青年とメモ）、サージェントさん、クリスティン・マン、ウォード博士、ゴードン博士、ベックウィズ[3]（まるでハチに刺されたかのように、セミナーは自分がユングとの時間を失うことを意味すると思い込んでいる。セミナーがそうしているのではなく、彼のアニマが可能なかぎり彼にそう確信させつづけているだけの話なのだけれど）、マリー[4]（三二歳、つい最近、イングランドのケンブリッジからやってきた。時々はアメリカから来ることも――六〇もの質問を携えてやってきて、『タイプ論』のことをよく理解していた――女王風の言葉を詰まらせながらのしゃべり方だけれど、私がやるよりもずっと魅力的だ――職業は化学者。バーモントに荒野を保有していて、そこで学会を開催するようユングを促そうとしている。カリフォルニアが話題になったときにはこう返答していた。「カリフォルニアには先物取引の見込みがあるから駄目だ。学会の場所が決まっても、二週間も経たないうちにアパートが建てられてしまう。一方、バーモントなら八〇年経っても変わらないだろう」と――私には保守的な評価であるように思えた。彼なら八〇〇年とでも言いそうなものだけど）、アルドリッチ、ダナム夫人（シカゴ）、私、ヒンクスさん、コリーさん。私たちはこの順番に壁のまわりに座り、すました顔をしてみせたのだった。

ユングは分析心理学の歴史的概観から始めたいと言う。またコーンウォールでそうしたように、私たちは質問があったら何でも提出し、それからユングが議論に適した質問を選ぶようにしたいとも。[5]全般的なテーマ（転移）に関する同意があったということを思い出してもらって、いまテーマを彼が選んではどうかと私はユングに尋ねてみた。ユングはそうではなく、個人分析の場合にそうするのと同じように、何に興味を持っているのか聞かせてほしいのだと言う。ショウ博士はエナンティオドロミアについてもっと知りたいと言った――シラーの章[6]に書いてあるよりも多くのことを。「その調子」とか、あるいはそれと似たようなことをユングは言っていた。ただし、質問の形にするようにとも。アルドリッチさんはユングが世界観を展開させるのを聞きたいと言った。また実習分析を計画している人たちは質問をユングとの個人的な時間に取っておいてほしいとも。私はそれに反論し、私たちの中にはそうした時間を持っていない人たちもいて、セミナーが自由な機会でなかったらとてもがっかりするはずだと言った。これに対してユングは、アルドリッチは数で勝る女性原理に対して警笛を鳴らしただけだと言った。これには大きな喝采があがった。自分が不当に扱われているというアルドリッチの声の調子からは、実習分析に行っている人たちから彼が酷い目にあわされているのだと思ってよさそうだった。世界観を議論するとなると口いっぱいになりすぎるので、複数の質問に分けるようにとユングはアルドリッチに告げた。それからコリーさんが歴史的概観という考えに反対し、それよりもユング自身から何かを聞きたいと述べた。彼女がそう言ってくれて、私は嬉しかった。コーンウォールで話してくれた入門編のおさらいをしようとユングが計画していて、そうなったら面白くないと私も思ったからだ。しかし、ユングが言っていたのはまったくそういうことではなかった。彼が言っていたのは分析に関する自らの考えの発展の航跡のことであり、もちろんそれは私たちみなにとって歓迎すべきテーマだった。分析心理学が包括する領域の広さは常に自分にとって印象深いものだったので、この領域に関するある種の概観が得られれば有益だと思うと彼は述べていた。それから、彼は話しはじめた。それについてできるかぎり彼自身の言葉で記していこう。その生き生きとした質が戻ってくることになるだろうから……。[7]

このセミナーの気さくな雰囲気に満ちたはじまりに関する、ケアリー・ベインズの生き生きとした説明はここで途切れている。ユングが何を提示しようとしているのかについて、参加者たちは明らかに何の予感も得ていなかったのだ。しかし、この問題に取りかかる前に、一九二五年のユングの状況について見る必要がある。

一九二五年のユング

一九二一年、『タイプ論』が出版され、広い範囲で熱烈な賞賛を受けた。英語版は一九二三年に出版され、絶賛の書評を数多く受けとった。『ニューヨークタイムズ・ブックレビュー』紙の見開きの中で、マーク・アイシャムはこう結論している。「この本は大胆なまでに本格的、有益、教訓的、第一級のものでありながら、刺激的どころではない代物だ。本書はエネルギーを与え、解放し、明解な理解を与えてくれる。著者は内向的思考タイプ、そしてその他のタイプに関しても、驚くほど共感的な理解を示している……ユングは魂の内的領域を見事に明らかにし、ファンタジーの価値を素晴らしい形で発見してみせた。ユングの本には多種多様な射程と範囲が存在し、同書に関してはまったく異なる論点を持つ多くの書評を寄せることが可能だろう」[8]。出版に関して言うと、『タイプ論』から本書のセミナーまでの期間は、ユングの経歴の中でもっとも静かな時期のひとつである。一九二一年、英国心理学協会のシンポジウムに寄せた原稿「除反応の治療的価値」[9]発表。一九二二年、「チューリッヒ、ドイツ語およびドイツ言語協会」でのレクチャー「分析心理学と文学作品との関係について」[10]発表。彼にしては珍しいことに、一九二三年と一九二四年の二年間は、新たな出版は何もなかった。このことは彼の母親が一九二三年一月に亡くなったという事実と無関係ではないだろう。一九二五年には二本の論文を発表。一九二三年にスイスのテリテで開催された国際教育学会での「心理学的タイプ」に関する講演を要約した論文[11]、およびヘルマン・カイザーリング伯爵編集の本に寄稿した結婚に関する論考「心理学的関係としての結婚」[12]の二本である。ユングの創造性の重心は明らかに別の場所、すなわち『新たなる書』、すなわち『赤の書』[13]の転写、およびチューリッヒ湖上岸部ボーリンゲンでの塔の建設の開始にあったのだ。

この作業の起源を簡単に述べてみてもよいだろう。一九一三年の冬、ユングは自らのファンタジーの思考をあえて自由に表現し、生じたものを慎重に書き留めていった。後に彼は、このプロセスをアクティヴ・イマジネーションと呼ぶことになる。ユングはこれらのファンタジーを『黒の書』に書き下ろしていった。『黒の書』は個人的な日記ではなく、むしろ自己実験の記録である。アクティヴ・イマジネーションを形作っている対話は、劇的形式における思考形式と見なすことができる。

第一次大戦が勃発したとき、ユングは自らのファンタジーの多くはこの出来事の予知だと考えた。このことは『新たなる書』の最初の原稿の執筆へと彼を導き、それは解釈的注釈と叙情的筆致の層を伴う形で『黒の書』の中の主要なファンタジーを転写したもので構成されている。ここでユングはファンタジーから一般的な心理学的原理を引き出そうと、また示されたファンタジーの中に、つまり象徴的形式の中に、どの程度それらの出来事——世界で起こりつつあった展開——が描かれているかを理解しようと試みた。この作業はユングの生前には発表されることがなかったが、出版を意図したものだった。この作業の全般的な主題は、ユングがいかにして自らの魂を再発見し、精神的な疎外という現代の問題を克服していったのかということである。これは最終的に、自らの魂の中において神の新たなイメージを再生させ、心理学的および神学的なコスモロジーの形式で新たな世界観を発展させることによって達成された。『新たなる書』は個性化のプロセスというユングの考えの雛形を示すものなのである。

素材は何稿も吟味され、それからユング自身の手による華美な装飾の施されたゴシック体で、赤い革製のフォリオ版に複写されていった。このフォリオ版に、ユングは章頭の飾り文字、装飾的な枠づけ、そしてたくさんの絵を付け加えた。ユングは『新たなる書』の最初の二部の原稿を一九一五年に、第三部「試練」を一九一七年に完成させた。それ以降、ユングは苦労を重ねてそれを転写していく。絵は当初は文章の中のファンタジーの説明としてはじめられたもので、それ以降のものはアクティヴ・イマジネーションそのものだと見なしてよいだろう。時には、それがユングの『黒の書』における同時期のファンタジーに関係するものであることもあった。一九三〇年ごろ、ユングは突如として転写を中止する。ユングは一九二一年の一月以前にカリグラフィ版の一二七頁に、一九二五年八月以前に一五六頁に到達していた。

一九二〇年、ユングはチューリッヒ湖上岸部のボーリンゲンに土地を購入した。彼は自らの心の奥底の思想を石で表わし、完全にプリミティヴな住居を建てる必要性を感じていたのである。「ボーリンゲンは私にとって非常に重要だった。言葉や紙は十分に現実のものではなかったからだ。私は石の中に告白を書き留めなければならなかったのである」[14]。塔は「個性化の表象」だった。何年もかけて、ユングは壁面に絵を描き、壁に彫刻を施した。塔は『新たなる書』の三次元での継続、「第四の書」と見なしてよいものなのだろう。

一九二四年および一九二五年、この作業の出版はユングの心中において最重要の問題のひとつであったように思える。一九二四年初頭、ユングは新たに文章をタイプした写本版を作成するようケアリー・ベインズに依頼し、同書の出版に関する問題を議論した。日記の中で、彼女はこう記している。

ですので、先生は『赤の書』の内容を書き写すようにとおっしゃったのです――以前にもそれを私に書き写させたことがありましたが、それ以降、先生は多くの素材を追加しておられます。だから先生はそれをもう一度行なって欲しいと考え、私の進行に合わせて物事を説明してくれました。その中で述べられたことのほとんどすべてを、先生は理解なさっていたからです。こうして私たちは、私の分析においてはけっして生じることのなかった多くの物事について話し合うことができるようになり、そして私は先生の考えを根底から理解できたのです。[15]

それと同時に、ユングは同僚のヴォルフガング・シュトックマイヤーと、出版形式として考えられるものについて議論している。[16]一九二五年、ピーター・ベインズが『死者への七つの語らい』を翻訳し、同訳はイングランドのワトキンス社によって私費出版された。

転写作業を行ないながら、ケアリー・ベインズは同書に関するセミナーを開催するよう、ユングに促している。日記の中に、彼女はこう記している。

『赤の書』に関するセミナーを希望しないかと［ピーター・］ベインズに尋ねたとき、私の心中にあったのは先生が彼と一緒にしていた作業のことだけでした。私はそれを読みはじめていましたので、以前にそうするとおっしゃったとおりに私と話し合っていただくのではなく、モナ・リザ[17]にも関与してもらえたら素晴らしいと思ったのです。おそらく彼女はその中にあるものについてよく知っていて、それを完全に理解しているでしょうから、それに魅力を感じないかもしれません。ただ、私は彼女がそれに魅力を感じると思います……彼［ピーター・ベインズ］は私にこう尋ねました……私にとって『赤の書』の出版の何がそんなに大変なのか、と。先生がこのような形で提示したからこそ、私にとってそれは大変なんだと言ってやることで、頬っぺたを引っ叩いてやってもよかったかもしれません……それから先生は彼にそれに関するご自身のお考えをお伝えになり、彼はすっかり困惑してしまいました……『赤の書』についての先生のお話を外で聞きたいと私が言った際、私の念頭にあるのは親睦会だと先生はお考えでしたね。私もある意味では先生に反論して、もしも『赤の書』が外で話すのには大きすぎるというのでもなければ、先生はそれに関して何かをなさるべきだと言ったのです。[18]

　そのようなセミナーが実際に開催されたかは不明である。ただし、自らの自己実験と『新たなる書』の中のいくつかのファンタジーについて、はじめて公の場で話すことをユングが決意する上で、これらの話し合いが何らかの役割を果たしたというのは考えられる話である。

　この時期を通じて、ユングは一九一六年に自ら設立した心理学クラブから手を引いている。[19] 一九二二年一一月二五日、彼はエンマ・ユング、トーニ・ヴォルフと共に、クラブを去った。[20] クラブから手を引いていたあいだ、ユングは一九二三年七月にイングランド、コーンウォールのポルツェスで一連のセミナーを行なっている。その前年、ロンドンに分析心理学クラブが設立されていた。セミナーを主催したのはピーター・ベインズとエスター・ハーディングの二人で、二九名の参加者があった。[21] セミナーの主要なテーマは二つだった――分析の技法、およびキリスト教の歴史心理学的影響である。この時期、ユングのもとで学ぶためにイングランドとアメリカからチューリッヒにやってくる人々の数が増えつづけ、非公式の異国滞在中のグループを形成していた。一九二二年八月二二日、ジェイミー・デ・アングロはチョウンシー・グッドリッチに次のように告げる手紙を認めている。「すべての兄弟たる神経症者への問いかけ――行こう。わが兄弟たちと。メッカへ行こう。チューリッヒのことだ。そして生の泉の水を飲もう。魂の中では死んでしまっているすべての者たちよ、行って、新たな生を求めるのだ」[22]

　一九二三年四月三〇日、クラブは再びユングに参加してもらうよう努力すべきだとする提案がオイゲン・シュレーゲルからなされた。翌年、ユングとアルフォンス・メーダーとのあいだでこの問題に関する手紙のやりとりがあった。ユングの姿勢は、もしも彼の協力が明確に、かつ全会一致で望まれている場合にかぎり復帰するというものだった。クラブ内では、これに関する白熱した議論が起こった。たとえば一九二三年一〇月二九日、フォン・ムラルトは次のように強く主張している。ユングは自らの個人的目的のために人々を利用している。ユングの理論を受け入れないかぎりは彼との個人的関係を持つことは困難だ。人々に対するユングの態度は分析家の態度ではない、など。目の上のたんこぶの家父長の役割が自分にあてがわれる一方、自らの展望に基づいて設立した組織が別の方向性へと進められている状況だと気づいたことに対する、ユングの反応は想像可能である。一九二四年二月、ハンス・トゥリューブがクラブの会長の座を降り、復帰を依頼する手紙がユングに送られた。その一カ月後、ユングは復帰したのだった[23]。

同年の暮れ、ユングは夢の心理学に関する三回のレクチャーをドイツ語で開始し（一九二五年一月一日、一月八日、一月二日）、その後一九二五年五月二三日に議論が行なわれた[24]。本書の英語でのセミナーは心理学クラブで開催されたが、公式の「クラブ・セミナー」ではなかったという点に注意しておくことは重要である――クラブの議事録や年次報告の中に本セミナーに関する言及は見当たらず、一九二五年時点でのクラブの五二人のメンバーおよび三人のゲストのうち、本セミナーに出席したのはごくわずかな人たちであった。むしろ、このセミナーはユングが用意した個人的な行事であり、それが偶然心理学クラブで開催されることになったのだと思われる。ユングがポルツェスで行なったセミナーへの出席者と本セミナーへの出席者の方により大きな連続性が存在していたようだ（セミナーのグループはおおむね同じサイズだった）。つまり、現地に基盤を持つ、最近になってようやくユングを自分たちの中心に再入会させたばかりのクラブのメンバーと、ユングが英語で行なったセミナーへのより多国籍な参加者とのあいだには分裂が、そしてそれゆえに異なる心理力動が存在していたのである。その後数年間、英語の分遣団はユングの研究の普及に主要な役割を果たしていくことになった。

セミナー

ユングは知識の主観的条件、すなわち「個人方程式」についての見解を述べることから『タイプ論』を開始した。心理学における概念とは「常に研究者の主観的心理学的布置の産物だろう[25]」とユングは述べている。個人方程式とは知識の主観的決定要因を構成するものであり、その影響を認識するということは他の個人を科学的に査定するための前提条件となった。本書のセミナーの中で、ユングは自らの個人方程式について率直に語っている――自らの生育歴そのものではなく、自らの志向性について、自らの心理学的観点の形成について、ユングは自らの主観的志向性について。ここではじめて、ユングは自らの心理学的タイプについて語った。ユングは分析心理学の「領域の幅広さ」に関する「見通し」を示そうと考えていると示唆することで説明を開始し、そしてそれを自らの考えの起源を簡単に描くことで開始している。ユングは無意識に関わる問題に心を引かれるようになったのがいつなのかを語ることからはじめている。それから彼の研究に関するフロイト中心説的な紹介の仕方とは著しく対照的に、ユングはすぐにフロイトとの交流について語るのではなく、それ以前のショーペンハウアーやフォン・ハルトマンの読書体験やスピリチュアリズムとの関わりについて語り、そうすることでフロイトのそれとはまったく異なる知的および実験的軌跡の中に自らの研究を位置づけている。無意識やリビドーに関する自分自身の最初の考えを形成し、実験的研究を通じて精神病理学において成功したあとになってから、はじめてフロイトと接点を持つようになったということを、ユングは明確にしている。フロイト理論のいくつかを独自に確証したと感じつつも、ユングは当初から保留の態度を維持していた。発表された研究の中で、ユングはフロイトと自らの理論的な違いを示唆している。[26] このセミナーでユングは、はじめて彼らの関係について、そしてフロイトの個人的欠点――事例に関する不誠実さ、批判を受け止めることができないこと、そして最後に自らの権威を真実の上におくこと――について、率直に語っている。これは『精神分析運動の歴史について』[27]（一九一四年）における、彼らの関係についてのフロイトの個人攻撃的な説明に対する、ユングの最初の反応となった。

次にユングはフロイトには正しく理解できなかった強烈な夢について述べている。この夢は無意識の自律性を新たな形で理解させるものだった。その後、ユングは『リビドーの変容と象徴』（一九一二年）において自分がファンタジーを生み出す自らの機能の分析をしていたのだという理解に達し、その結果、より体系的な方法でそれを行なうようになった。ユングは次に一九一三年一〇月にシャフハウゼンへの道中に見たヴィジョンについて語る。大戦の勃発後、ユングはそれを予知的なものであり、また自らのアクティヴ・イマジネーションのはじまりだと見なした。一九一三年の秋は自らの魂との対話に、一二月一二日にはヴィジョンにおける最初の降下に、一二月一八日にはジークフリートの殺害の夢に、そしてその後すぐにエリヤとサロメとの出逢いに、ユングは焦点を当てている。要するに、ユングが本書のセミナーで対象とした自己実験は、一九一三年の一〇月から一二月にかけての時期のものであり、それが『新たなる書』の第一部「第一の書」のもととなったのである。議論とともに、これは本書のセミナーの主要部分となった。これはユングが公の場でこうした素材について語った最初の、そしてまさに唯一の機会だった。ただし重要なこととして、こうした逸話について語りながら、ユングは『新たなる書』に直接的に言及することはしていない。もしもユングがそうしていたならば、大いに好奇心をかきたてるものとなったのは明らかだ。セミナーは分析心理学を第一人称の声で、彼の理論のもっとも明確な例としての彼自身という「事例」を用いて提示する実験と見なすことができる。それと同時に、ユングは辛辣にも参加者に向けてこのように述べている。「たくさんのことをお話ししてしまいましたが、これですべて語り尽くしたなどとは、どうかお考えになりませんように」[28]。ある意味でここでの彼の発表の仕方は、『新たなる書』に関するセミナーの開催を求めるケアリー・ベインズの要請に応える方向に向かっている。本の出版に関して熟慮していたという問題に関連して、ユングは参加者の反応を見ることに関心を抱いていたという可能性もある。

ユングによるこれらのエピソードの議論は『新たなる書』の第二の層におけるそれらに関する注釈を再現したものではまったくなく、注釈の第三の層と見なしてよいものである。『新たなる書』の第二の層が持つ叙情詩的で想像力をかきたてる言葉とは対照的に、ユングはここで自らの心理学的概念を用いている——より正確に言うと、こうした経験についての内省からいかにして自分の心理学的概念を引き出したかを示そうとしている。彼自身が印象的な形で次のように述べているとおりのことだ。「経験的素材はすべて患者から引き出しました。ただし、問題の解決は内側から、自分の無意識的プロセスの観察から引き出したのです」[29]。それと同時に、彼の発表は教育的機能の面で言っても役立つものとなっている。参加者の大半は彼の治療を受けていた人たちで構成されており、アクティヴ・イマジネーションの実践が彼らの治療の主要な役割を果たしていたと考えてよいだろう。つまり、ユングは実質的に教育上の手本として自らの素材を使用し、自分の心理学的タイプがファンタジーの中でどう描かれ、表現されているかを、アニマや老賢者の像とどのように出会い、また折り合いをつけたのかを、そして対立するものどうしの葛藤の解決としての超越機能の起源を明らかにしているのである。これに加えて、本書のセミナーにおける議論のかなりの部分はモダン・アートの意義、およびそれが心理学的にどう理解されるかを中心としたものである。自分自身の創造的な作業をどう位置づけるかという問題が、ユングの心の背景にあったのだろう。

　自らの素材を提示し、それについて議論した後で、ユングはそうした諸々の像をどのように理解すればよいのかを示す、全般的図式を提示している。歴史的観点からすると、ユングによりいっそう自らの個人的素材を提示し、それについて注釈を加えるよう、参加者たちが促さなかったことを残念に思う人もいるだろう。本書のセミナーはクラスの作業で締めくくられている。その中で参加者たちは、アニマの問題を扱った三冊の人気小説、すなわちライダー・ハガードの『あのひと』[ii]、ブノワの『アトランティード』、マイリンクの『緑の顔』の研究に取り組むよう求められた。クラスの要望で、アニムスの問題を扱う作品、マリー・ヘイの『悪のぶどう園』がマイリンクの作品と交代になった。[30] ユングが言うとおり「このレクチャーからみなさんが何を得たのか」[31]を彼が理解するというのが、この練習の目的だった。ユングが自らの研究の説明のために人気のある文学作品に目を向けたのは、これがはじめてではない。『タイプ論』の第五章はスイス人作家カール・シュピッテラーの小説『プロメテウスとエピメテウス』の分析を取り上げたものである。シュピッテラーは一九一九年にノーベル文学賞を受賞していた。[32] 一八八七年に出版されたライダー・ハガードの『あのひと』は当時もベストセラーのままだった。この小説にもとづく無声映画の製作が一九二五年に完了していて、ライダー・ハガードはそれに字幕を書き下ろしている。人気小説を用いることは、個性化のプロセスの中で作用する心理学的力動がもっぱら秘教的な出来事などではないということを示す上で有用だった。

七月六日のセミナー終結から数週間後、七月二五日から八月七日にかけて、ドーセットのスワネージでまた別の英語での一連のセミナーを行なうために、ユングはイングランドに向かった。[33] このセミナーを運営したのは、再びピーター・ベインズとエスター・ハーディングだった。主題は夢分析で、約一〇〇人もの参加者が出席した。[34] ユングはまず夢解釈の歴史についての提示からはじめ、つづいて五三歳になったある未亡人の一連の夢の分析を披露していった。

その後の影響

ケアリー・ベインズはセミナーの記録をつけていた。そしてセミナー直後、この記録の出版の可能性に関する議論があった。おそらくそれは最初はハリエット・ウォード博士の提案であったようだ。一九二五年九月二六日の日記に、ケアリー・ベインズはこれらの話し合いのうちのいくつかに関する説明を書き記している。

エンマと記録について話し、それらを印刷することに対する彼女の反応が私自身のものとまったく同じだということに気づいた後で、この考えに対する抵抗のすべてがとても強力に私のもとに戻ってきてしまいました。今回も問題を先生にお預けしたいと思います。先の春に先生が行なったレクチャーは、今世紀の心理学において生じたもっとも重要な出来事だと思っています。その中で先生は元型としての自然の中の場所から、抽象や概念の位置にまで、考えの推移をお話しになったからです。人間の創意の極致と言ってもいいかもしれません。そのようなことがこの世界で夢見られたことなどけっしてありません。ましてやそれが実現したただなんて。ですので、私はこのレクチャーはその内容の重要性に資するあり方で扱われるべきだと思います。けれども、先生は「記録を印刷するよりもよい扱い方なんてあるのかい？」とおっしゃるでしょうね。けれども、私は記録を印刷することはひどいあり方でそれらを偽ることに他ならないと思います。何かが印刷されれば、それは程度の差こそあれ恒久的な形式だと見なしてもよいと一般に考えられています。けれども、この記録には形式などまったくありません。そんなことは不可能でした。先生がおっしゃったことを図式的に列挙した以上の何かを装うものでもありません。この記録は粘土で出来た彫刻家のエボーシュ〔大型模型〕の性質を持つもので、それ自体には魔法があります。けれども、それが本来そうではない何かの中に押し込まれてしまったなら、すぐに魔法はそこから消え去り、平坦な何かに変わってしまうことになります。さらに言うと、話し言葉で何かを作り上げれば、わずかな空間と時間で並外れた構造を作り上げることができますが、書き言葉、ましてや印刷された言葉でそれを伝えようとするのであれば、構造の下には明確な基盤が必要です。科学の領域の中にということです。三つのレクチャーのシリーズ、スワネージのもの、今回のもの、コーンウォールのものはすべて、その場の思考に満ちたものです。それは先生が語ったときには確かに空を舞っていたものですが、記録の頁の中では片方の翼の力だけで、足を引きずりながら進んでいます。先生がお書きになれば、それらは再び空を舞うようになるでしょう。けれども、記録であるそれらが飛ぶことはありません。それが、印刷することで与えられる公式性を伴う形で、この記録が発表されるべきではないと私が考える、もうひとつの理由です。そこに含まれる考えを先生が一冊の本に仕上げるまでは、この記録はこのままに、大まかな実験素材のままにしておくべきです。先生はいずれきっとそうした本をお書きになるでしょう。この記録を保管する最良の方法は写本版を作って、ベインズ、ショウ、その他を含む六人を除く、クラスのメンバーに渡すということでしょう。

……私がそれについてお話しした先の春、先生はそれをウォードの無邪気なファンタジーだと見ておられました。印刷するという考えのことです。ヒンクルが『リビドーの変容と象徴』の翻訳を提案したときも、先生は同じことをお考えになったはずです。けれども、このようなファンタジーが無邪気とはどれほど程遠いものなのか、どうかおわかりになってください。[35]

もしもこのセミナーが当時、ユングの自己実験に関する詳細さの水準を保持する形で出版されていたならば、どれほどの衝撃が得られたか、想像可能である。ケアリー・ベインズはセミナーのもっとも魅力的な側面を鋭く強調している。すなわち、ユングによる説明が、ファンタジーの生起からそれらに対する彼の内省へと、人間心理学の新たな概念における心理学的抽象化という形でのその最終的な結果へと至る一連の流れを示し、そうすることによって、創造的プロセスへの類稀な窓を提供した、そのあり方のことだ。

セミナーの記録の限定的配布に関するケアリー・ベインズの提案は採用された。アフリカへと旅立った際、ユングは吟味のためにこの記録を持参している。一〇月一九日、ユングは彼女に「リスボン出発」時に、次の内容の手紙を送っている。「お察しいただけるとおり、私はこの記録を誠実に読み込みました。全体として非常に正確だと思います。いくつかのレクチャー、つまりリビドーが流れ込むのをあなたが止められなかったレクチャーは、流暢でさえあります」[36]。セミナーのテクストをユングが綿密に確認したということは、彼のその他のセミナーの大半の記録とのあいだに一線を画し、その信頼性を保証するものとなっている。

ケアリー・ベインズの最初の五〇冊の配布リストによると、セミナーに出席した人々に加え、以下の人々にも写本版が渡された。ピーター・ベインズ博士、シッグ夫人、チョウンシー・グッドリッチ、フォン・ズリー氏、フューグリシュテラー夫人、ヴォダツ教授、ジェイムズ・ヤング博士、イルマ・パトナム博士、エリザベス・ウィットニー博士、ヴォルフガング・クラーネフェルト博士、アルター夫人、N・タイラー氏、フランセス・ウィックス、ウィルフレッド・レイ、ヘレン・ショウ博士、ウィラード・ダラム、アデラ・ワールトン博士、M・ミルズ氏、そして心理学クラブ[37]。ユングのアフリカ渡航中、セミナー記録の準備に続いて、ケアリー・ベインズは『新たなる書』の転写作業に戻った[38]。一九二六年四月のアフリカからの帰国の後、ユングは『新たなる書』をカリグラフィ版に転写する作業を再開した。しかし、この時点から一九三〇年に転写を中断するまでのあいだに（一九五〇年代に最後にもう一度再開するまで）存在したのは、全テクストに装飾が施された一〇頁と、すべて絵の二頁（「永遠への窓」と「黄金の城」の曼荼羅、および一枚の未完成の絵）だけだった[39]。

一九二六年、ユングは『正常、および病的なこころという生における無意識――分析心理学の現代的理論と方法に関する概説』[40]を発表した。同書は彼の一九一七年の著作『無意識的プロセスの心理学――分析心理学の実践と理論の概観』[41]を改訂したものだった。同版と一九一八年版の第二版の主な違いは、タイプ論に関する素材の修正、個性化と心理療法に関する素材の追加を伴う形での無意識に関する議論の拡大と修正である。一九二八年、ユングは『自我と無意識の関係』[42]、および一九一六年の論文を大幅に修正、また拡大した「無意識の構造」[43]を発表した。アニマ、アニムス、およびマナ・パーソナリティとの対決に関する章では、ライダー・ハガードとブノワの本を引用しながら、本書のセミナーにおける彼の発表の中のいくつかが述べられている。ただし、個人的背景については一切触れられていない。[44]一九二九年に『黄金の華の秘密』への注釈の中で、ユングが『新たなる書』から彼の三枚の絵を「ヨーロッパ人の曼荼羅」の例として公表した際、それらは匿名の形で提示された。[45]以降、ユングは本書のセミナーにおける発表という形式でも、あるいは『新たなる書』の出版によってでも、一人称の声を回避した。

一九五〇年代後半、『記憶、夢、内省』〔『ユング自伝』〕として結実することになる伝記の企画に取り組んだ際、アニエラ・ヤッフェはユングとのインタビューによる素材を補う目的で、本書のセミナーの数カ所を捕漁している。特にフロイトとの関係、および「無意識との対決」に関する章の中の自身の自己実験に関するユングの議論である。[46]残念ながら、同章の中での素材の組み合わされ方、配列のされ方は、この時期の明確な年代順配列を確認することの不可能なものとなっており、本書のセミナーにおける議論の一貫性を失ってしまっている。また同章は、ユングの一九二五年時点、彼がまだ転写と描画に従事していた時期における素材に関する議論と、それから三〇年以上経った後の彼の回想と内省を区別することもしていない。

以上に述べたことはユングの作品群における本書のセミナーの独自性を示す上で有用なものだったが、一九八九年についにそれが出版された時点では広く理解されることがなかった。二〇〇九年のユングの『新たなる書』の出版は、本書を新たな観点から読むこと、そして『新たなる書』の本質的比較材料と見なすことを可能にしている。つまり本書はユングが素材を推敲し、概念的形式で詳述したさらなる一章であり、また教育的実験でもあったのだ。本書における個人的なもの、歴史的なもの、概念的なものの独特な形での組み合わせは、本書を、一冊の本としてはもっとも明快な、ユングの心理学の入門書としている。

一九八九年版の序論

ウィリアム・マガイアー

本書のセミナーには、それが概論的な内容のものであることを興味深い形で示す表題[i]が付されている。これはユングが比較的公式の環境で行なった最初のものであり、また増大しつつあった英語圏の学生の集団のために記録され、写本版が作成された最初のものでもあった。[1]一九二五年、ユングが五〇歳の年、教養はあるものの専門家ではない人々、特に英語圏の人々のあいだに、分析心理学の理論と方法の最新の説明を聞きたいというはっきりとした機運があった。「概論」と表現された『無意識的プロセスの心理学』[2]という小著（ユング自身の表現）をユングが出版してから、すでに八年が経っていた。英訳はイギリスの精神科医コンスタンス・E・ロングの編集による、フロイト派以前の時期、フロイト派の時期、フロイト派以後の時期の執筆物を混ぜ合わせた五二〇頁もある書物『分析心理学論集』[ii]の第二版（一九一七年）で、ようやく読むことができるようになった。同書、および重要な大著『リビドーの変容と象徴』[iii]と『タイプ論』の三冊が、ユング心理学を学ぶ者にとって、一九二五年時点での英語での課題図書のリストだった。本書のセミナーを開始してから一カ月後の同年四月、ユングは一九一七年の著作を広い範囲で改訂、および改善した普及版を完成させ、それには『正常、および病的なこころの生における無意識』[iv]（一九二六年）という新たな表題が付されることになった。同書の目的は「分析心理学の主題に関する大まかな理解を提供し、考えを刺激することであって、すべての詳細に立ち入ることではない」とされている。おそらくセミナーのために自らの体系を吟味し、議論した経験が、改訂の呼び水となったのだろう。ユングによる一九二六年の概論は、H・G・ベインズとC・F・ベインズによる英訳版として、一九二八年にアメリカおよびイングランドの人々のもとにも届いた[v]。同書は概論的特徴を持つ別の著作『自我と無意識の関係』[3]と共に、『分析心理学基礎二論』を構成している[vi]。『分析心理学基礎二論』は長年にわたって入門向けの一冊と見なされつづけている。

*

分水嶺となったこの一九二五年の元旦、ユングは友人たちと一緒にコロラド川のグランド・キャニオンを訪れていた。数日後にはタオス・プエブロ、サンタフェ北部、ニューメキシコ、つづいてニューオーリンズ、チャタヌーガ、そしてニューヨークシティを訪問している[4]。六月二六日には、五〇歳の誕生日をイングランド南岸のスワネージで祝っている。同年の大晦日はウガンダのキオガ湖にいて、ナイル川を降る外車汽船での船出の用意の最中だった[5]。これらの冒険的な旅を通じて、ユングの同行者となったのはイングランド人とアメリカ人だった。アメリカ南西部ではどちらもシカゴ在住のジョージ・E・ポーターとファウラー・マコーミック、そしてスペイン生まれのジェイミー・デ・アングロが、アフリカではイングランド人分析家のH・ゴドウィン・ベインズ、アメリカ人のジョージ・ベックウィズ、イギリス人女性のルース・ベイリーが同行していた。ベイリー氏を除く全員が、かつてのユングのアナリザンドだった。

一九二五年のセミナーに参加したメンバーのうち、二七人の記録が残っている。そのうち一三人がアメリカ人、六人がイングランド人、五人は（唯一の証拠である名字から判断するに）そのどちらの国籍の可能性もある人、二人がスイス人、そして一人がドイツ人だった[6]。七人がユング派の分析家（すべて女性）で、そのうち二人がスイス人だった。一人はエンマ・ユングで、彼女はこのころすでに臨床実践を開始していた（年少の子どもは一四歳と一一歳だった）。もう一人はティナ・ケラーで、彼女は後に夫で、かつては精神分析に関心を抱いていた――一九一一年のヴァイマール学会に出席していた[7]——プロテスタント牧師のアドルフ・ケラーと共にカリフォルニアに移住している。アメリカ人の中にはニューヨークの三巨頭も含まれていた——M・エスター・ハーディング、エリナ・バーティン、クリスティン・マンの三人で、みな医師である。ハーディングはイングランド西部のシュロープシャー出身で、一九一四年にロンドン女子医学校で学位を取得している。ベアトリース・ヒンクルによる翻訳書が出版されたばかりの『無意識の心理学』を彼女に紹介したのは、同僚のコンスタンス・ロングだった。一九二〇年代、ハーディングはユングとの個人分析のためにチューリッヒを訪問するようになり、そこでマンとバーティンと出会った。マンは英語教授としてのキャリアを放棄し、ニューヨークのコーネル大学医学校で学んでいた。エリナ・バーティンはそこでの同級生だった。二人とも一九一三年に学位を取得。一九二〇年代、二人はスイスへの旅の期間にユングとの分析を開始し、一九二四年にはハーディングと同じく、合衆国で分析実践を行なうことを決断した。三人の女性はニューヨークのユング派コミュニティ、分析心理学クラブ（およびクリスティン・マンの名前にちなんだその類稀なるライブラリ）、C・G・ユング研究所、C・G・ユング財団の設立者となった。[8]

別のアメリカ人、イリーダ・エヴァンズはニューヨークにおけるユング派サークルの一員ではなかった。あるいは、一員だとは思われていなかった。一九一五年、彼女はマリア・モルツァーとの分析のためにチューリッヒに滞在した。ユングは一九二〇年に児童心理学に関する彼女の本を紹介している。同じころ、彼女はニューヨークにおける非医師の分析家として、ユングともフロイトとも良好な関係にあった精神分析家スミス・エリ・ジェリフの助手を務めていた。[9]記録に残っているもう一人の分析家、ヘレン・ショウ博士についてはあまり多くはわかっていない。「夢分析セミナー」のメンバーであったことには間違いなく、イングランドとオーストラリアの両方で仕事をしていたと言われている。[10]

もうひとつのカテゴリには、多少なりとも文学に関係する参加者たちが含まれる。アメリカ人作家チャールズ・ロバーツ・アルドリッチは、このセミナーでの彼の発言から判断してよければ、ありきたりな教養を超えた知性の持ち主だった。彼はユングが一九二四年の春にロンドンで行なった心理学と教育に関するレクチャーの英語のテクストの修正作業を手伝っている。チューリッヒからカリフォルニアへと帰国した際、アルドリッチはユングに愛犬のジョギをプレゼントした。その後の何年にもわたってジョギはユングのお気に入りとなり、相談室の中に居場所を与えられた。[11] 一九三一年、アルドリッチは「心理学・哲学・科学的方法に関するC・K・オグデン国際文庫」において学術書『プリミティヴな精神と現代文明』を出版した。同書には人類学者ブロニスワフ・マリノスキーによる紹介文と、ユングによる序文が付され、[12] またニューメキシコにおけるユングの同行者で一九二七年に自死したジョージ・F・ポーターへの追悼が付されている。アルドリッチのキャリアもまた、一九三三年の突然の死によって終わりを迎えた。健康にまったく問題がなかったにもかかわらず、彼はそれを予想していたのだという。[13] もう一人のアメリカ人で、詩人のレオナード・ベイコンは、ユングとの分析のために一九二五年にチューリッヒにやってきていた。彼をセミナーに招いたのもユングである。[14] 同年の経験は詩集のうちの一冊『アニムラ・ヴァグラ』(一九二六年)に反映されている。詩人、批評家、翻訳家としてのベイコンのその後のキャリアは傑出したものだ。一九四〇年にはピューリッツァー賞を受賞している。

また別の文学関係のアメリカ人、エリザベス・シェプレイ・サージェントは、おそらく合衆国からやってきたユングの最初のアナリザンドの一人、あるいはまさしく最初の一人であったのかもしれない。二〇代のころ、叔母と一緒にヨーロッパを旅していたときに、サージェントは神経障害を患い、一九〇四年から一九〇五年にかけての冬のあいだ、チューリッヒのサナトリウムで治療を受けている。家族に伝わる話では、それが彼女がユングからの分析を受けた最初の機会であったらしい。[15] ユングは当時まだフロイトと面識がなかったが、ブルクヘルツリ病院にて、時には連想実験と組み合わせながら、フロイト派の方法を用いるようになっていた――ザビーナ・シュピールラインの場合にそうしたように。[16] サージェントは著名な新聞記者になった。第一次大戦中、『ザ・ニュー・リパブリック』紙の通信員だった彼女はランス近郊の戦場を訪問した際に負傷。パリでの六カ月間の入院中、ウォルター・リップマン、サイモン・フレクスナー、ウィリアム・C・ブリットのような友人たちが見舞いにやってきている。[17] ジャーナリストおよび文学批評家としての長いキャリアを通じて、彼女が扱う主題にはロバート・フロスト、ウィラ・キャザー、ウィリアム・アランソン・ホワイト、ポール・ロブソン、H・L・メンケン、およびその他多くの人々が含まれていた。ユングに関するいくつかの著作の中で、サージェントが一九三一年に発表した「ポートレート」は、彼女が出席したセミナーの会合でのユングの様子を示すものとなっている。

> 水曜午前一一時……セミナーが開催される心理学クラブの細長い部屋の中にユング博士が入ってきて、それぞれの顔に向かって深い親しみを込めて微笑みかける。脇に抱えた茶色の書類入れはこの共同口座の名簿のようだ——心というものに共通の関心を抱く、小さな多国籍のグループの団体口座の。ユングが少しのあいだ黙って真剣な面持ちになると、不意に教室が静まりかえる。羅針盤を見る船乗りのように、ユングは原稿を見下ろし、ドアから通路を通る最中にその影響を感じた心理学的な風と波に関連づけていく。参加者の沈黙が意味しているのは敬意だけではなく、強い期待でもある。この創造的な思想家と一緒に、今日私たちはどんな世界の冒険をするのだろうか？　どのような問いを彼は私たちの心の中に、まるで銅の鐘の音のように鳴らしていくのだろうか？　主観的かつ耐えがたい問題を抱えているという感覚を和らげ、より普遍的で客観的な領域へと移行するうえで助けとなる、現代に関するどのような大胆な見方を、彼は私たちに与えてくれるのだろうか？[18]

アメリカの先住民[vii]の民族誌と宗教に関するポール・ラディンの研究についてユングが知ったのは、ケアリーおよびジェイミー・デ・アングロ夫妻からだっただろう。二人は一九二〇年以前から、カリフォルニアでラディンの知人だった。同年、ケンブリッジ大学にて人類学者W・H・R・リヴァーズのもとで勤務するために、ラディンはイングランドへ向かい、そこでレクチャーを行ない、学生に教え、研究を行なった。[19] 五年後にラディンがユングにチューリッヒに招かれ、彼およびその学生たちに対してアメリカ先住民の宗教について語ったとき（ユングが旅費を支払ったらしい）、彼はまだケンブリッジの教員だった。おそらくジェイミー・デ・アングロ、およびタオス・プエブロのマウンテン・レイクをめぐる最近の経験が、ユングをそのように刺激したのだろう。ラディンは心理学クラブのメンバーを相手に非公式な講演を行ない、セミナーに参加し、そして生涯にわたるユングとの友情を築いた。同僚だったある人類学者がこう記している。「当時、比較宗教学と文学にすでに大いに関心を抱いていた男に知の穀物を与えた人物がいたとすれば、リヴァーズを別とすれば、それはチューリッヒのC・G・ユングだった。ラディンがけっしてユング派ではなかったというのは言うまでもない。おそらくユングの洗練された、ただし神秘的な精神との出逢いは、ラディンの懐疑的合理主義をより強固にし、少なくとも無意識さらに薄暗い深さを探求することからは彼を遠ざけたのだろう」[20]。一九四〇年代、ラディンは（社会に関するマルクス主義的観点はけっして放棄することなく）ボーリンゲン財団の有力な顧問となり、同財団の支援によって彼は著述を継続することが可能になった。ラディンはエラノス会議でレクチャーを行ない、またユングおよびケレーニイとトリックスターの元型に関する共著を執筆している。

チューリッヒ滞在中、ラディンと彼の妻ローズはカリフォルニア出身のケネス・ロバートソンと彼の妻シドニーと知り合った。ロバートソンはスタンフォード大学のL・M・ターマンのもとで心理テストを学んだ人物で、非医師の分析家としての訓練を目論んでヨーロッパにやってきていた。パリの「シェイクスピア＆Co.」という書店で、彼は『リビドーの変容の象徴』を発見し、すぐにユングに手紙を送った。ユングはチューリッヒに来て訓練を受けるよう、彼を招待した――伝えられるところによると、トーニ・ヴォルフのもとで分析を経験し、セミナーにも出席していたようである。シドニー・ロバートソンの方はクリスティン・マンの分析を受けていて、セミナーの場にこっそりと席についていた（最近のインタビューにおいて、ヘルマン・ヘッセとリヒャルト・シュトラウスがそれぞれ、ある会に彼女と同じくこっそりと姿を現わしたことがあったと、彼女は回想している）。ユングは若いシドニー・ロバートソンに心理学と教育に関するレクチャーの校正とタイプ打ちを行なわせたが、彼女の夫には分析不可能だと宣告している。それでもロバートソン夫妻はセミナーの他の参加者数名と一緒に、七月後半の「夢と象徴性」のセミナーのために、ユングを追ってスワネージに赴いている。それから二人はオークランドに戻った。ロバートソンはそこでしばらくのあいだ、非医師の分析家としてやっていこうとしたが断念し、郵便局で職を得た。それでも何年ものあいだ、ロバートソンは湾岸地区のユング派の先駆者たち、ウィトニー夫妻やギッブ夫妻との友好的な関係を維持したのだった。[21]

文学関係の英国人女性が二名。シャーロット・A・ベインズとジョーン・コリーの二人である。ベインズ（分析家のH・G・ベインズの親類ということではないらしい）は後に『ブルース写本内のコプト・グノーシスの書』（一九三三年）を出版し、ユングは同書を錬金術関連の著作の中で何度も引用している。一九三七年にエラノス会議でレクチャーを行なった際には、彼女は人類学者、オクスフォード大学のグノーシス主義研究者、およびOBE〔大英帝国四等勲士〕だとされている。彼女がイェルサレムで考古学的発掘に携わったこともわかっている。ジョーン・コリーは何年間にもわたってイングランドにおけるユングの門下として精力的な活動を行なっていた。一九二五年のセミナーに参加した後、彼女は一般の読者向けにユングの考えを紹介する最初の本となった『ユング心理学ABC』（London and New York, 1927）という小さな書物を記している。同書には一九二五年のセミナーからの図と引用が収録されている。[22]

文学関係者のドイツ人が一名。オスカー・A・H・シュミッツである。小説家、およびヨーロッパの現代情勢の批評家。ウィットに長けたことで有名な人物。深層心理学とヨーガの研究者でもあった。ユングよりも約三歳年長だったが、自分をユングの門下だと見なしていた——門下の中では年長の人物だったはずだ。彼はユングをヘルマン・カイザーリング伯爵に紹介した。伯爵はダルムシュタットの「知の学派」の創設者であり、ユングはそこで時折レクチャーを行なっている。一九二三年にユングはそこで彼に『易経』の方法を教えたリヒャルト・ヴィルヘルムと出会っている。[23] シュミッツは分析家としての実践を行ないたいとはっきりと望んでおり、おそらく実践していたと思われる。彼は一度、料金や時間に関する助言を求める手紙をユングに送ったことがある。[24] 一九三一年のシュミッツの突然の死の後、無意識の経験から生まれたシュミッツの著作『カワウソの物語』の序文という形で、ユングは追悼を認めている。[25]

本書のセミナーにおける少々分類に困るアメリカ人メンバーがエリザベス・ホートンである。彼女は一九二一年から一九二五年にかけて合衆国の駐独大使、一九二五年から一九二九年にかけて駐英大使であった、アランソン・ビゲロー・ホートンの娘だった。彼女は計画的出産に関する初期の活動家、キャサリン・ホートン・ヘップバーンのいとこだった。彼女の母親のロンドンでの日記によれば（チューリッヒや心理学には何も触れられていない）、[26] セミナー出席時の彼女の年齢は一六歳だった――必然的に、ユングからの招待があったということになる。エリザベス・ホートンは晩年、赤十字やその他の慈善活動に従事したが、ユング派の領域に留まることはなかった。

＊

ユングのセミナーのこのような記録が現存しているのは、ケアリー・F・デ・アングロのおかげである。ケアリー・F・ベインズとしての彼女の名前は『易経』の翻訳で有名であり、ユングの翻訳者および友人としての彼女は分析心理学の世界の中心的人物だった。彼女の後者の名前はよく知られており、それゆえ現在ではそちらの方が用いられやすい。

本書の（おそらくすべての）セミナーのうち、ケアリー・ベインズは臨床的な意味で、もしくはその他の意味でユングに関心を抱いたためにチューリッヒに赴いたというわけではない、唯一の人物だったと思われる。とは言え、最初から語りはじめるのが一番だろう。[27]

彼女が生まれたのは一八八三年、メキシコシティでのことである。父親のルドルフ・フィンクはダルムシュタット生まれで、ヴェラクルスへの鉄道建設に従事していた。ケアリーと姉のヘンリは、母親の故郷であるケンタッキー州ルイヴィルで育った。ヴァッサー大学（美学学士、一九〇六年）にて、ケアリーは英語教授クリスティン・マンが教える討論の講座で優秀な成績を収めた。一九一一年、ジョンズ・ホプキンス大学で医学博士号を取得。その前年、ジョンズ・ホプキンス大学のもう一人の医学博士号取得者で、スペイン出身のジェイミー・デ・アングロと結婚し、カリフォルニア州ビッグ・サー・コーストに移住した。ケアリーは医療実践をまったく行なっていない。彼女の夫もアメリカ軍の医官としてしか実践を行なっておらず、そのかわりに人類学者として成功した。彼はアメリカ先住民の言語に関する才能ある研究者だった。一九二一年、ケアリーはデ・アングロのもとを去る。ケアリーと三歳の娘シメナは、大学でのケアリーの教師だったクリスティン・マンと共に渡欧した。そのころのマンは医師、そしてユングの心理学の信奉者となっていた。チューリッヒに居を構えた後、ケアリーはユングのもとで学ぶようマンから説得を受けた。一九二三年夏、ケアリーはコーンウォールのポルツェスでのユングのセミナーに参加している。本書のセミナーを記録した一九二五年までには、彼女は分析心理学の組織の中にしっかりと足を下ろしていた。姉のヘンリ（ジーノという名の男性と結婚した芸術家）もチューリッヒにて彼女と合流し、一緒に学ぶことになった。

ユングの当時の助手はイギリス人分析家のH・ゴドウィン・ベインズ医学博士で、『タイプ論』を翻訳し、一九二五年から一九二六年にかけての冬にユングと一緒に西アフリカを旅した人物だった。翌年、彼はケアリー・デ・アングロと結婚し、二人はイングランドで生活しながらユングの『分析心理学論集』と『分析心理学基礎二論』の翻訳者として協働作業を行なった（どちらも一九二八年出版）。その後の一年間は合衆国で過ごす。ケアリーと娘はカーメルで生活し、ベインズは同地とバークレイで分析の実践を行なった。バークレイはベインズが若き日のジョセフ・ヘンダーソンと出会い、分析家としてのキャリアに導いた場所である。

再びチューリッヒに戻ったケアリーは、一九二四年に出版されていたリヒャルト・ヴィルヘルムの手によるドイツ語版『易経』の翻訳をユングから依頼される。ヴィルヘルムは監訳を行なう予定だったが、一九三〇年の彼の突然の死がその妨げとなった。その間に、ケアリー・ベインズは『黄金の花の秘密』――ユングによる注釈つきの、ヴィルヘルムによる中国語のテクストの解釈（一九三一年）――を翻訳している。離婚後も、ケアリーはチューリッヒでの生活を続け、そこに再び姉のヘンリ・ジーノが合流した。一九三〇年代を通じて、ケアリーは

『易経』の翻訳に取り組み、(W・S・デルと共に)『魂を追い求める現代人』(一九三三年)の翻訳を行ない、ユングのセミナーに参加し、またオルガ・フレーベ‐カプテインがアスコナのエラノス会議を運営するのに協力した。彼女は心理学クラブの活動にも熱心に関わり、ある同僚が言うには「過度の策略を防止し、物事を客観的水準に保つよう努力していた」。ベインズ‐ジーノ邸は、ユングの信奉者や学生であるアメリカ人やイングランド人、そしてヨーロッパ人たちの集会所となった。ジェイン・ウィールライトとジョセフ・ウィールライトは分析を経験するあいだ、この家に住んでいた。ジェイムズ・ジョイスの娘のルチアが精神病的エピソードを経験した期間、ケアリーはユングの求めに応じて彼女の付添人を務めている。

娘のシメナの言葉によると、ケアリー・ベインズは分析家としての「資格」をけっして取得することなく」、分析家として働くことも、分析家と患者の関係性や料金を受け取ることがなかったという意味では患者を担当することもなかった。しかし、中年期以降を通じて、相談のために彼女のもとにやってくる人々の列は途絶えることがなかった。なぜ自分でも分析家としての仕事をしないのかと尋ねられると、彼女はきまって二つの理由を挙げていた。ひとつは「集合的無意識との接点を持っていない」という理由。そしてもうひとつは、配偶者との非常に強力な関係に支えられていない者は、患者の問題に吸い込まれることのないように、いわば現実を手放してしまうことのないように、分析の仕事に従事するべきではないとユングが語っていたという理由である。[28]ジョセフ・ヘンダーソンはこのように述べている。「二人の姉妹は、言ってみれば共生関係にあったんです。ケアリーはあらゆる議論に関する熱心なリーダーであり、一方でヘンリはユーモア、もてなし、そして女性的な魅力を与えてくれる存在でした。ケアリーはユング派の理論を見事に理解し、意識的にはそれをじつに巧みに応用していました。ヘンリこそがケアリーにとって無意識の経験だったと言ってもいいかもしれません。ヘンリは無意識の縁の近くで生きている人だったのです。彼女の絵画や彫刻は純粋に元型的なものでした」[29]

一九三〇年代後半、二人の姉妹は合衆国に戻った。ケアリーはアスコナ近郊のオルガ・フレーベ‐カプテインの家で、メアリー・メロンとポール・メロンの知遇を得ていた。そしてメアリー・メロンが一九四〇年にボーリンゲン財団を設立した際、その事務所はコネチカット州ワシントンにあるケアリーの家に置かれた。ケアリーは財団理事、シメナ・デ・アングロは初代編集主任となった。戦争中の状況によって財団は一九四二年に解体を余儀なくされたが、一九四五年に復活されることになった。財団の編集助手であるジョン・D・バレットが一九四六年にエラノス会議にはじめて出席した際、ケアリーは彼に同伴している。同年一〇月のメアリー・メロンの突然の死の後も、財団代表、およびボーリンゲン・シリーズの編集主任として、もっとも賢明な顧問の一人であるケアリーに対するバレットの信頼は変わらなかった。ケアリーによる『易経』の翻訳書はボーリンゲン・シリーズの第一九巻として一九五〇年に発売された。彼女は後に、リヒャルト・ヴィルヘルムの息子ヘルムートによる『変化――易経に関する八講』という書物も翻訳している（ボーリンゲン・シリーズ第六二巻、一九六〇年）。

一九七〇年の姉のヘンリの死後、ケアリーはアスコナで生活した。一九七七年に亡くなるまで、彼女は知的な意味で活動的だった――一九二〇年代にユングのまわりに形成された学生と友人たちの親密な集まりのメンバーの中で、存命する最年長の人物だった。ジェイン・ウィールライトはケアリーの死後、このように述べている。「おそらくたいていの分析家よりも多くのことを、彼女は私にしてくれました。なぜ彼女が分析家になれなかったのか、私にはわかりません。彼女はジブラルタルの大岩のような存在でした」[30]

＊

写本版を編集する作業において削除された箇所はない。特に言及されていない変更は主に句読点、スペル、文法、および文章のわかりやすさに関するものである。推測による変更は括弧にとじ、必要に応じて注に注釈を記した。「第16回」の後の資料は同レクチャーの一部と見なすことの可能なものである。「第16回」の注5を参照されたい。図は新たに描き直された。『記憶、夢、内省』（『ユング自伝』）に転用された文章はそのように明記されている。

このセミナーには写本版をコピーした版も存在してい

る。これは写本版を（同じページ番号で）タイプし直したもので、日付がなく、また改訂もされていないが、タイプ上の間違いが多く修正され、図が描き直されている。本書の版のために、サンフランシスコC・G・ユング研究所のヴァージニア・アレン・デルトフ文庫の好意により、コピー版を参照した。メアリー・ブリナーがコピー版に作成した索引は、一九二五年から一九三四年冬にかけて行なわれた英語でのセミナー、つまり『分析心理学』『夢分析』『ヴィジョンの解釈』『クンダリニー・ヨーガ』のすべての記録を網羅している。本書の版の索引は、概念に関する用語に関するブリナーの取り扱いに依拠している。

謝辞

セミナーのテクスト、もしくはメンバーに関して生じた疑問に答えてくれた、あるいはその他の点で助けになってくれた、以下の人々に感謝する。クリスティン・マン・ライブラリのドリス・アルブレヒトとペギー・ブルックス、ヴァージニア・アレン・デルトフ・ライブラリのジョーン・アルパート、ゲアハルト・アードラー、ヘレン・H・ベイコン、ポーラ・D・ブラック、G・W・バワーストック、クラレンス・F・ブラウン、マーク・R・コーエン、シドニー・コーウェル、ゴードン・A・クレイグ、ドロシー・サリスバリー・デイヴィス、ガイ・デ・アングロ、バイオレット・デ・ラズロ、エドワード・F・エディンガー、マイケル・フォーダム、ジョセフ・フランク、マリー‐ルイーズ・フォン・フランツ、フェリクス・ギルバート、ジョセフ・ヘンダーソン、ジェイムス・R・ホートン、アニエラ・ヤッフェ、ローレンツ・ユング、ジェイムズ・カーシュ、フランセス・ラング、ヴィクター・ラング、フィリス・W・レーマン、ヴェレナ・マーグ、シメナ・デ・アングロ・ロエリ、ジェローム・ロス、メアリー・ザハロフ‐ファスト・ヴォルフ、ソヌ・シャムダサーニ、ジョン・シーアマン、ジェイン・リンカーン・テイラー、ジェイン・ウィールライト、ジョセフ・ウィールライト。

W・M

セミナーメンバー

以下のリストはオリジナルの写本版に名前が登場する人物の説明である。名前が記録に残っていない出席者も他にいたと思われる。オリジナルの写本版には名字のみが記されている（名簿は現存していない）。ここにフルネーム、居住国などを可能なかぎり補った。アステリスクは、今日判明しているところで、後に分析心理学者になった人物を示している。下の欄は最初にそのメンバーの名前が登場するセミナーの回を示している。本巻の索引も参照されたい。

二〇一二年版では、ケアリー・デ・アングロのリストから明らかになった参加者の名前が追加されている。

アルドリッチ、チャールズ・ロバーツ（アメリカ） 第5回
ベイコン、レオナード（アメリカ） 第7回
ベインズ、シャーロット（イギリス） 第7回
ベインズ、ルース
ベックウィズ、G
＊バーティン博士、エリナ（イギリス） 第16回補遺
ボンド博士
クーパー博士 第15回
コリー、ジョーン（イギリス） 第9回
デ・アングロ博士（後にベインズ）博士、ケアリー・
フィンク（アメリカ） 第2回

デ・トレイ　第2回
ダナム　第9回
＊エヴァンズ、イリーダ（アメリカ）　第9回
ゴードン博士、メアリー（イギリス）　第2回
＊ハーディング博士、M・エスター（イギリス／アメリカ）　第6回
ヘンティ、ドロシー（イギリス）　第9回
ヒンクス　第9回
ホートン、エリザベス　第13回
＊ユング、エンマ（スイス）　第16回補遺
＊ケラー、ティナ　第9回
クンツ・シドニー
リトルジョン、H・W
＊マン博士、クリスティン　第2回
プロヴォト、F・A
ラディン博士、ポール（アメリカ）　第13回
レフスキー、オルガ・フォン　第15回
ロバートソン、ケネス（アメリカ）　第9回
シュミッツ、オスカー・A・H（ドイツ）　第15回
サージェント、エリザベス・シェプレイ（アメリカ）　第15回
＊ショウ博士、ヘレン（イギリス／オーストラリア）　第2回
テイラー、エセル（イギリス）　第13回
ウォード博士、ハリエット　第9回
ジーノ、ヘンリ・フィンク（アメリカ）　第6回

文献略号一覧

B.S. = Bollingen Series. New York and Princeton.

CW = The Collected Works of C.G. Jung. Edited by Gerhard Adler, Michael Fordham, and Herbert Read; William McGuire, Executive Editor; translated by R.F.C. Hull. New York and Princeton (Bollingen Series XX) and London, 1953–1983. 21 vols.

Dream Analysis. Notes of the Seminar Given in 1928–1930 by C.G. Jung. Edited by William McGuire. Princeton (Bollingen

Series XCIX:1) and London, 1984.

Freud/Jung = *The Freud/Jung Letters.* Edited by William McGuire; translated by Ralph Manheim and R.F.C. Hull. Princeton (Bollingen Series XCIV) and London, 1974. New edition, Cambridge, Massachusetts, 1988.

Jung: Letters = *C. G. Jung: Letters.* Selected and edited by Gerhard Adler in collaboration with Aniela Jaffe; translations by R.F.C. Hull. Princeton (Bollingen Series XCV) and London, 1973, 1975. 2 vols.

Jung: Word and Image = *C.G. Jung: Word and Image.* Edited by Aniela Jaffé; translated by Krishna Winston. Princeton (Bollingen Series XCVII:2) and London, 1979.

Jung Speaking = *C.G. Jung Speaking: Interviews and Encounters.* Edited by William McGuire and R.F.C. Hull. Princeton (Bollingen Series XCVII) and London (abridged), 1977.

Liber Novus = *The Red Book, Liber Novus*, edited and introduced by Sonu Shamdasani, translated by Mark Kyburz, John Peck, and Sonu Shamdasani. New York (Philemon Series), W.W. Norton, 2009.

MDR = *Memories, Dreams, Reflections by C.G. Jung.* Recorded and edited by Aniela Jaffe; translated by Richard and Clara Winston. New York and London, 1963. (The editions are differently paginated; double page references are given, first to the New York edition.)

SE = The Standard Edition of the Complete Psychological Works of Sigmund Freud. Translated under the general editorship of James Strachey, in collaboration with Anna Freud, assisted by Alix Strachey and Alan Tyson. London and New York, 1953–1974. 24 vols.

Spring: An Annual of Archetypal Psychology and Jungian Thought. New York and Zurich; now Dallas.

Types = *Psychological Types.* CW 6 (1971).

Zarathustra = *Nietzsche's "Zarathustra."* Notes of the Seminar Given in 1934–1939 by C.G. Jung. Edited by James L. Jarrett. Princeton (Bollingen Series XCIX:2) and London, 1988. 2 vols.

前書き

たとえ概略のみであっても、レクチャーの何らかの形での恒常的な記録をとのクラスのメンバーからの希望で、これらの記録のコピー版が作成されることになった。レクチャーの完全さ、鮮明さとは対照的に、記録は残念に思うほど「薄っぺら」なものだが、この欠陥をましにする方法を見つけることができなかったので、私としてはクラスの善意に訴え、この記録のことは記憶を辿る上で役に立つ概略としてのみ見てもらいたいと思っている。

形式上の都合で、大半のレクチャー、質問、議論を発言者の言葉であるかのように提示してあるが、実際に文字通り正確なのは紙に書かれた質問だけである。残りの部分は、そこで言われたことの意味を可能なかぎり完全に補おうとしたにすぎない。

図の写しは私の手によるものではなく、クラスの他のメンバーの価値ある貢献によるものである。他のメンバーも素材の補完、および修正作業に関して大いに助けとなってくれた。ユング博士は全体を吟味し、修正を施している。

ケアリー・F・デ・アングロ

チューリッヒ、一九二五年、一一月二九日

分析心理学セミナー

第1回　一九二五年三月二三日

ユング博士　分析心理学に真剣な関心を抱く人であれば、それに含まれる領域の驚くほどの幅の広さに、誰しも衝撃を受けずにはいられなかったはずです。そこで私は、このレクチャーの過程で分析心理学の領域の見通しが得られれば、私たちみなにとって有益なのではないかと考えました。最初に、無意識の問題にはじめて関心を抱くようになった時代からはじまる、私自身の考えの発展について、簡単な概略をお話ししてみようと思います。これまでの機会と同じく、みなさんに質問を書いていただき、そこから議論のために適切なものをこちらで選ばせてもらえると大いに助かります。

*

一八九六年、将来の人生にとっての原動力の役目を果たす何かが私の身に生じました。人生には、いつでもこのようなことが起こるものです――家族内の歴史だけでは、その人の創造的達成の鍵とはならないということですね。私が心理学に関心を抱くきっかけとなったのは、一五歳半の少女の事例でした。この事例については『分析心理学論集』[1]の中で、その最初の論文として論じてあります。この少女は夢遊病を患っていました。睡眠状態の彼女に質問すると普通ではない答えが得られることを発見したのは、彼女の姉たちでした。別の表現で言うと、彼女が霊媒能力者だということがわかったのです。一見そうは思えなくとも、トランス状態や睡眠の中でだけ姿を現わす精神の密かな生というものが間違いなく存在しているという事実は、私の心を打ちました。彼女はちょっとした催眠でトランス状態に陥り、そしてそれから睡眠から覚めるときと同じようにしてそうした状態から目を覚まします。トランス状態の最中には複数のパーソナリティが姿を現わしました。そして私は少しずつ、暗示によってあるパーソナリティや別のパーソナリティを呼び出すことができるようになっていきました。簡単に言うと、それらに形を与える影響力を持つようになったのです。

もちろん私はこうした物事すべてに深い関心を抱き、説明を試みるようになりました。当時まだ二一歳で、こうした物事についてまったく無知だった私には不可能なことです。けれども私は「意識的世界の背後には何らかの世界が存在するにちがいない。少女が接触しているのはこの世界なのだ」と自分に言い聞かせました。スピリチュアリズムに関する文献を調べるようになったのですが、満足のいくものは見つかりません。そこで哲学に目を向けることになりました。こうした奇妙な現象を解明するヒントとなる可能性のあるものを常に追い求めていたのです。

当時の私は医学生で、医学に深い関心を抱いていました。ただ、哲学への関心も深かったのです。やがて私の探求はショーペンハウアーとハルトマンに行き着くことになります。[2]ショーペンハウアーからは、学ぶところの多い視点を得ました。ショーペンハウアーの基本的観点とは、存在を目指す盲目的衝動である意思には目的がない、というものです。ただ単に「創造的意思が偶然、世界を作り出した」のであり、これが『意思と表象としての世界』におけるショーペンハウアーの立場でした。ところが『自然における意思』[3]では、ショーペンハウアーはもともとの彼の定理とは正反対のものであるにもかかわらず、いつの間にか目的論的態度へと転じています。哲学者にはよくある話だと言ってもいいでしょう。『自然における意思』において、ショーペンハウアーは創造的意思の中には方向性があると考えています。私はこの観点を自分のものとして取り入れました。リビドーとはいわば無形の流れではなく、本質的に言って元型的なものだというのが、リビドーに関する私の最初の考えとなったのはそのためだったのです。つまり、リビドーとは無形の状態ではなく、常にイメージにおいて、無意識から浮かび上がってくるものだということです。比喩的に言うと、無意識という鉱床から運び出される鉱石はいつでも結晶化されているということになります。

ショーペンハウアーの読解から、私は自分が研究している事例の心理と思しきものに関する仮の説明を手にしました。つまり、パーソナリティ化はリビドーが持つイメージ形成の傾向の結果なのではないかと考えたのです。無意識状態にあるあいだに特定の人物のことを示唆すると、少女はその人物を演じ、何か質問をされると、示唆されたその人物に特徴的な様子で応答してみせました。そこから私は、無意識的素材には限定された鋳型へと流れ込む傾向があるのだと確信したのです。このことはパーソナリティの分裂に対するヒントも与えてくれました。たとえば早発性痴呆[i]には、心の中の異なる部分の独立した作用が存在していますが、一般的に言うとそうした異なる部分に不明瞭なところはありません。聞こえてくる声は特定の個人、特定の人物のものであり、だからこそそうした声には現実味があるのです。同じように、心霊術師はいつでもきまって「魂」の個別性や個人的特徴の程度の高さを主張します。私はじつはその当時、結局のところ霊は存在するのかもしれないと思っていました。

つまり、無意識のとらえ方に関して私の目を覚ましてくれたのはショーペンハウアー、そしてハルトマンだったのです。ハルトマンにはショーペンハウアーよりも後の時代を生きたという利点があり、彼はショーペンハウアーの考えをより近代的な方法で述べています。ハルトマンは、彼が「世界の根源」と呼ぶものが創造的能力を持つ無意識的な魂、もしくは実体だと考え、それを無意識と呼びました。ただし、彼はそれに理性[ii]を付け加えています。[4] ハルトマンはここで、ショーペンハウアーとは異なる意味で理性という言葉を用いています。ショーペンハウアーは理性を盲目の創造的意思と対比させます。何らかの予測不可能な出来事によって、人間は宇宙に関する意識的な鏡を手にすることになりました。それが理性です。そしてこの理性を通じて、人間は世界の悪を知り、そこから慎重に引き下がり、自らを創造的意思と反対の場所に置くのだとショーペンハウアーは言います。

ショーペンハウアーの考えでは、理性は人間だけのものであり、世界の根源や無意識的な精神とは無関係です。さて私はと言うと、ハルトマンにしたがって、私たちの無意識は無意味なものではなく、理性を含んでいると考えました。こうした立場を取るようになると、たくさんの矛盾する証拠が見つかるようになりました。振り子は行ったり来たりを繰り返していたのです。あるときには無意識を通っている目的の縫い糸が存在するにちがいないと思え、またあるときにはそんなものはないと確信するという有様でした。

　この時点で、霊媒能力者の少女は「力尽きて」しまいました。つまり彼女は欺くようになり、私は彼女との関わりをすべて断つことになったのです。[5]私は二年間この少女を観察し、彼女が提示する詳細な現象の研究に没頭し、それらを自然科学と調和させようと努めてきました。けれどもいまとなっては、自分がこの状況のもっとも重要な特徴を見過ごしていたのだということがわかります。すなわち、この状況との私の関わりのことに。彼女はもちろん、私のことを深く愛してしまっていました。そしてそのことを私はまったくわかっておらず、彼女の心理においてそれが果たす役割についても何もわかっていなかったのです。

　トランス状態の中で、彼女は自らのために非常に卓越した性格を作りあげました。素晴らしい精神的な美を備えた、年配の女性のそれです。実際の彼女自身はまったく浅はかな少女であり、心霊術の設定とそこで彼女が見出した性格を演じること以外に、自らの中に存在する、異なる存在になろうという無意識的衝動を表現する方法を見つけることができなかったのです。彼女の家族はもともとはバーゼルの旧家のひとつでしたが、経済的にも文化的にも完全に没落していました。彼女本人のことは「パリに憧れる少女」[iii]と言ってみてもいいかもしれません。私と出会ったとき、彼女は自分が強く望む人生のあらゆる側面に私が関心を抱いていることに気がつきました。しかし運命によって、彼女はそうした人生から切り離されてしまっていたのです。いま知っていることをそのころ知っていたならば、こうした人物像を通じて、トランス状態の中で自分の中にある最良のものを表現するために、彼女が経験しなければならなかった苦悩を、きっと理解できていたでしょう。けれども実際には、私は彼女のことをじつに見苦しいことをしはじめた、つまり私や他の人によい印象を与えるために欺いた、浅はかな少女としてしか見ることができなかったのです。私は彼女のことを、自らの名誉を台無しにし、人生のチャンスを棒に振った人物としてしか見ていませんでした。けれども実際には、まさにこの欺きの行為を通じて、彼女は現実へと自らを立ち戻らせたのです。交霊会は中止となり、彼女のファンタジー的な側面は徐々に存在しなくなっていきました。後になって彼女はパリに移住し、有名なドレスメイカーのアトリエに入店しました。比較的短期間に彼女は自分自身の店舗を持ち、大変な成功を収めました。そして非常に美しく、独創的な服を作っていったのです。この時期に私はパリで彼女と会っているのですが、[iv] 霊媒能力者だったころの経験は彼女の精神から事実上消え去っていました。その後、彼女は結核を患ってしまいます。ところが、彼女はその病気に罹ったことを認めようとしませんでした。その死の数週間前、彼女はまるで人生をどんどん過去に、ついには二歳に至るまで退行するかのような状態に陥り、そしてついに亡くなってしまったのです。[6]

より高い発達の段階へと進もうとすると、私たちは自らの生を破滅の危険にさらしかねないほどの恐ろしい間違いを犯してしまいがちであり、彼女はその一般的な心理学的法則の一例です。少女の不正は交霊会の中止という最終的な結末をもたらし、それから彼女は無意識の中で自らのために発展させてきた性格を、今度は現実の中で生きることができるようになりました。当初、彼女は霊の世界の中で自分が現実に望むものを磨き上げていました。そこから超越的要素を取り除くことができるようになるよりも前に、霊の世界が崩壊しなければならなかったのです。彼女の人生はエナンティオドロミア[7]の原理の説明となっています。彼女は自らのうちにあるもっとも悪しき物事、すなわち欺こうとすることや全般的な弱さや浅はかさから出発し、そして自らのうちにあるもっともよい最良のものを表現する反対の極へと、徐々に進んでいったからです。

この時期は私の考えの起源、そのすべてを含んでいます。その後、私はニーチェを発見しました。[8]『ツァラトゥストラかく語りき』を読んだとき、私は二四歳でした。理解できなかったにもかかわらず、この本は私に深い印象を残しました。そして私はこの本とあの少女はある意味で似ていると感じたのです。もちろん後になってからのことですが、私は『ツァラトゥストラかく語りき』は無意識から記されたものであり、ニーチェのあるべき姿なのだということに気がつきました。もしも主人公であるツァラトゥストラが「霊の世界」に留まることなく、現実としてニーチェに伝わっていたのなら、知的存在としてのニーチェは去らなければならなかったはずです。ところが、これを実現するという離れ業を達成することはニーチェには不可能でした。それは彼の頭脳が飼いならすことのできるものをはるかに超えていたからです。

　この間ずっと私は医学生だったのですが、同時に哲学書も読みつづけていました。医師最終試験に合格したのは二五歳のときです。私は内科を専門にしようと思っていました。生理化学に深い関心を抱いていて、有名な人物の助手となるチャンスもあったのです。[9] 精神医学は私の精神にとってもっとも遠くにある存在でした。その理由のひとつは、牧師だった父が州立の精神病院と関係があり、精神医学に大いに興味を持っていたという事実です。世間のすべての息子たちと同じく、父が関心を持つものは何もかも間違っていると知っていたので、私もできるだけ慎重にそれを避けようとしていたというわけですね。精神医学関連の書物は一冊も読んだことがありませんでした。けれども最終試験の際、私はある教科書を手にして、この馬鹿馬鹿しい主題についての勉強をはじめたのです。その本はクラフト－エビングによるものでした。[10]「こんな主題について教科書を書くような愚か者は、きっと序文の中に自分自身のことを書かずにはいられないはずだ」と思って、私は序文のページを開きました。最初のページを読み終わったころには、私は関心の瀬戸際に立たされていました。二頁目の半分まできたころには、心臓が高鳴って読み進めることができなくなりました。そして私はこう呟いたのです。「何てことだ。私はこれになるんだ。精神科医に」。私は試験に主席合格していたので、精神科医になると伝えたときの友人みなの驚きたるや相当なものでした。クラフト－エビングのあの本の中に、解こうとしつづけてきた謎を解くヒントを見つけたのだということを、誰も知らなかったのです。彼らの言葉はこんな具合でした。「おれたちはみんな、おまえはひょっとしておかしな奴なんじゃないかと思っていたんだけれど、おまえが本当におかしな奴なんだっていうことがようやくわかったよ」。精神病の無意識的現象に取り組もうとしていることは誰にも言っていませんでしたが、それこそが私の決意でした。私は精神の中の侵入者を捕まえたかったのです――笑ってはいけないときに人を笑わせ、泣いてはいけないときに人を泣かせてしまう、あの侵入者を。連想検査を開発した際[11]、私にとって興味深かったのは、この検査が示した失敗でした。私は人々が実験の中で課題を達成できなかった箇所を注意深く記録し[v]、そしてこの観察からリビドーの流れを妨げる原因となるものとしての自律的コンプレクスの理論へと行き着いたのです。そしてそれと同じ時期、フロイトはコンプレクスに関する彼自身の概念を発展させていました。

　私がフロイトの『夢解釈』[12]を読んだのは一九〇〇年のことです。その意義を十分に理解できないものとして、私はこの本を脇に置いてしまいます。そして一九〇三年になって再び取り組んだときに、私はその中に自分自身の理論とのつながりを発見したのでした。

第2回

質問と議論

ショウ博士の質問　「先週の月曜日にお話しされた少女のような事例が、もしも適切な分析を受けていたならば、真の自己を見つけることができるように、そして卓越した無意識のパーソナリティ化と彼女自身の劣ったペルソナとのあいだにある中間の道を見つけることができるように、手助けすることは可能だったのでしょうか？　もしそうだとすれば、退行が原因となったあのような痛ましい死を免れていたと思われますか？」

「このような事例において、どうすれば媒介機能を創造することができるのか、説明していただけますか？　それを創造、すなわち対立するものから形成される新たな何かと呼んでも間違いではありませんか？」[1]

ユング博士　分析を受けていたならば、もちろんこの少女は大いに難を逃れることになったでしょうし、彼女の発達はずっと円滑なものになっていたかもしれません。分析において肝心なのは、無意識の内容を意識化し、こうした間違いを回避するということなのです。

媒介機能に関してですが、その原理を非常によく説明してくれるのがこうした事例です。媒介機能について説明するには、対立するものの原理が必要です。問題の少女は彼女の才能にとってはあまりにも狭い環境の中に生きていて、その中に地平線を見つけることができませんでした。彼女の環境に観念が不足していることは明らかだったのです。その環境はあらゆる意味で偏狭、かつ不十分なものでした。一方で、彼女の無意識はそれとはまったく正反対の姿を示しました。そこでは彼女は重要な人々の亡霊に囲まれています。二つの極がもたらすこうした緊張こそが、媒介機能の基盤なのです。彼女は霊媒の集会を通じてそれを生きようと、そしてそこで自分が生きている行き詰まりから抜け出すためのチャンスを見つけようとしました。こうして、現実的な生活と非現実的な生活とのあいだの緊張が増していったのです。前回述べたとおり、現実において彼女は「パリに憧れる少女」でしたが、交霊会においては偉大な精神の持ち主たちと交友するにふさわしい人物でした。このような対立が生じると、物事をひとつにするための何かが必ず生じることになるのです。

　これはいつでも扱うことの難しい状況です。たとえばですが、もしも私が彼女に「きみは自分の無意識の中では重要人物なのだ」と伝えていたとします。そんなことをすれば、きっと彼女の中に間違ったファンタジーの仕組みを立ち上げることになってしまっていたでしょう。彼女にとって問題解決のための最良の方法は、自分自身の人生の一部となり、何かをするということだったのですから。私のことを立派な人だと言う人も中にはいるかもしれませんし、ひょっとしたら多くの人がそう言ってくれるかもしれません。けれども自分自身で何かを試し、達成するまでは、私はそれを信じるわけにはいきません。彼女の事例では、このことは達成困難でした。無意識的ファンタジーの中の間違った要素から自分を解放することで、望ましい物事とのつながりからも切り離され、自分への信頼も失ってしまうという危険がいつでも存在していたからです。患者が間違った形式を放り捨てる際に、そこに含まれている価値までも放り捨てることにならないかどうかは、分析家にはわかりません。

　この少女の場合、媒介機能の働きは以下の順を辿っていったように思われます。最初に彼女は霊の言葉を語るようになり、ついで祖父の「霊」と交流するようになります。祖父は家族にとっての神のような存在でした。祖父のやり方は正しいやり方であり、彼からやってくるものはすべて高尚なものだったのです。それからゲーテやその他の偉大な人物たちが彼女のファンタジーの中に入り込みます。そしてついには彼女自身が同一化することになる、重要なパーソナリティがそこに発展していきました。それはまるで、偉大な人物たちが彼女の中に手付け金を残し、そこからより偉大なパーソナリティが育っていたかのようなものだったのです。ご存知のとおりプラトンは、醜いものを見るときにはそれを魂の中に取り込まずにはいられず、美しいものと接触するときにはそれに反応せずにはいられないという原則について述べています。[2]少女に生じたのもそうした類のことだったのです。

　彼女が発展させた人物像は媒介の象徴です。それは彼女が徐々に発展させていった、生きた形式なのです。対立するものどうしの組み合わせからの解放をもたらす態度とは、このように創造されていくものなのです。彼女は一方ではまわりの環境の陳腐さから、他方では彼女のものではない霊から、自分自身を切り離しました。自らの力で作用する自然が媒介機能に沿って、あるいは超越機能[3]に沿って働いたのだと言ってもいいでしょう。けれども自然は私たちに反して働き、言ってみれば間違ったパーソナリティを現実の中にもたらす場合もあるのだということは認めなければなりません。現代の監獄や病院は、不幸な結末に至る実験を自然が施してしまった人々でいっぱいになっています。

ダナム氏　なぜこの少女は幼児の状態に戻っていったのでしょうか?

ユング博士　リビドーの減退のためです。いつでも一定の緊張の維持を示しがちな通常の人生の曲線を時期尚早に辿りながら、彼女のリビドーはますます縮小していきました。リビドーとは若いあいだは有り余っていても、年をとるとずっと小さくなってしまうものなのです。

　超越機能の問題に戻ると、一方には現実的事実が、そしてもう一方にはイマジネーションがそれぞれ見出されます。このことがもたらすのは二つの極です。この少女の事例では、霊がイマジネーションの側を進みすぎていて、現実の側があまりにも小さくなっていたのです。自らを現実の一部にしたとき、彼女は一流の仕立て職人となりました。

　ファンタジーは創造的な機能です――生きた形式はファンタジーによってもたらされます。ファンタジーは象徴の前段階ではありますが、象徴の本質的な特徴は単なるファンタジーではないということです。行き詰まりから抜け出すために、私たちはファンタジーを頼りとします。生に動揺をもたらす葛藤はいつでもすすんで認識されるわけではありません。けれども夢は一方では葛藤を、そしてもう一方ではそこから抜け出る道へとつながる創造的なファンタジーを、いつでも伝えようとしています。次の問題は素材を意識化するということです。自分が行き詰まりにあることを認め、ファンタジーに手綱を任せるとは言っても、この実験を行なっている自然の傾向を確認するためには、それと同時に意識がコントロールを効かせていなければなりません。無意識が私たちにとって破壊的な何かを生み出すこともあるということを忘れてはならないのです。ただし一方で、無意識に何かを指図するような真似をしないように気をつけなければなりません——たとえ破壊的な何かに満ちていたとしても、新たなあり方が必要だということかもしれないのです。自分が生きている時代にはけっして受け入れることのできない新たなあり方を試すよう、生が要求してくるということはよくあります。けれども、それを理由にして新たなあり方に乗り出すことから尻込みするわけにはいきません。たとえばルターが強いられることになったのは、彼の時代の標準から見ればほとんど犯罪的なもののように思える生き方でした。

デ・アングロ博士の質問（一）「はじめてショーペンハウアーを読んだとき、先生は彼が世界にもっとも大きな影響を与えた視点を退けておられます。すなわち、ショーペンハウアーによる生の否定のことです。その代わりに、生における目的原理を志向する視点をお選びになった。先生がその選択をなさった当時、哲学的思想の主要な潮流はきっとそれとは正反対のものだったにちがいありません。なぜそうした選択をなさったのか、もっと聞かせていただきたいと思います。ショーペンハウアーを読むよりも以前に、ご自身がそうした志向をお持ちだったのでしょうか？　それともショーペンハウアーがはじめて先生にそうした概念を明確に述べたのでしょうか？　あの少女を観察することは、ショーペンハウアーの主張を理解する上で役に立ちましたか？　あるいはショーペンハウアーが彼女の説明となったのでしょうか？　それともその両方でしょうか？」

（二）「先生は無意識の働きの中に目的志向的原理の痕

跡を辿ることが可能だとお考えですが、それは個々の生にのみ適用される何かなのか、それとも言わば場の背後から宇宙を目指す一般的な目的志向的原理の一部なのかが、私にはよくわかりません」

(三)「私が理解したところでは、先生が言わんとしたのは、より高次の発達水準の達成には恐ろしい間違いのように見えるものという代償が必ず伴うのが一般的な心理学的法則だということかと思います。分析の経験が間違いを避けることを可能にし、それを供犠の原理と置き換えるのは当然だと思うのですが、そう考えても間違いではありませんか?」

ユング博士　(一)私はショーペンハウアーからはじめて意思の宇宙的衝動という考え、そしてそれが目的志向的なものなのかもしれないという発想を得ました。そしてそれはあの少女が提示する問題に取り組むに当たって、大いに助けとなってくれました。無意識の中にある目標に向かって作用する何かの兆しの痕跡をはっきりと辿ることができると思ったからです。

(二)無意識に関心を抱くようになって、私はこう自問しました。無意識とは盲目なものなのだろうか、と。それに対しては「ノー」と答えることが可能でした。無意識は一般的に目的志向的なものです。けれども、もしも無意識とは世界のことなのか、あるいは心理なのかと問うとなると、この疑問は厄介なものとなります。脳が宇宙の背景だとは考えられなかったので、私は目的志向的原理を宇宙にまで拡げることはしませんでした。しかし現在では、無意識と宇宙との関係に関する見解を修正せざるをえなくなりました。もしもこの問いについて純粋に知的に考えるならば、私はいまでもかつてと同じことを述べることになるでしょう。けれども、それとは違った見方もあります――つまり「こうした形而上学的問題を満たそうとする欲求が私たちの中に存在するのだろうか?」と問うことも可能なのです。この問いに対して、どうすれば適切な解答に行き着くことができるでしょうか?　知性はこの課題を前にして自制します。けれども、この問いに取り組む、それとはまた別の方法もあります。たとえば、何らかの歴史的問題に関心を抱いていると考えてみてください。もしも自由に使える時間が五〇〇年あるのならば、それを解決できるかもしれません。ところで、私は自分自身のうちに数百万年生きている「人間」を携えています。この数百万年生きている「人間」は、きっとこうした形而上学的な問題を明らかにしてくれるでしょう。もしもこうした物事を無意識に委ね、その「老人」に合った見解を得ることができるならば、うまくいくかもしれません。もしも無意識から隔たった見解を抱きつづけるならば、それらはきっと私を病気にしてしまうでしょう。ですので、そうした見解は宇宙における何らかの主要な潮流とは矛盾するものだと考えるのが、私にとっては安全なのです。

デ・アングロ博士、これでお答えになっていますか?

デ・アングロ博士　おっしゃりたいことは理解できたと思いますが、賛成はいたしかねます。

ユング博士　もっと議論した方が?

デ・アングロ博士　いえ、結構です。

ユング博士　では、三番目のご質問に関して。分析によってあらゆる間違いを避けることができるとまで言おうとは思いません。もしそんなことがありうるとすれば、私たちは生を生きるのではなく、分析することができるということになってしまいます。すすんで間違いを犯すことを厭んではならないのです。もっとも完璧な分析であっても、過ちを未然に防ぐことはできません。時には過ちの中へと足を踏み入れなければならないこともあるのです。さらに言うと、自分自身のうちにあるモラルに関わる物事は、機会が与えられないかぎりは姿を現わすことができません。過ちを犯す機会を自分自身に与えないかぎり、真実の認識が明るみに出ることはないのです。生において暗闇と過ちが果たす役割を、私は確信しています。分析が確かな技法に基づくものであるならば、それは誰かを夜から昼へと連れ出すだけではなく、昼から夜へと連れ出すものでもあるはずです。グロテスクなナンセンスやその他を供犠と置き換えることできるというのは、まったくそのとおりです。

マン博士の質問　「ニーチェが彼自身の生において、ツァラトゥストラの理想を現実のものとすることができていたなら、あるいはそうしようとしていたならば、『ツァラトゥストラかく語りき』は書かれることがなかったのでしょうか?」

ユング博士　『ツァラトゥストラかく語りき』はいずれにせよ書かれることになったはずだと思います。創造的な精神の中には、ファンタジーの産物を固定するために、それを比較的恒常的な形態に留めようとする強力な衝動が存在しているからです。それゆえ、およそあらゆる人々が自らの理想を恒常化し、具体化するために、偶像を作り出してきました。あらゆる象徴は具体化されることを求めていると言ってもいいでしょう。このことを念頭に置けば、旧約聖書の中で「主はここに至るまで我らを助け給うた」[4]と石の上に刻まれたという箇所を読んだ際に、それが彼らをそこまで至らしめた信仰を確かなものとするための試みだったのだということがわかるはずです。エジプトには不死の原理を具体化するための、ピラミッドとミイラ化の技術がありました。ニーチェはそれと同じように、自らの象徴を具現化する必要を感じていたのです。

これは通常の事の成り行きです。最初に象徴を創造し、それから「どうしてこんなことが起こったのか?」「これは自分にとって何を意味しているのか?」と考えるのです。もちろんこのことは、強力な内省的精神を要求します。それは大半の芸術家は持つことのなかったものですが、ニーチェはそれを高い水準で手にしていました。内省的精神を持たない場合、一般的に言うと芸術家たちはできるだけ早く作品から離れようとします。特にイメージから離れようとして、それについて語ることを嫌うのです。たとえば『タイプ論』が出版された直後に行なわれた講演の中で、シュピッテラーは象徴を理解しようとする人々に悪態をついてみせました。[5]シュピッテラーに言わせると『オリンピアの春』に象徴的意味などなく、同書の中に意味を追い求めるのだとすれば、それはまるでトリの歌声から象徴性を取り出そうとするようなものなのだそうです。もちろん、シュピッテラーの作品は象徴性に満ち溢れています。ただ単にシュピッテラーがそれを見たくないというだけの話であり、実際のところ、芸術家はそれを知ること、そして自分自身の作品が何を意味するのかを知ることを恐れる場合が多いのです。分析は二流の芸術家にとっては命取りになるものなのですが、それは誇るべきことです。分析において、あるいは分析を経験した人物において、生き残るのは大きな何かだけなのです。もっとも、たわいもない猫やら虫やらを簡単に芸術の世界に生まれさせてしまうのが現代の傾向というものですね。絵筆を持つ者は誰でも芸術家、ペンを持つ者は誰でも作家という具合に。分析はそうした

「芸術家たち」を圏外につまみ出します。分析は彼らにとっては毒なのです。

ゴードン博士[6]「猫」や「虫」を生み出してしまうような人は、それらのことをいったいどう考えているのでしょうか?

ユング博士「一日中仕事をした後で、まだそうした物事に精を出さなければならないだなんて、自分の人生はなんて大変なのだ」と考えるのです。これは自分自身の無意識によって強いられる重荷です。けれども、そうして作り出されたものと芸術を混同するようなことがあってはなりません。

レクチャー

自らの連想実験において発見することのできた抑圧の証拠こそが、フロイトの理論が真実だと私に確信させた事実でした。患者は苦痛が入り込む特定の検査課題には反応できませんでした。そしてなぜ刺激語に反応できなかったかを尋ねると、彼らはきまって「自分にもわからない」と言います。けれどもそう口にするとき、それはいつでも奇妙で不自然な様子でした。これこそがフロイトが抑圧と述べたものにちがいないと私は思ったのです。実際のところ、抑圧のすべてのメカニズムが、私の実験の中で明らかになっていました。

抑圧の内容に関しては、私はフロイトに同意できませんでした。当時、抑圧を説明するためにフロイトが語っていたのは、性的なトラウマとショックだけだったのです。私はそのころすでに、社会適応が果たす役割に比べれば、性的な物事がまったく副次的な意味しか持たない神経症の事例を相当数経験していました。霊媒能力者の少女はその一例だったのです。

第3回[1]

ユング博士　フロイトを正しく理解するという課題、あるいはむしろこう言った方がいいかもしれませんが、自分の人生の中にフロイトを正しく位置づけるという課題が、私にとって容易なものだと考えていただくわけにはまいりません。当時、私は研究者としてのキャリアを計画する真っ只中で、大学での昇進へとつながるはずの論文を完成させようとしていました。[2]当時の医学界において、フロイトは間違いなく「ペルソナ・ノン・グラータ」（好ましからざる人物）であり、有力な人々が彼について大きな声で言及することなどめったにありませんでした。フロイトは学会会場のフロアではなく、ロビーでしか議論されることのない存在であり、いかなるものであっても彼との関係はその人の評判を悪くするものだったのです。ですから、自分の連想実験がフロイトの理論と直接的に関連があるという発見は、私にとって厄介きわまりないものでした。あるとき研究室の中で突然、私の実験を説明する理論をフロイトが現に作り上げているということに気がついてしまったのです。[3]同時に、悪魔がこんな風に囁いてきました。「フロイトに言及せずとも何の問題もなく論文は発表できる。フロイトを知るよりもずっと前から自分の実験に取り組んできたのだから、現状ではフロイトから完全に独立したものと主張していいはずだ」と。けれどもすぐに、そこにはとても好ましいとは思えない、嘘の要素が含まれていることに気がつきました。そのため次の学会で私ははっきりとフロイトを擁護し、彼の側に立って戦ったのです。そうした学会のうちのひとつにある講演者が来ていて、神経症についてフロイトを完全に無視した説明を行なっていました。私はそれに抗議し、はじめてフロイトの考えの側に立って戦ったのです。後に、別の学会でのことですが、そこでは強迫神経症についての発表が行なわれていました。ところが、そこでもフロイトの研究への言及は省かれていました。[4] そのとき、私はドイツの有名な新聞にその発表者を批判する論考を執筆したのです。[5] 抗議があっという間に殺到し、発表を行なったその男性は私に手紙でこう警告してきました。「フロイトへの協力にこだわるようであれば、貴君の学者としての未来は危ぶまれる」。私はもちろん「そんな代償を払ってまでして学者としての未来を進まなければならないのだとすれば、そんな未来なんてくだらないにきまっているさ」と考え、フロイトについて書くことを続けていったのです。

この間を通じて私は自分の実験を継続していましたが、あらゆる神経症の起源が性の抑圧だということに関しては、いまだにフロイトに同意しかねていました。フロイトはヒステリーの事例を一三例発表していましたが、[6] そのすべてが性的暴行の結果だと報告されていたのです。後になってフロイトと出会ったとき、彼はこう言っていました。「それらの事例のうちの少なくとも数例に関して言えば、私は騙されていたのです」。たとえばそれらの事例のうちのひとつは、四歳のときに父親から暴行されたという少女のものでした。その父親というのが偶然フロイトと知り合うことになり、フロイトはその少女の物語は嘘だと確信したのです。後の研究により、一連の事例の他のものも虚偽だという事実が明らかになったのですが、フロイトはそれらを撤回しませんでした。いつでも最初に発表した形のままにしておくというのは、フロイトの信念だったのです。というわけで、こうした初期の事例にはすべてある種の疑念が存在します。再び例を挙げると、フロイトがブロイアーと共に受けもった、同書の冒頭に掲載された有名な事例は、[7] これまで見事な治療の成功例としてたくさん語られてきましたが、実際にはまったくそのようなものではなかったのです。「ブロイアーがその女性に最後に会ったまさにその晩に往診に呼ばれたが、彼女は転移の破綻を原因とする悪性のヒステリー発作状態だった」と、フロイトは私に教えてくれました。[8] つまり、この事例はいかなる意味においても、当初発表されたような完全な治癒などではなかったのです。だとしても、これは非常に興味深い事例であって、そこで生じることのなかった何かをこの事例に要求する必要などありません。もっともその当時、私はこうした事情は一切知らなかったのですが。

実験の他に、私は多くの精神病の事例、特に早発性痴呆の事例の治療に取り組んでいました。[9] その当時、精神医学の領域に心理学的観点はまったく見当たりませんでした。それぞれの事例にラベルが貼られ、あるところでは変質だとか、またあるところでは退縮だなどといったことが言われ、それで終わりでした──それ以上は何もすることがなかったのです。患者への心理学的な関心が見出されるとすれば、それは看護師たちのあいだだけでした。彼女たちのあいだでは、目の前の患者の状態に関する鋭い推測が提供されることがあったのです。けれども、それについて医師たちが知ることはありませんでした。

女性病棟にいた、ある老人の事例を例に挙げてみましょう。[10] 彼女は七五歳でしたが、四〇年にもわたってベッドで寝たきりの状態でした。患者はおそらく五〇年近く精神病院に入院していました──あまりに長きにわたるので、実際のところ彼女の入院時を覚えているという者は誰一人としていないくらいでした。すでにみな亡くなっていたからです。勤続三五年になる看護師長だけが、この女性の早期の生活史について多少のことを知っていました。さて、この年老いた患者は何も話すことができず、液状のものしか食べることができませんでした。彼女は指を使って、何かをすくうような奇妙な動作で食事を口に入れるので、一杯を飲み干すのに二時間かかることもあります。食事の時間以外は、彼女は手と腕を使って、何やらとても奇妙な動作を行なっていました。彼女を見たとき、私はひそかに「なんてひどい有様なんだ」と思ってしまいました。でも、それ以外には何も思い浮かばないほどの様子だったのです。クリニックの中でこの患者は早発性痴呆、カタトニー形態の老人の事例として定期的に報告されていました。けれども私には、あのような奇妙な動作をそんな風に片づけてしまうのはまったくナンセンスなことであるように思えていました。

この事例、およびそれが私にもたらした影響は、精神医学に対する私の反応全体の典型でした。六ヵ月ものあいだ、私はこの事例に必死になって取り組み、没頭し、そしてその間ずっと困惑を増していったのです。上司[11]や同僚たちは自信満々な様子ですし、何の望みもなく彷徨っているのが自分だけのように思えてきて、情けなくて仕方ありませんでした。理解できないでいることは劣等感をもたらし、私は病院の外へ出ることもできなくなってしまいました。正しく理解することもできない職業に就いてしまった男、それが私でした。ですので私はいつでも院内に留まり、自分が担当する事例の探求に全力を捧げていったのです。[i]

さて、ある晩遅く、病棟を通った際に先ほど述べた女性を見かけました。私はこう自問しました。「いったいどうしてなんだ?」。看護師長のもとへ行って「あの患者はこれまでもずっとあんな様子だったんですか?」と尋ねてみると、彼女はこう教えてくれました。「そうですよ。ああ、でもそう言えば、以前に男性病棟の看護師長から、もともとは靴を作っていたんだって聞いたことがありますね」。記録にあたってみると、そこには彼女が靴を作るような動作をしていたという事実が記されていました。昔の靴職人はみな膝で靴を挟んで、この女性がしていたのとちょうど同じような動作で縫い糸を通していたのです。ある種のプリミティヴな地域では、いまでも靴職人たちがそうしているのを見ることができます。

それからしばらくして患者は亡くなり、三歳年上の兄がやってきました。「なぜ、妹さんは精神を病んでしまったのでしょうか?」と私は尋ねてみました。患者はかつて一人の靴職人の男性と恋に落ちたが、何らかの理由で彼は彼女との結婚を望まず、それで彼女は精神を病んでしまったのだと、彼女の兄は教えてくれました。あの動作で、患者は彼の姿を生きたものに保ちつづけていたのです。

早発性痴呆の心因性のことをおぼろげながら理解しはじめたのはこのときのことです。それから私は注意深く事例を観察しつづけ、心因的要素に注意するようになりました。フロイトの考えがこうした問題を解明できるものだということがはっきりしてきました。これが『早発性痴呆の心理学』の起源だったのです。私の考えに賛同してくれる人は多くありませんでした。実際のところ、同僚たちは私のことを笑いました。これは新たな考えについて検討することを求められた際にある種の人たちが感じる困難の一例だったのです。

一九〇六年、私はある早発性痴呆の事例の治療にとても丁寧に取り組んでいました。[12] この事例の患者もまた仕立屋でしたが、今回は若い女性ではありません。五六歳の年配の女性です。患者はあまりにもひどい有様でした。病院を訪問したフロイトに、私が担当していたこの患者に会ってみるよう頼んだ際、彼はまるで雷に打たれたかのようにショックを受けて「こんなひどい有様の人間相手の仕事によく耐えられるものだね」と感心したほどでした。[ii] けれども、私にとってこの患者はたいへん印象的な存在だったのです。

患者はチューリッヒ旧市街の出身でした。道は狭く、汚れきった地域です。彼女はそこで不幸に生まれただけではなく、不幸に育ちました。姉は売春婦、父親は酒飲みでした。彼女は早発性痴呆のパラノイア形態を伴う精神の病へと陥りました。押さえつけられているという考え、いまでしたら劣等感と言うのでしょうが、そうした考えと入り混じった誇大感を抱いていたのです。私は彼女の素材をかなり詳細に書き留めていたのですが、私たちの会話の最中に、彼女の声が邪魔をしてくることがよくありました。声とは、たとえばこんな具合のものです。「私が言っていることは全部でたらめで、注意する必要なんてないって、先生に言ってやんなよ」。彼女が入院しつづけることに激しく抗議していた際には、声は時折こんな風に言ってきました。「頭がおかしくて、お似合いの場所にいるっていうことくらい、よくわかっているだろうに」。当然ながら、患者はこの声に強い抵抗を示しました。無意識がすっかり支配していて、彼女の自我意識は無意識の中に入り込んでしまっているということがうかがえました。さらに、驚くべきことに、そしてまた困惑すべきことに、誇大妄想の考えと毀損の考えとは同一の源泉から生じたものだということがわかったのです。毀損の考えとは、自分が不当に扱われている、悪化させられている、あるいは悪くなっていっているというものです。私はそれらを自己毀損と呼び、誇大妄想の考えのことを自己賛美と呼びました。当初、まだショーペンハウアー－ハルトマン－フロイトの後を追っていたので、無意識が対立する何かをこのように同時に生み出すことなど不可能だというのが私の考えだったのです。無意識とは単なる衝動であり、それ自体のうちに葛藤を示すものではない、と。そこで私はこの二つは無意識の異なる水準から発生したものなのだろうと考えてみたのですが、これは上手くいきませんでした。結局、この女性の精神は両方の原理を同時に用いているのだと認めざるをえなくなったのです。

　後の事例は私の発見の裏づけとなりました。その中から、非常に知的な弁護士の事例を取り上げてみましょう。彼はパラノイアを患っていました。パラノイアの事例では、病的な考えがひとつだけ存在します。つまり、自分が迫害されているという感覚のことです。それ以外の点では、患者は現実に適応しています。さて、この事例はこんな風に展開していきました。男性は「みんなが自分について話をしていると気がついた」と考えます。次に彼は「なぜか?」と問い「自分が他の人々が押し潰してしまいたくなるほどの重要人物であるからにちがいない」ということをその答えとします。少しずつ、彼は自分が殺害されるべき救世主なのだと考えていきます。いちど殺人を企てたことがあり、釈放後にも再び同じことを企てたという点で、いまお話ししている男性は危険人物でした。男性は重要な政治的地位に就いていたので、誰かから相談を受けることもありました。彼は医師たちを嫌い、医師たちに悪態をつくことに時間を費やします。あるときは私相手に不穏な雰囲気になり「精神鑑定医というのがとっても素敵な人たちなんだっていうことがよくわかりましたよ」と言いました。そして彼は失神してしまいます。この瞬間が訪れたのは、私が彼と三時間を共にした後でのことでした。もう一度来談した際、彼は以前と同じ毀損の状態にありました。毀損とは誇大妄想に対する補償として生み出されるものなのです。この点を特に強く主張しておきたいのは、無意識が一定の状態に留まらない背景にそのことがあるからです。別の表現で言うと、無意識とは対立するものどうしの組み合わせを含むものなのです。

　早発性痴呆に関するこの著作を通じて、私はフロイトを知るようになりました。[13] 私たちが知り合ったのは一九〇六年のことです。[iii] はじめて会った日、私たちは午後一時から一三時間にもわたって、絶え間なく話しつづけました。フロイトは私がそれまで出会った中で、本当の意味で重要性を持つ最初の人物でした。彼に匹敵する人などいなかったのです。フロイトは非常に鋭く、知的で、じつに注目すべき人だと私は思いました。けれども、フロイトに対する私の最初の印象はやや混乱したものでした。私にはフロイトのことがよく理解できなかったのです。フロイトが自らの性理論に対してきわめて真剣だということはよくわかりましたし、彼の態度の中に凡庸な何かなど一切見当たりませんでした。そのことはとても印象的だったのですが、それでも私は大きな疑問を抱いていました。フロイトにそのことを話してみると「それはあなたが十分な経験を有していないからですよ」と彼は言ったものです。私がこの疑問について話す際はいつもそうでした。当時はそれを基に批判するほどの経験がなかったというのは、事実そのとおりです。この性愛理論がフロイトにとって、個人的にも哲学的にも、尋常ではないほど重要なのだということは理解できたものの、それが個人的なバイアスからやってきたものなのかどうかはわかりませんでした。そのため、状況全体に関する疑問を心に置いたまま、やり過ごすことにしたのです。

性愛の理論に関するフロイトの真剣さに関連して私が得た、もうひとつの印象があります。フロイトは精神的なものを抑圧された性愛にすぎない何かとして、あざ笑うのを常としていました。「もしそうした立場の論理に完全に従うならば、私たちの文明のすべてが茶番であり、抑圧された性愛に起因する病的創造物ということになってしまうではありませんか」と私は言いました。すると、フロイトはこう言うのです。「そのとおりです。そしてそれは私たちにはどうすることもできない、運命の呪いに他ならないのですよ[14]」と。私の精神はとてもそんなところで納得しそうにありませんでしたが、それでも彼を相手にそれを主張することはできなかったのです。

その当時の第三の印象には、ずっと後になってからようやくわかったもの、つまり私たちの友情が失われた後になってからはじめて考え抜いた事柄も含まれています。フロイトが性愛について語るとき、それはまるで神について語っているかのような様子でした——まるで回心を経験した人が何か語るときのような。それはまるでアメリカの先住民が目に涙をためながら太陽について語るようなものだったのです。プエブロの彼方にある山を眺めていたときに、私の後ろにそっとやってきて、「すべての命は山からやってくる。そう思いませんか?」と突然言ってきた、ある先住民のことが思い出されます。[15] フロイトが性愛について語る様子はまさにそのようなものだったのです。独特な情動的性質が彼の表情には表われていましたが、私にはその原因が見当もつきませんでした。当時は不明瞭なままだった別の何か、すなわちフロイトの辛辣さについて考えることを通じて、ようやくそれを理解できた気がします。フロイトは辛辣さで出来ていると言ってもいいかもしれません。彼の言葉は辛辣さで充満していました。フロイトの態度は完全に誤解された人の辛辣さであり、彼の物腰はいつでも「理解できないのなら地獄に蹴落とされればいい」と言っているかのように思えるものでした。はじめて会ったときに私はフロイトの中のこの態度に気づき、そしていつでも彼の中にそれを見ていたのですが、性愛に対する彼の態度との関連はわからなかったのです。

説明としては次のようなものになると思います。フロイトは精神的なものをすべて拒絶することによって、実際には性愛に対して神秘的な態度をとっているのだ、と。何かの詩がもっぱら性的な基盤のみに基づいて理解されることなどありえないと抗議する人がいたとしても、フロイトはきっとこんな風に言うでしょう。「いえ、絶対にそんなことはありません。それは精神性愛的なものなのです」。けれども詩を分析する際、フロイトはあれこれの縫い糸を外していき、それを性愛以外に何も残らなくなるまで続けていったのです。いまとなってみると、フロイトにとって性愛とは二重の概念なのだと思います。一方でそれは神秘的な要素であり、他方では単なる性愛なのですが、後者しかフロイトの用語法には登場しません。それは彼がもう一方を認めようとしないからなのです。フロイトに別の側面があったというのは、私が思うに、彼が自らの情動を示す際のあり方からして明らかです。そうすることで、フロイトは永遠に自らの目標をくじいてしまっているのです。内側から見れば性愛が精神的なものを含んでいるとフロイトは説こうとするのですが、具体主義的な性の用語のみを用い、誤った考えを伝えてしまっています。フロイトの辛辣さは、常に自分自身に反して作用する、こうした事実に由来するものなのです。自分自身が最悪の敵である人の辛辣さ以上の辛辣さなど存在しないのですから。

フロイトには無意識の二重性が見えていません。湧き上がってくる物事には内側も外側もあるのだということ、そして外側しか語らないのだとすれば、それは外殻だけを語ることとなのだということが、フロイトにはわからないのです。けれども、フロイトの中で起こっているこの葛藤について、できることは何もありません。チャンスがあるとすれば、それは外殻の内側で働く精神的なものを知らしめる経験を持つことでしょう。ただしその場合、フロイトの知性は必ずそれをはぎ取って「単なる」性愛にしてしまうはずです。私は性愛的なもの以外の要因を示す事例をフロイトに伝えようとしました。ところが、いつでも彼は「そこには抑圧された性愛以外何も存在しない」と言うのでした。

先ほど述べたとおり、このようにひどく辛辣な人たちとは必ず自分自身に反している人たちです。私が自分自身に反しているとき、私は自分が感じている心配や恐怖を投影してしまいます。それを避けようとするのであれば、鎮めるべきなのは私自身なのです。彼が身を委ねた一元論的原則に逆らう要素を無意識が生み出すということは、フロイトにはわかりません。私は彼のことを悲劇的な人物だと思っています。偉大な人だというのに、自分自身から逃げ出しているというのが事実なのですから。なぜいつでも性について語らなければならないのか、フロイトが自らに問うことはけっしてありません。そして自分自身から逃げているという点で、彼はその他の芸術家と似ています。実際のところ、創造的な人とはそのようなものであるのが通常なのです。

以上のような理解は、先ほど述べたとおり、主にフロイトと決別した後になってから生まれたものです。私がこのことをお話ししているのは、ご存知のとおり、私とフロイトとの関係が長いあいだ公の議論の対象となっていて、そのためそれに関する私の見解を示すべきだと思ったからです。

もっとも真剣に考慮されなければならないのは性的な要因なのだろうかと感じながら、私はフロイトへの初訪問から帰途につきました。少々困惑しながら自分自身の事例を振り返りはじめ、ひたすら沈黙を保ちました。一九〇九年、フロイトと私はともにクラーク大学に招待され、約七週間にわたって毎日一緒に過ごしました。[16]私たちは毎日、夢を分析し合いました。そして私がフロイトの限界に関する印象、まさに決定的な印象を抱いたのは、そのときのことだったのです。私は二つの夢を見ました。フロイトにはそれらがまったく理解できませんでした。もちろん、私はそんなことを気にしたりしませんでした。偉大な人物であっても、夢に関して言えば、時にはそのような体験をするものなのですから。それは単なる人間としての限界であり、私はけっしてそれをこれ以上続けない理由と見なそうとは思いませんでした。反対に、もっと進みたいと思ったのです――私は自分がフロイトの息子だと感じていました。そして、それに終止符を打つ何かが起こったのです。

フロイトはある重大なテーマに関する夢を見ていました。それについてはお話しできません。私はその夢を分析し、彼の私生活について何点か教えてもらえれば、さらに何か言えるだろうと言いました。するとフロイトは独特の疑いの表現の眼差しで私を見て、こう言ったのです。「お話しすることはできるでしょうが、私の権威を危うくすることはできません」[17]。フロイトが真実よりも権威を優先する以上、そこから先の分析は不可能だとわかりました。私は「ここで止めにしておいた方がよさそうですね」と言い、素材についてはそれ以上何も尋ねませんでした。私がここでは客観的な立場からお話ししているということをどうかご理解いただきたいのですが、フロイトとのこの経験のことはどうしても含めなければなりません。この経験こそが、私とフロイトとの関係の中のもっとも重要な要素だからです。いかなるものであっても、フロイトは批判に耐えることのできない人なのです。

フロイトが部分的にしか私の夢を扱うことができなかったので、通常そうであるとおり、象徴的素材はそれが理解されるまで増えていきました。夢の素材に関して狭い視野に留まっていると、解離の感覚がやってきて、目も見えず、耳も聞こえなくなったように感じます。孤立した人の身にそれが生じると、その人は石化してしまうのです。

アメリカからの帰途、私は『リビドーの変容と象徴』のもととなる夢を見ました[18]。当時の私は集合的無意識について何もわかっていませんでした。私はこんな風に考えていたのです。意識は上の階の部屋。それには地下貯蔵庫としての無意識と、本能を上へと送り出す地下の水源、すなわち身体が備わっている。これらの本能には私たちの意識の理想と一致しない傾向があり、それゆえ私たちはそれらを下に置いておくのだ、と。私がずっと自分で用いていた図式はこのようなものでした。そこに、この夢がやってきたのです。この夢について、個人的なものになりすぎることなく、話すことができるといいのですが。

私が見たのは、自分が中世の屋敷の中にいるという夢でした。部屋、廊下、階段をたくさん備えた、巨大で複雑な家でした。私は通りから入って、アーチ状のゴシック風の部屋へ、そこからさらに地下室へと降りていきました。一番下まで来たようだと思ったのですが、四角い穴に気がつきました。手元のランタンでこの穴を覗くと、さらに下へと続く階段が見え、私はその階段を降りていきました。埃まみれの階段はひどく使い古され、空気は蒸し暑く、雰囲気全体が不気味でした。私はもうひとつの地下室にやってきました。こちらはとても古い、おそらくはローマ時代の構造をしていて、私はそこでも穴を見つけました。穴を通じて、先史時代の陶器、骨、頭蓋骨でいっぱいになった墓を見下ろすことができました。埃が乱れていなかったので、これは大発見だと思いました。そこで目が覚めたのです。

フロイトはこの夢は次のことを意味していると言いました。そこにいたのは私に関連のある誰かで、その誰かが死に、二つの地下室に埋葬されることを私が望んでいる、と。[19] けれども私は、はっきりとはわからないものの、夢の意味はそれとはまったく異なるところにあると思ったのです。私はこんな風に考えつづけました。「地下室は無意識だ。でも中世の屋敷は何だろうか？」。かなり後になるまで、このことははっきりとはわかりませんでした。ただし、両方の地下室のさらに下にも何かがあったのです――先史時代の人間の残滓が。これは何を意味しているのでしょうか？　私はこの夢に関して、これは個人的なものではまったくないという感情を抱いていました。当時は無意識の素材を汲み上げるためにファンタジーを生み出す原理について何も知らなかったにもかかわらず、心ならずも私はこの夢に関するファンタジーを作りはじめていました。私はこう考えました。「発掘でもできたらいいのに。どこでならそんな機会があるだろうか？」。そして実際に、帰国時に発掘現場を見つけて、そこに行ってみたのです。

けれども、もちろんそんなことでは満足できませんでした。次に私の思考は東方へと向かい始めます。バビロニアで行なわれた発掘に関する本を読みはじめたのです。[20] 私の関心は書物に向かい、そして『神話と象徴性』というドイツ語で書かれた本と出会いました。私は全速力で三〜四巻を読破し、狂ったかのように読みつづけていきました。そして結局、クリニックにいたころと同じくらい困惑することになったのです。少し話が逸れますが、八年間勤務した後、病院を退職したのは一九〇九年のことでした。[21] ところが、いまでは自分自身が作り上げた精神病院の中で生きているかのように思えてきたのです。私はケンタウロス、ニンフ、サテュロス、神々、そして女神たちといった、あらゆるファンタジー像に取り組んでいきました。まるで彼らが患者であり、私が彼らを分析しているかのようにして。精神病の患者が既往歴を語るときと同じように、私はギリシャ人や黒人の神話を読んでいきました――それが何を意味するのかまったくわからなくて、私は混乱していきました。

こうしたすべてのことから少しずつ『リビドーの変容と象徴』が姿を現わしてきました。というのも、私が「ミラーのファンタジー」と出会ったのはその最中のことだったのです。[22]「ミラーのファンタジー」は私の心の中で、それまで集めてきた素材すべてに対する触媒のような作用をもたらしました。ミラーは、私同様、神話的なファンタジー、つまり個人的なものではまったくない性質のファンタジーや夢を経験した人物なのだと私は思いました。こうしたファンタジーの非個人性、そして同様に、集合的無意識という名前は与えていなかったものの、それらがさらに下の「地下室」からやってきたものにちがいないという事実を、私はすぐに認識しました。あの本はこのようにして発展していったものだったのです。

同書に取り組んでいるあいだ、私はずっと悪夢に悩まされていました。夢について語るのであれば、たとえそれが不本意ながらかなり個人的な夢であっても、語るべきだと私は思います。夢は私の人生と理論におけるあらゆる重要な変化に影響を及ぼしてきました。たとえば医学の勉強にたどり着いたのも、ある夢がその理由でした。考古学者になることがそれまでの私の固い意志だったのです。それを念頭に、私は大学の哲学科の学生名簿に名を連ねていたのですが、その夢がやってきて、すべてを変更してしまったのです。[23] 当時、これは『リビドーの変容と象徴』に取り組んでいたころのことですが、私の夢はすべてフロイトとの決別を指差していました。もちろん私は、フロイトが彼の言う地下室の下にある地下室のことを受け入れてくれるはずだと思っていたのですが、夢はそれとは正反対の心構えを私にさせていたのです。フロイトは父に対する抵抗以外は何もこの書の中に見出すことができませんでした。[24] フロイトが同書における最大の異議申し立てだと考えたのは、リビドーが分割され、それ自体をチェックする何かを生み出すという私の記述でした。一元論者であるフロイトにとって、それは冒瀆そのものだったのです。フロイトのそうした態度から、性愛は彼にとって神に関する観念の代わりであり、リビドーは彼にとって一方向的な衝動にすぎないのだと、私はそれまで確信してきた以上に、そう感じました。けれども実際には、生きることへの意志と同じ様に、死ぬことへの意志も存在すると示すことが可能だと私は思います。人生の頂点に至るとき、私たちは死への準備をします。別の言葉でこんな風に言ってもいいでしょう。たとえば三五歳以降、私たちはそれまでよりも冷たい風が吹くことを知るようになるのだ、と――最初はわからなくても、後になるとその意味から逃れられなくなるのです。

フロイトとのこの決別後、世界各地にいた教え子たちはみな私のもとを去り、フロイトの側につきました。[25] 私の著作は愚にもつかないものであり、私は神秘主義者だと教えられるようになり、事態はそれで決着となりました。突如として、私は自分が完全に孤立していることに気がつきました。これは不都合であったかもしれませんが、内向タイプである私にとっては好都合でもありました。つまり、このことはリビドーの垂直運動を促してくれたのです。私は外的世界での活動がもたらす水平運動から切り離され、自分自身の内側の物事のことを十分に研究するよう突き動かされていきました。

『リビドーの変容と象徴』を書き上げた際、私はそれまで歩んできた道のりを見渡す、奇妙に澄み切った瞬間を得ました。「いまや神話への鍵を得て、あらゆる戸を開ける力を得たのだ」と考えました。けれども私の内側の何かがこう言ってきたのです。「なぜあらゆる戸を開けようとするのか？」と。[26] そして自分がしてきたのは結局のところ何だったのかと自問したのです。私は英雄に関する書物を執筆し、過去の人々の神話を解明しました。けれども、私自身の神話はどうでしょうか？ 自分はそれを持っていないと認めざるをえませんでした。彼らの神話のことは知っていましたが、私自身の神話はひとつも知りませんでした。今日では自分の神話を持つ人など、他に誰もいなかったのです。その上、私たちは無意識についての理解も欠いていました。タイプに関する書物の中で部分的に明らかになった考えは、すべてこうした内省のまわりで、中心の核を回るかのようにして発展していったものだったのです。

第4回

質問と議論

マン博士の質問　「超越機能にもっとも容易に辿りつくことができるのは、直観によってではないでしょうか？　もしもその機能――直観――が欠けているなら、困難が大いに増すのではないでしょうか？　一人で、つまり助けを得ることなく、超越機能に達することは不可能なのではないでしょうか？」

ユング博士　超越機能を見出す上で直観が何の役割を果たすかは、その人のタイプに大きく左右されます。たとえば優越機能が直観であるならば、直観は直接の障害となります。超越機能とは優越機能と劣等機能のあいだで作られるもの、あるいは生じるものだからです。劣等機能は優越機能を犠牲にすることによって、はじめて浮かび上がることができます。そのため直観タイプにおいては、超越機能を見出すために、言ってみれば直観を乗り越える必要があるのです。一方でその人が感覚タイプならば、直観は劣等機能ということになり、超越機能は直観を通じて到達されると言ってよいでしょう。分析において直観がもっとも重要な機能であるかのように思えることが多いというのは事実ですが、それはただ単に分析とは現実ではなく、実験だということによるものなのです。

『リビドーの変容と象徴』の成立とそれが私に及ぼした影響については、前回、可能なかぎりお話しすることができたと思います。同書は一九一二年、*Wandlungen und Symbole der Libido*〔リビドーの変容と象徴〕との表題で刊行されました。同書によって私の精神の中で焦点が当てられることになった問題は、英雄神話と私たち自身の時代との関係でした。この本の基本的命題、すなわち肯定的な流れと否定的な流れへのリビドーの分裂に関して、前回お話ししたとおり、フロイトの意見は全面的反対でした。この本の刊行は私たちの友情の終結の印となってしまったのです。

さて、本日は『リビドーの変容と象徴』の主体的側面についてお話ししようと思っています。このような書物を書く際には、自分が書いているのは客観的素材だと考えてしまいがちです。私の場合で言うと、ただ単に「ミラーのファンタジー」を、神話的素材を伴う特定の点に関して論じたのだと考えていました。ある画家が絵を描いたとします。「事は済んだ。自分とはもう無関係だ」と画家は考えるかもしれません。それと同じように、『リビドーの変容と象徴』という書物は私自身と見なすことの可能なものであり、その分析が私自身の無意識のプロセスの分析へとつながるのは避けられないということを私が理解するには、数年の時間が必要でした。レクチャーの中で行なうのは困難なことですが、私が今日議論したいのはこの側面です。特にこの本が将来を予見していたかのように思える道のりを辿っていこうと考えています。

覚えておられるかと思いますが、この本は二種類の思考が観察可能だと述べることではじまっています。すなわち知的な、もしくは方向性のある思考と、ファンタジー的な、あるいは受動的で自動的な思考の二種類です。方向性のある思考のプロセスにおいて、思考内容は道具として扱われます。それらは考える人の目的に役立つように作られるものです。一方で受動的な思考において、思考内容とはまるで自分勝手に歩き回る個人のようなものなのです。ファンタジー的思考はヒエラルキーを関知しません。思考内容が自我と対立する場合さえあります。私は「ミラーのファンタジー」を思考のそうした自律的形式だと見なしました。けれども、彼女が私自身の中にあるそうした思考の形式を表わしているということには気づいていなかったのです。主観的に同書を解釈するのであれば、彼女は私のファンタジーを引き継ぎ、その舞台監督となっていたということになります。別の表現で言うと、彼女はアニマ像に、私がほとんど意識することのない劣等機能の担い手となっていたのです。意識において、私は自分の思考を非常に厳密な方向性に従わせることに慣れ切った、能動的な思考タイプでした。そのため、ファンタジーを生み出すというのは、私にとって不愉快そのものの精神的プロセスだったのです。私は思考の一形式として、それをまったく不純なもの、インセスト的な交わりのようなもの、知的観点からすればまったくモラルに反するものだと考えていました。作業場に来てみたら、すべての道具が飛び回って、自分の意思とは無関係に勝手なことをしているのを見つけた人を思い描いてみてください。ファンタジーに身を委ねるというのは、私にそれと同じ影響をもたらしました。別の表現で言うと、自分自身の精神の中にあるファンタジーという生の可能性について考えてみるということに対して動揺してしまったのです。それは私が自分自身のために育ててきたあらゆる知的理想に反することであり、それに対する抵抗はあまりに強く、ミラーの素材の中に自らの素材を投影するというプロセスを経て、私はようやく自分自身の中にある事実を認めることができました。もっと強い表現を選べば、受動的思考というものは私にとっては苦手なもの、そして倒錯したものであり、そのため私は病んだ女性を通じてしかそれを扱うことができなかったのです。実際のところ、後にミラーは完全に錯乱状態に陥ってしまいます。戦時中、私はアメリカでミラーの主治医だった男性から手紙を受け取りました。彼女のファンタジーの素材に関する私の分析は完璧に正しいものであり、同書で扱われた宇宙創生神話は病の中で完全に明らかになったと彼は言ってくれました[1]。私が最初にミラーの素材に目を通した当時、彼女を観察していたフルールノワも、私の分析は正しいと伝えてくれました[2]。集合的無意識の並外れた活動が存在していたのですから、最終的に彼女が圧倒されてしまったというのは驚くに値しません。

それから私は、自分がミラーの中で自分自身のファンタジーの機能を分析しているということに気がつかざるをえなくなりました。彼女のファンタジーの機能と同じく、私のその機能もまたあまりにも抑圧されていたため、半ば病的なものとなっていたのです。何らかの機能がこのように抑圧されると、集合的無意識から生じる素材によってその機能は汚染されることになります。だからこそ、ある意味ではミラーが私の混じり気を含んだ思考の記述となったのでしょう。同書の中からは、こうして劣等機能とアニマの問題が浮かび上がってくるのです。

　同書の第二部に「創造の賛歌」[3]という章があります。これはエネルギーを解放することの肯定的な、あるいは生成をもたらす力の表現です――それは上への道なのです。「蛾の歌」[4]は下への道です。光が創造され、それから創造は終焉へと向かいます。ある種のエナンティオドロミアですね。第一の場合、それは成長の時期、若さの時期、光と夏の時期です。蛾において、リビドーはかつて自らが創造した光の中でその羽根を焼かれる様が示されます。自らに生をもたらしたのと同じ衝動によって、自らを殺そうとするのです。宇宙論的原理におけるこうした二重性をもって、同書は終わっています。それは対立するものどうしの組み合わせ、すなわち『タイプ論』の始まりへとつながるものだったのです。[5]

　同書における次の要素は、創造的エネルギーに関して、それとは異なる側面から論じたものです。エネルギーはさまざまな形で、そして何かから別の何かへの移行[6]のプロセスにおいて姿を現わすことができます。エネルギーが厳密に生物学的な欲求から文化的達成へと通過する際に生じるのが、根本的な変容です。ここからは進化の問題となります。では、単に科学的観点からではなく、個人における現象として見た場合、たとえば性愛的なものから精神的なものへの移行はどのようにして可能になるのでしょうか？　性愛性と精神性は互いが互いを必要とする、対立するものどうしの組み合わせなのです。では、性愛的段階から精神的段階へと至るプロセスは、どのように生じるものなのでしょうか？

　最初に浮かび上がってくるイメージは英雄です。英雄はもっとも理想的なイメージであり、その性質は時代ごとに変化します。ただし、それはいつでも人々がもっとも高く評価する物事に、具体的な形を与えつづけてきました。英雄とは私たちが辿ろうとしている移行に具体的な形を与える存在なのです。性愛的段階においては、人はまるで自然の力、自分で対処することなど不可能な力に屈し、どうにもならないと感じているかのようなものだからです。英雄とは完璧な人間であり、自然に対する人間の抗議を表わしています。自然は人間から完璧な存在となる可能性を奪い去ろうとしているのです。すると、無意識は英雄の象徴を作り出します。したがって、英雄とは態度の変化を意味するものなのです。けれども、この英雄の象徴も無意識から生じたものであり、そして無意識は自然でもあります。人間が形にしようと格闘している理想にほとんど関心を持つことのない、同じ自然なのです。そのため、人は無意識との葛藤状態に陥ることになります。そしてこの格闘は、無意識から、母から自由を勝ち取るための格闘なのです。先ほど述べたとおり、無意識は完璧な人々というイメージを形にします。けれども、人がこうした英雄のタイプを現実のものにしようとすると、無意識の中にそれとは別の傾向、つまりそのイメージを破壊しようとする傾向が生じます。こうして恐ろしい母親、貪り食う龍、再生の危険などといったものが展開されるのです。それと同時に、英雄という理想の出現は人間の希望の強化をも意味しています。それは、母が許すのであれば、自らの生の流れを再編できるという考えを人に与えるものなのです。文字どおりの意味における生まれ変わりによってこれをなすことは不可能なので、変容のプロセス、もしくは心理学的な再生によってそれが達成されます。けれども、これは母との真剣な戦いを抜きにしてなしうることではありません。ここに非常に重要な問いが生じることになります。母は英雄の誕生を許すでしょうか？　そして母を満足させ、それを許してもらうために、できることは何でしょうか？

　こうして私たちは供儀という考えに辿りつくことになります。それはたとえばミトラ教[7]の雄ウシの供儀において具体的な形となったもののことです。これはキリスト教ではなく、ミトラ教の考えなのです。英雄自身ではなく、その動物的側面、雄ウシが供儀に捧げられます。

　誕生の場所であり、破壊の源泉でもあるものとしての母、あるいは無意識の役割に関する議論は、母の二重の役割、あるいは無意識における対立するものどうしの組み合わせ、構築の原理と破壊の原理の存在という考えへとつながっていきます。無意識の力から英雄を切り離し、個としての自律性を与えるためには、供儀が行なわれなければならないのです。英雄は自ら代償を払い、無意識の中に残された真空をどうにかして埋めなければなりません。では、供儀に捧げられるべきものとは何でしょうか？ 神話によれば、それは子どもとしての性質、マーヤーの覆い、過去の理想です。

それとの関連で、『リビドーの変容と象徴』の中に何度も非難を浴びてきた一節があると言っておいてもいいでしょう[8]。そこで私は、再生の危機を乗り越え、母から離れる上でもっとも助けとなるものは、日々の仕事の中に見出されると述べています。あらためて考えてみると、このような途方もない問題に対処する方法としては安易かつ不適切なもののように思えて、批判をした人々の側に気持ちが傾くこともありました。けれどもさらに考えていくと、やはり私が最初に述べたことが正しかったのだと、そして私たちが無意識を振り落とすために日常的に繰り返している努力――つまり、日々の仕事のことです――こそが私たちの人間性を形作ったのだと、よりいっそう確信するようになりました。私たちはけっして大げさな身振りによってではなく、日々の仕事によって無意識性を克服することができるのです。もしも私がアフリカの黒人の男性に「あなたはどうやって無意識に対処しているのですか？」と聞いてみたとしましょう。彼はこう答えます。「仕事によってですよ」。私はこう言います。「でも、あなたの生活なんて、遊びばっかりじゃありませんか」。彼はそれを激しく否定し、自分の生の大半は精霊に捧げられる非常に大変なダンスを行なうことに費やされていると説明してくれます。私たちにとってダンスはまさしく遊びであり、気軽さと優雅さの問題です。けれどもプリミティヴな人々にとって、ダンスはまさに大変な仕事なのです。あらゆる祭礼は仕事だと、そして私たちが言う意味での仕事とはそこからの派生物だと言ってもいいでしょう。

このテーマをさらに辿っていけば、病を患った際のオーストラリアの先住民の行為について説明することも可能です。先住民は自らのチュリンガが[9]岩の中に隠された場所へ赴き、それを擦ります。チュリンガには健康の魔力が満ちています。それを擦れば、その魔力が彼の体内へと、そして病はチュリンガの中へと入り込むのです。それからチュリンガは岩の中に戻され、そこで病を消化し、健康の魔力を補充します。これは祈禱の代わりなのです。私たちであれば祈禱を通じて神から力を得たのだと言うでしょうが、プリミティヴな人々は仕事によって神から力を得ているのです。

　こうした説明を多少なりとも理解していただけたのであれば、この素材が私に大きな印象を残さずにはいられなかったということもわかっていただけるでしょう。素材とは、私が当時取り組んでいた神話的素材のことです。もっとも重要だった影響のひとつは、ミラーの病的状態を自分が納得できる方法で神話に編成し、そうすることで私自身のミラー的側面を同化したということです。それは私にとってとてもよいことでした。比喩的に言うと、私はひとかたまりの粘土を見つけ、それを黄金にし、そしてポケットの中にしまいこんだのです。私はミラーを自分自身の中に取り入れ、神話的素材によって自らのファンタジーの力を強化しました。それから能動的な思考を続けていったのですが、それには躊躇いが伴いました。ファンタジーが素材から立ち去ってしまいそうな気がしたのです。

　この時点では、私はほとんど何も書くことができませんでした。そこで、フロイトとの問題[10]についての懸念があったという事実から、アードラーがフロイトと対立したときはどうだったかを知るために、アードラーの著作を注意深く検討することにしたのです。私はすぐに、タイプの違いに驚かされました[11]。二人とも神経症やヒステリーの治療を行なっています。ところが、一方には神経症やヒステリーがあるものに見えるというのに、もう一方にとってそれはまったく別のものだというのです。どうすればこれを解決できるのか、見当もつかなかったのですが、後になると、おそらく自分が二つの異なるタイプを扱っているのだということがわかってきました。フロイトとアードラーは一連の同一の事実に対して、まったく別の側面から取り組むよう、宿命づけられていたのです。自分の患者の中に、アードラーの理論に向いた人たちもいれば、フロイトの理論に向いた人たちもいるということもわかってきました。こうして私は外向性、そして内向性という理論を形にすることになったのです。その後あちこちで友人知人とのあいだでたくさんの議論を交わしました。それらを通じて、私は自分の劣等な外向的側面を外向的な友人の中に投影する傾向を有し、彼らは彼らで自らの内向的な側面を私の中に投影しているということに気がついたのです。個人的な友人たちとの議論によって、自らの劣等機能を彼らの中にたえず投影し、それが原因で彼らの価値を低く見積もる危険が自分には常にあるということにも気がつきました。患者が相手であれば、個人的感情を交じえることなく、客観的に見ることも可能です。けれども、友人に対しては感情的基盤をもとに会っていかざるをえません。そして感情は私の中の比較的分化されていない機能であり、それゆえ無意識の中にあったため、当然ながら投影の重荷を課されていました。少しずつ、私は自分にとって衝撃的な発見をしていきました。すなわち、あらゆる内向的な人がこの外向的なパーソナリティを自らの内側、無意識の中に携えており、私は友人たちに損害を与えながら、それを彼らに投影しているのだ、と。私の外向的な友人たちにとっても、内側にある劣等な内向を認めなければならないというのは、同じくらい悩ましいことでした。部分的には個人的なこうした経験から、私は心理学的タイプに関する小論を執筆し、その後それを論文として学会で読み上げました。[12] これにはいくつかの間違いが含まれていましたが、それについては後になって修正することができました。たとえば、私は外向的な人は常に感情タイプだと考えていたのですが、これは明らかに私自身の外向性が私の無意識的感情と結びついていたという事実から生じた投影だったのです。

いままで述べてきたことはすべて、タイプに関する私の本の発展の外側を描いたものです。これこそが同書が生まれ、そして完結したあり方だったと言っても差し支えありません。けれども、それとは別の側面もあります。間違いどうしを縫い合わせたもの、混じり気のある思考などといったもののことで、これを公表するのは男性にとっていつでも非常に難しいことです。男性は方向性のある思考の完成品を示し、それは著者の精神の中で完成品として生まれたものであり、弱点のないものだと理解してもらいたがります。自らの知的な生に対する思考タイプの男性の態度は、自らのエロス的な生に対する女性の態度ととてもよく似ています。結婚した男性について「どんな成り行きだったんですか?」と女性に聞いてみれば、きっと彼女はこんな風に言うでしょう。「彼に出会って、恋をしたんです。それだけですよ」。自らが旅してきたエロスの大通りのあらゆる小さな裏道を、あらゆる些細な意地悪を、巻き込まれていたかもしれない目を細めたくなるような状況のことを、彼女は慎重に隠し、他に類を見ないほどの完璧な人当たりのよさを示すことでしょう。中でも、彼女は自らが犯したエロスの過ちのことを隠すでしょう。自らのもっとも強力な機能の中に弱さを抱えてきたということを、彼女はけっして認めることがないでしょう

男性の自らの著書に対する態度もまさに同じです。男性は密かな同盟相手のことを、つまり自らの精神の「過ち」のことを話したがりません。たいていの自伝の虚偽を作り出しているのはこのことなのです。女性の中で性愛性の大半が無意識的であるのと同じく、男性の中の思考の劣等部分の大半は無意識的なのです。そして女性が自らの性愛性の中に力の本拠地を築き、いかなるものであれ弱点となる秘密を明かそうとしないのと同じく、男性は自らの思考を力の中心とし、公に対する、特に他の男性に対する確固たる前線として保持しようとするのです。この領域の中にある真実について誰かに話してしまったなら、それはまるで要塞の鍵を敵に明け渡すようなものだと男性は考えます。

けれども、男性の思考のこうした別の側面は、女性にとっては不快なものではありません。ですので、男性は通常、女性に対して、特にある種の女性に対してであれば、それについて自由に話すことができるのです。ご存知のとおり、私は一般に女性は二つのタイプに属すると考えています。母とヘタイラです。[13] ヘタイラ・タイプは男性の思考の別の側面にとっては母のように振る舞います。それが弱く無力な類の思考であるという事実そのものが、この種の女性にとっては魅力的なのです。こうした女性はそれを、自分が発達を手助けする胎芽のようなものと考えます。パラドクスのように思えるかもしれませんが、たとえ娼婦であっても、男性の精神的な成長に関して言えば、妻よりも多くのことを知っているという場合があります。

さて、この時点では、私は能動的に思考してました。ですので、言わば自分自身を保留するための何らかの方法を見つけ、自分の精神的な生の別の側面、つまり受動的な側面を拾い上げなければならなかったのです。先ほど言ったとおり、男性はそのような真似はしたがりませ

ん。あまりにも無力だと感じるからです。自分ではどうすることもできず、劣った存在になってしまったと感じます――それはまるで川の流れに揉まれる丸太になったかのようなものであり、だからこそ男性はできるだけ早くそこから抜け出すのです。男性はそれを否定します。混じり気のない、知的なものではないからです――もっとひどいもの、つまり感情でさえあるかもしれません。自分がそうしたすべてのものの犠牲となったかのように感じますが、自らの創造的な力を手にするためにはそれに自分自身を委ねなければならないのです。それまで取り組んでいたあらゆる神話的素材が私のアニマを確実に目覚めさせていたため、いまや私はこの別の側面に、別の表現で言うと私の無意識的な劣等の側面に、注意を向けざるをえなくなりました。簡単なことのように聞こえるかもしれませんね。けれども、これは男性がけっして述べたがらない何かなのです。

　自らの劣った、つまり無意識の側面に辿り着くために私が次に行なったのは、日中用いている精神の装置を、夜になると逆さまにするということでした。つまり、私は進行していく夢を観察するために、リビドーをすべて内側に反転させたのです。夢は寝ているあいだだけに姿を現わすものではなく、それ自体の生を有し、日中も意識の水準の下で継続していると、レオン・ドデー[14]も述べています。もちろんこれは目新しい考えではありませんが、十分に強調されているとは言えません。夢をもっともよくとらえることができるのは夜の時間です。夜になると、人は受動的になるからです。ただし、早発性痴呆の患者に関して言えば、日中であっても夢が表面に姿を現わす様を観察することができます。早発性痴呆の人々は言わば常に受動的であり、夢という生に自らをあっさりと明け渡してしまうからです。思考タイプの男性の精神は日中は能動的ですが（いまは男性についてのみお話ししているということを忘れないでください。女性においてはこのプロセスは異なります）この状態では夢をとらえることはできません。夜になって受動的な態度をとり、それと同時に日中は仕事に費やしているリビドーの流れを無意識の中へと注ぐことによって、夢をとらえ、無意識の働きを観察することが可能になるのです。けれども、ただ単に寝椅子に横になって、リラックスするだけでは、そうすることはできません。これはすべてのリビドーを無意識へと絶対的に譲り渡すことによってなされなければならないものなのです。これを行なうために、私は自分自身に訓練を課しました。無意識が働くことができるように、私はすべてのリビドーを無意識に与えたのです。このようにして私は無意識にチャンスを与え、素材が姿を現わし、そして私はそれを「その場で」とらえることができるようになったのです。

無意識がけた外れに集合的なファンタジーに取り組んでいるということに、私は気がつきました。以前に神話への取り組みに大いに関心を抱いていたのと同じくらい、私は無意識の素材に関心を抱くようになりました。実際のところ、これは神話の形成を理解する唯一の道のりなのです。このようにして『リビドーの変容と象徴』の第一章は、もっとも正確な意味において真実となりました。私は神話の創造が進行するのを目撃し、無意識の構造に関する洞察を得ました。『タイプ論』の中で大切な役割を果たしている概念は、このようにして形になっていったのです。経験的素材はすべて患者から引き出しました。ただし、問題の解決は内側から、自分の無意識的プロセスの観察から引き出したのです。『タイプ論』の中で、私はこの外的経験と内的経験という二つの流れの融合を試み、この二つの流れの融合のプロセスを超越機能と名づけました。[15] 意識の流れはある道のりを、そして無意識の流れは別の道のりを進むものだということには気がついていたのですが、どこでこの二つの流れが合流するのかがわかっていなかったのです。個人は極端な分裂へと向かいがちになります。知性にできるのは解剖し、区別することだけで、創造的要素は無意識の中の手の届かないところにあるからです。超越機能という言葉を用いることで、私は意識と無意識の媒介の可能性について詳しく述べてみたのですが、これは大いなる光明としてやってきたものなのです。

さて、そろそろ時間ですね。たくさんのことをお話ししてしまいましたが、これですべて語り尽くしたなどとは、どうかお考えになりませんように。

第5回

質問と議論

質問を書いて提出した人はいなかったが、口頭で以下の質問があった。「前回お話しいただいた無意識を探求するプロセスの最中、自らの道具をコントロールできているという感覚は常にお持ちでしたか？」

ユング博士　まるで私のリビドーによってそうした道具が活性化させられたかのようなものだったのです。けれども、活性化させられるべき道具、つまり命を吹き込まれたイメージ、その中にリビドーを含んだイメージは、そこに存在していなければなりません。それから、補充された付加的リビドーがそれらを表面に浮上させるのです。イメージを表面へと浮上させるこうした付加的リビドーを与えていなかったとしても、この活動はまったく同じように続いていたでしょうが、私のエネルギーを無意識の中に吸収してしまったことでしょう。イメージにリビドーを注ぐことによって、無意識が何かを語る力を増強することが可能になるのです。

アルドリッチ氏　タパス〔苦行〕のことでしょうか？

ユング博士　そう、それはこうした類の集中のことを言い表わすインドの言葉ですね。この方法をより詳しく説明してみると、こんな具合になるかと思います。男性と女性が部屋の中を歩き回っているというファンタジーを誰かが得たと考えてみてください。このファンタジーに関してその人が進むのはちょうどそこまでで、それ以上進むことはありません。別の表現で言うと、その人はそのファンタジーを中止し、別のファンタジーに取りかかります――たとえば、森の中でシカに出会うとか、トリたちが羽ばたいているのを見るとかいったものに。けれども、すべての可能性が尽くされるまでは、生じてきた情景のもとを離れないというのが、ファンタジーに関する技法上の原則なのです。たとえば、もしも男性と女性のことが思い浮かんだのだとすれば、彼らがその部屋の中で何をしようとしているのかが判明するまで、私は彼らを立ち去らせません。こうしてファンタジーを進行させていくのです。ただし、このようにすること、つまりファンタジーのあとを辿っていくことには、抵抗が生じるのが通常です。「そんなのはまったくのナンセンスだ」と何かが必ず耳元で囁いてきます。実際のところ、そもそも意識的であるために、意識とは無意識の素材に対して非常に侮蔑的な態度を示さざるをえないものなのです。たとえば、大きくなりすぎた信仰から袂を分かとうとする人には、通常、その信仰を馬鹿にする態度が見られます。無意識的に受け入れてしまう状態へと逆戻りしないようにするための歯車を放り投げてしまうのです。無意識の素材に辿りつくことがとても難しいのは、こうした理由からです。意識はいつまでもこう言いつづけます。「そんなものからは距離を置け」と。そして意識には無意識への抵抗を減じるのではなく、いつでもそれを増す傾向があります。同じく、無意識も意識と自らを競合させます。そして意識を獲得するために自然との解離を強いられるというのは、人間が有する特別な悲劇なのです。エナンティオドロミア、もしくは自然の力の働きの完全な支配下に陥るか、あるいは自然からあまりにも遠く離れるか、そのどちらかしかないのですから。

ファンタジーを生み出すことに関するご質問に戻りましょう。無意識と自由に接触することへの抵抗がひとたび克服されるならば、ファンタジーから離れないでいる力を発達させることができます。そうすると、イメージの働きを目撃することが可能になるのです。芸術家はみなこのことをとても自然にやってのけています。ただし、芸術家はそこから美的価値しか引き出しません。一方、分析家はすべての価値、つまり観念的な価値、美的な価値、感情的な価値、そして直観的な価値、そのすべてを得ようとするのです。

このような場面を目撃すれば、それが持つ自分自身にとっての特別な意味を探りたくなるものです。命を吹き込まれる像が意識の傾向とは非常にかけ離れたものであった場合、たとえば早発性痴呆の場合のように、それらが勝手に噴出してくる場合もあります。そしてこの噴火は意識を分裂させ、ばらばらにし、それぞれの内容に独立した自我を渡してしまいます。こういった場合のきわめて不適切な情動的反応は、それゆえに生じるものなのです。もしもある程度の自我が残されているならば、何らかの反応があるかもしれません――たとえば、無意識の中の声がその人を狂っていると非難してくると、それに対抗する別の声が生じるといった具合に。

ただし、早発性痴呆の事例を別としても、いわゆる正常な人たちも非常に断片的な存在なのです――たいていの場合、彼らが完全な反応を生み出すことはありません。完全な自我ではないということです。意識の中にはひとつの自我があるのですが、それとは別に、祖先から受け継がれた無意識的な要素から成り立っているものが存在しています。長年のあいだおおむね自分自身でいた人が、そうした力によって突如として祖先の支配下に陥ってしまうのです。この線に沿っていけば、人々が往々にして示しがちな断片的な反応や不適切な情動をもっともよく説明できると私は思っています。たとえば、常に生の暗い側面を、そしてその側面だけを見つめる人物がいるとしましょう。おそらくその人は祖先の憑依によって、こうした一面性を強いられているのです。そしてまったく突如として、それとは別の無意識の部分が表面に達し、その人を同じくらい一面的な楽天家に変えてしまうかもしれません。こうした突然の性格の変化を示す多くの事例が文献の中に記されていますが、もちろんそれらが祖先の憑依だと説明されることはありません。祖先の憑依という考えはいまもなお科学的証拠の存在しない仮説だからです。

こうした考えをもう少し辿っていくことにしましょう。プリミティヴな人々のあいだでは、すべての病を引き起こすのは亡霊だとされているというのは、興味深い事実です。亡霊というのはもちろん祖先の像のことです。

この祖先の憑依という理論に関する生理学的なアナロジーがあるのですが、それがこの考えをもう少し明確にしてくれるかもしれません。癌の原因は、成熟し、分化した組織の中に折り込まれていた胎芽細胞が後に無秩序に発達することなのかもしれないと考えられています。その強力な証拠の一例となるのが、成人の大腿部、たとえばテラトーマ〔奇形腫〕として知られる腫瘍の中に部分的に発達した胎児が発見されることです。おそらく、それと同じようなことが精神の中でも生じるのでしょう。精神の心理学的な構成は寄せ集めだと言ってもいいかもしれません。おそらく、祖先のものであった何らかの特性が、個人の生に同化されることのない、それ自体の生を有するコンプレクスとして精神の中に葬られていて、それから何らかの未知の理由によって、こうしたコンプレクスが活性化し、無意識のひだの中の暗闇から姿を現わして、精神全体を支配するようになるのでしょう。

無意識から生じるイメージの歴史的性質のことを、このように記述してもよいのではないかと私は思っています。どれほど想像をたくましくしても個々の人の経験では説明不可能な詳細な物事が、こうしたイメージの中に生じることがよくあるのです。何らかの歴史的雰囲気が私たちには備わっていて、それによってまるで歴史的事実であるかのように、自分自身では知ることのなかった詳細を反復することができるのかもしれません。ドデーはこれと同じような考え（『遺伝』『イメージの世界』）を展開し、それを「自動受胎」と呼びました[1]。こうした思弁の真実が何であれ、それらは確かに集合的無意識という観念の枠組みの中に収まります。

祖先の憑依という考えについて述べるためのもうひとつの方法は、こうした自律的コンプレクスが精神の中にメンデル的単位として存在するというものでしょう。それらは損なわれることなく、世代から世代へと受け継がれ、個人の生によって影響を受けることがありません。それだとすると、問題となるのは次の点です。こうした心理学的なメンデル的単位の犠牲となることのないように、個人が何らかの方法でそれらを解体し、同化することは可能なのでしょうか？　分析はそうするための悪くない試みとなるでしょう。分析がコンプレクス、もしくは単位を、精神の残りの部分に完全に同化することなどないのかもしれません。ただし、分析は少なくともそれを扱う方法を指し示すものです。その意味で分析とは、たとえば脊髄癆《ろう》のような病気の場合に用いられる整形外科的道具と類似したものとなります。病気そのものは変わらず残りますが、筋運動障害を補償するために何らかの調整法を開発することは可能です——脊髄癆の患者は眼球運動を通じて歩行の際の身体運動をコントロールできるようになり、そうして失われた触覚の代理を手に入れることになります。

レクチャー

本日も『タイプ論』の背景について、引き続きお話ししていきたいと思っています。

自分の精神を注視しはじめると、自律的な現象に気がつくことになります。その中では、人は観客、あるいはむしろ犠牲者として存在します。それはまさに、まるで安全な自宅から飛び出して、太古の森の中へと立ち入り、そこに住むありとあらゆる怪物たちと出会うかのようなものなのです。普段のやり方をひっくり返し、この状況の中へと入り込むというのは、もちろん気が進むことではありません。それはまるで、意思の自由を放棄し、自分自身を生贄に捧げるようなものなのです。普段のやり方をひっくり返すことによって、方向性のある思考とはまったく異なる態度が成長することになるのですから。単に何らかの心理学的機能の中へと入り込むというだけでなく、この未知なる世界の中へと入っていくことになるのです。ある意味では、集合的無意識とは単なる蜃気楼です。無意識なのですから。けれども、集合的無意識は触れることのできる世界とまさに同じくらい現実のものでもありえます。私にはそう言えます。自分の経験ではそうだ、と。けれども、そんな風に言ってみても仕方がありませんね。当分のあいだ、その現実を進んで受け入れなければならないのです。別の表現で言うと、無意識と共に長い道のりを進むという危険を冒さなければならないのです。以前、ドイツの作家ホフマンが記した物語を何冊か読んだことがあります。[2] ホフマンがそれらを記したのは一九世紀初頭のことでした。ホフマンはエドガー・アラン・ポーのやり方で執筆していたのですが、これらの物語を執筆する最中にファンタジーの現実性の虜となり、助けを求めて大声をあげ、人々を助けに駆けつけさせたのでした。おおむね正常な事例であれば、危険はありません。けれども、無意識が人を圧倒する力を持つくらい印象的なものだということは否定できないのです。

自分の無意識を調べるための系統立った方法を私が実際に開始するよりも前に、最初の観察は始まっていました——この問題の重要性全体を完全に自覚するよりも前に。

フロイトとの関係についてお話ししたことは覚えておられますね。まだ『リビドーの変容と象徴』を執筆していた最中、私は理解できない夢を見ました——おそらく、完全に理解したのは、早くともつい昨年のことだったと思います。夢はこのようなものでした。「私は田舎道を歩いていて、交差点にやってくる。私は誰かと一緒に歩いているが、それが誰かはわからない——いまだったら、それは私の影だと言うところです。突然、ある男性と出会う。年老いた、オーストリーの税関職員の制服を着た男性。フロイトだ。夢の中で検閲という考えが心に浮かんでくる。フロイトは私を見ることなく、黙って立ち去る。私の影はこう言ってくる。「あの人に気がついたか？　彼が死んだのは三〇年も前のことだっていうのに、ちゃんと死ぬことができないんだ」。私はこの言葉にとても奇妙な感情を抱く。すると情景が変わり、南部の街の山の斜面にいる。通りは急な坂の上り下りの階段でできている。中世の街で、真昼の太陽が照っている（もちろん南部の国々ではそれは魂があちこちにいる時間です）。私は連れの男と通りを歩いている。多くの人たちが行き来している。その中に突然、赤いマルタ十字が胸と背中に描かれた鎖帷子を身にまとった、非常に背の高い十字軍の兵士の姿を見かける。彼はわれ関せずといった面持ちで、まわりの人々にまったく関心を示さず、彼らも彼に注意を払わない。私は驚いて彼の様子を眺めるが、彼が歩きながら何をしているのか理解できない。私の影がこう尋ねてくる。「あの人に気がついたか？　彼が死んだのは一二世紀のことだっていうのに、いまだにちゃんと死んでいないんだ。彼はいつもここで人々のあいだを歩き回っているけれど、彼らには彼のことが見えないのさ」。私は人々がまったく気にもしていないことに困惑し、目を覚ます」[3]

この夢には長いあいだ悩まされました。前半の部分に、私はショックを受けました。フロイトとの諍いなど、当時は予期していなかったからです。「フロイトが死んでいて、こんな風に貶められているというのは、いったい何を意味しているんだ？」。私はそう自問しました。それになぜ、検閲の原理のことをこんな風に考えるのか、と。実際のところ、検閲の原理は考えうる最良の理論であるように私には思えていたというのに。十字軍兵士とフロイトの像とが敵対関係にあることには気がついたのですが、ただし両者に強い平行関係があることにも気がつきました。両者は異なる存在であっても、共に死者であり、ちゃんと死ぬことのできていない存在でした。

この夢の意味は祖先の像の原理の中にあります。オーストリーの税関職員――明らかにフロイト派理論を表わしています――ではなく、もう一人の十字軍兵士は元型的人物像、すなわち一二世紀から生きつづけているキリスト教の象徴です。それは現在では実際には生きていませんが、一方では完全に死んでしまったわけでもありません。それはマイスター・エックハルトの時代、[4]騎士文化の時代から姿を現わしたものなのです。当時、多くの考えが花開きましたが、それらはやがて枯れることになりました。ところが、それがいま生き返っているのです。けれどもこの夢を見たとき、私はこうした解釈を知りませんでした。憂鬱と困惑を味わったのです。フロイトも困惑し、満足のいく意味をこの夢に見出すことができませんでした。

これは一九一二年のことです。それから、夢に関してフロイトが最終版と見なした考えの限界を、またもやじつに明確に示す、もうひとつの夢を見たのです。私は無意識のことを死んだ素材の物置にすぎないものと見なしてきました。けれども、元型という考えが少しずつ私の精神の中に形作られていったのです。そして一九一二年の暮れ、この夢がやってきました。この夢は、無意識とは不活性の素材のみから成り立つものではなく、そこには生きている何かも存在しているのだという確信のはじまりでした。自分の中に生きている何かがいて、それについて自分は何も知らないという考えに、私は強い興奮を覚えました。

私が見た夢はこのようなものです。「私はとても美しいイタリア風の回廊にいる。フィレンツェにあるパラッツォ・ベッキオのようなところだ。[5]とても豪華で、大理石製の円柱、床、手すりがある。私は黄金の椅子に座っている。エメラルドのような緑色の石のテーブルの手前にある、ルネッサンス風の椅子だ。その椅子は本当に美しい。私は座ったまま、宙を眺める。回廊は城の敷地の塔の頂上にあるからだ。自分の子どもたちも一緒だとわかっている。突然、白いトリが舞い降りてきて、優美にテーブルの上に降り立つ。小さなカモメ、もしくはハトのようなトリだ。子どもたちに静かにするよう合図を送る。するとハトは突然、黄金の髪の幼い少女に変身し、子どもたちと一緒に走り去る。座ったままそれについて考えていると、少女が戻ってきて、とても優しく腕を私の首に巻きつける。するとすぐに彼女はいなくなってしまう。ハトがそこにいて、ゆっくりと人間の言葉を喋る。ハトは言う。「夜の最初の一時間だけ、私は人間に変わることを許されているのです。でも、オスのハトは一二人の死者にかかりきりです」。するとハトは青空へと飛び去り、私は目を覚ます[6]」

　オスのハトについて述べる際にそのハトが用いたのは変わった言葉でした。ドイツ語の Tauber〔雄ハト〕というあまり使われることのない言葉で、私は叔父の一人がこの言葉を使うのを耳にしたことを思い出しました。けれども、オスのハトは一二人の死者といったい何をしていたのでしょうか？　私は不安になりました。すると突然、ヘルメス・トリスメギストスの伝説の一部である、タブラ・スマラグディナ、もしくはエメラルド・タブレットの物語が頭の中を横切りました。ヘルメス・トリスメギストスは古代の知のすべてを刻み込んだ板を残し、そこにはギリシャ文字でこう書かれていると言われています。「上なる大気、下なる大気、上なる天、下なる天、上なるすべて、下なるすべて、それを手にして僥倖を得ん」[7]。先ほど言ったとおり、これらはすべて強い不安をもたらすものでした。十二使徒、一年の一二カ月、王道十二宮などのことを考えはじめました。『リビドーの変容と象徴』の中で王道十二宮について述べたばかりだったのです。ついに私は音をあげました。無意識の尋常ならざる生気がそこに存在するということを除けば、夢について何も理解することができなかったのです。この活動の根底へと至る技法を、私はまったく知りませんでした。私にできたのはただ待ち、生きつづけ、ファンタジーを見守るということだけだったのです。

　これは一九一二年のクリスマスの時期のことでした。一九一三年、私は非常に不愉快な形で無意識の活動を感じました。動揺を覚えましたが、幼児期記憶の分析を試みることよりもよい方法を知りませんでした。ですので、これらの記憶をとても慎重に分析しはじめたのですが、何も見つかりませんでした。私はこう考えました。「だとしたら、これらをもう一度経験し直そうとしなければいけないんだ」。そのため、私は幼児期の情動的なトーンを回復する試みを行なっていったのです。子どものように遊べば、それを回復できる。私はそう思いました。子どものころ、石を使ってありとあらゆるファンタジーの城、教会、町などといった建物を作るのが大好きだったことを思い出しました。[8] 私はこう思いました。「やれやれ。無意識に命をふき込むために、こんなナンセンスなことをはじめなければならないなんて、そんな馬鹿な話があるだろうか」。その一年間、私はこの手のありとあらゆる馬鹿げた物事を行ない、道化者のようにそれを楽しみました。それは自分が劣った存在になってしまったという感情を少なからずもたらしましたが、それよりもよい方法がわからなかったのです。秋にかけて、自分の内側にあったと思しき圧力がもはや自分の中ではなく、外気の中にあると感じました。外気が実際に以前よりも暗く感じられたのです。まるで自分が巻き込まれているのはもはや心理学的状況ではなく、現実の状況であるかのようでした。そしてその感覚はますます説得力を増していったのです。

一九一三年一〇月、私は汽車で旅をしていて、読みかけの本を手にしていました。私はファンタジーを生みはじめ、いつの間にか目的の街に辿りついていました。ファンタジーはこのようなものでした。「私はヨーロッパの浮き彫りの地図を見下ろしている。北部全体とイングランドが沈下し、海がその上に浮上するのが見える。海はスイスまで上がってきて、山々がスイスを守るために高く、また高く育っていくのが見える。恐ろしい破局が進行していること、町や人々が破壊されていること、廃墟や遺体が水面を揺れ動いていることがわかる。すると海全体が血に変わる」。最初のうちは冷静にそれを見ていたのですが、破局の感覚は尋常ならざる力をもって私をとらえてしまいました。ファンタジーを抑えようとするものの、それは繰り返しやってきて、二時間ものあいだ私をとらえて離しませんでした。そして三～四週間後、また汽車に乗っていたときに、そのファンタジーが再びやってきたのです。同じ情景が繰り返されたのですが、血がより強調されているという点だけが違っていました。[9]

もちろん私は、個人的コンプレクスをヨーロッパ中に広めなければならないほど自分は不幸なのかと自問しました。大きな社会的変革の可能性についてたくさんのことを考えたのですが、不思議と戦争については考えもしませんでした。何もかもが非常に不気味になっているように思えました。それから自分にできることがある、それをすべて順番に書いていくことができるという考えが浮かんできたのです。書いている最中、心の中でこう思ったこともありました。「私はいったい何をしているんだ？　これはけっして科学などではない。だとしたら何なんだ？」。すると、ある声が私にこう言ってきたのです。「芸術です」。この声はまったく奇妙な印象を私に与えました。自分が書いているものが芸術だと確信したことなど、いかなる意味においてもなかったからです。それから、こう考えるようになりました。「きっと私の無意識が、私自身ではないが、表現されることを求めるパーソナリティを形作っているのだろう」と。なぜそう思ったのかはわかりませんが、私が書いているのは芸術だと言ったその声がある女性からのものだということには確信を持っていました。部屋の中に入ってきて、まさしくそのようなことを私に言いそうな、現に生きている女性です。その女性だったら、自分が踏みつけている区別のことを気にもしなかったでしょうから。明らかにそれは科学ではない。だとすれば、それは芸術以外にありえない、と。まるで世界にはその二つの選択肢しか存在していないかのようですが、これが女性の精神の働き方というものなのです。

さて、私はこの声に対して、自分がしているのは芸術などではないと断固として述べ、自分の内側に強い抵抗が育っていくのを感じました。けれども何の声も生じず、私は書きつづけることにしました。すると最初と同じような一撃がまたやってきたのです。「芸術ですよ」と。そしてそのときは私は彼女をとらえ、こう言ったのです。「違う。そうじゃないんだ」。そして私は議論が続いていきそうな感触を得たのです。なるほど、彼女は私が持っているような言語中枢を持っていないのだと考え、自分のものを使うようにと私は彼女に伝えました。すると彼女は私のものを使い、長い供述をもたらしたのです。

無意識の内容を直接的に扱うために私が開発した技法の起源とはこのようなものだったのです。

第6回

質問と議論

ハーディング博士から「前回のレクチャーでユング博士が述べたファンタジーの個人的側面に関するさらなる議論を」との要望があった。

ユング博士　私のことを山々に囲まれたスイスと見なしてもよいかもしれません。そして世界の水没とは、私の以前の関係性の残骸なのかもしれません。ファンタジーを取り巻く状況に関する説明を試みた際、事態が外気中にあるものになっていくかのような、奇妙な感触を抱いていたとお話ししたのは、覚えておいでですね。ただ、ここは細心の注意を払って進むことにしましょう。もし私が早発性痴呆であったならば、私はたちまち自分の夢を世界全体に広げ、世界の破壊が示唆されたのだと考えていたことでしょう。ところが実際には、示唆されていたと思しきものはすべて、実際には世界に対する私の関係の破壊だったのかもしれません。早発性痴呆の人は、ある日目が覚めると、世界は死に絶えていて、医者は幽霊以外の何者でもないと気づいてしまいます――自分一人だけが生きていて、正しい、と。ただし、そのような事例においては、その人物の本質的な異常性を証明するその他の症状が、必ずたくさん存在します。個人が正常であればあるほど、そのようなファンタジーからは、深刻な社会的騒乱が実際に進行していると考えることができます。そしてそのようなときには、無意識が混乱状態にある人が必ず複数存在するものなのです。

　無意識がそうしたファンタジーを生み出すときには、個人的な内容に非個人的な容貌が与えられることになります。無意識の中には、人類全般とつながる集合的な情景を生み出す傾向が存在するのです。早発性痴呆やパラノイアでは、このプロセスの進行をじつに明確に見ることができます。このような人々は集合的な意味で重要なファンタジーや夢を抱くことが多く、そしてそれこそが彼らに支持者が集まる理由なのです。最初、彼らは病的状態によって世界と断絶し、それから特別な使命の啓示がやってきます。すると彼らは教えを説くようになります。人々は彼らのことを感動をもたらすパーソナリティの持ち主と見なし、女性たちは彼らの子どもを得ることを大変な名誉だと感じます。プリミティヴな人々は、彼らのことを神や亡霊で満たされた存在だと想像します。

　ですので、もしも私が気が狂っていたのなら、エルサレムの壁の上に立つ男性と同じように、来たるべき災害についての教えを説いていたかもしれませんね。

ジーノ夫人　これらのファンタジーは情動に満ちたものだったのでしょうか？

ユング博士　ええ、これらのファンタジーには多くの情動が伴っていました。それらを理解する方法がまったくわからなかったので、私は内心ではこんな風に思ったのです。「もしもこれに意味があるのだとすれば、それは私が絶望的なまでにおかしくなってしまったということだけじゃないか」と。私は自分が過補償された精神病なのだという感覚を抱き、そしてこの感情からは一九一四年八月一日まで解放されることがありませんでした。[1]

レクチャー[2]

前回は、切り離された無意識の一部とのコミュニケーションのために、私が自分自身をどう訓練するようになったかについてお話ししました。そこで言ったとおり、なぜかはわからなかったのですが、私は確信していました。私が書いているものは芸術だという馬鹿げた意見を述べたその声は間違いなくある女性のものだ、と。女性が内側から私に干渉したらしいという事実に、私は強い関心を抱きました。それはプリミティヴな意味における魂にちがいないというのが私の結論であり、そして私は魂に「アニマ」という名が与えられた理由について考えはじめたのです。なぜ女性名詞だと考えられたのでしょうか？　彼女が私に言ったことはまったくもって狡猾そのものだと私は思いました。自伝的内容の資料を執筆している私は、確かにそこに存在していました。ただし、自伝として書いていたわけではありません――形式などなく、ただ単に文章にして書き下ろしたかったのです。そんなときに、まるで私が小説を書いているとでもいうかのようにして、この発言がやってきたのです。私はそれはまったくの見当違いだと考え、彼女に腹を立てました。明らかに科学的なことではなかったので、それを芸術と捉えることもありえたかもしれません。けれども、それが間違った態度だということはよくわかっていました。芸術だという密かな確信とともに、まるで映画でも見ているかのようにして、無意識の過程を眺めることもきっと可能だったでしょう。何かの書物を読めば、それに深く心を動かされることもあるかもしれません。けれどもそれは結局、自分自身の外側のことです。それと同じように、無意識から生じるこのような夢やファンタジーを芸術だと捉えてしまっていたならば、それらから知覚としての確信しか得ることなく、それらに対するモラル面での責任を感じることはなかったでしょう。一例として、私が見出したアニマを知るためのこうした方法について考えてみましょう。まるで台座の上にいるかのようにして、この現象を見下ろすことも可能だったのでしょうが、そんなことをすれば無意識と同一化し、無意識の玩具になってしまっていたはずです。アニマ像から受けた干渉に耐えるために強いられたこうした困難から、私は無意識の力を推し量ることができました。そして、それは本当に大変な力だったのです。

　狡猾にも私に何かを仄めかし、状況を誤った方向に傾け、状況の現実的把握から遠ざけようとそそのかすというトリックをアニマが用いたのと同じあり方で、アニムスもまた女性の精神の中で作用することができます。アニムスは確信を抱く正当な理由が存在するよりも前に確信としてやってきて、調子を狂わせてしまうのです。もっとも、それはあまりにも微妙な方法で行なわれる場合が多く、隠れ家まで降りていってアニムスを追いかけるには往々にして大いなる機敏が必要となります。自分はこうした芸術的才能とやらを追求するために現実など脇に置く特権を有する、誤解された芸術家だと信じてしまうような状態へと、私のアニマが私を導くのはきっと容易だったでしょう。この線に沿って無意識にしたがっていたならば、ある晴れた日に私のアニマがやってきて、きっとこんな風に言っていたはずです。「あなたがやっているこのナンセンスが芸術だなんて、本気でそんな風に思っているんですか？　そんなわけないじゃありませんか」。エナンティオドロミアの現象の中で、こうして完全に打ちのめされてしまうこともあります。先ほど言ったとおり、無意識に無批判にしたがうというのは、対立する無意識的な何かの玩具になるということなのです。無意識のこうした引力には並外れた強度があります。それらの中にはエネルギーと、ある程度までは実際の事実に当てはまる部分も存在します。けれども批判的に吟味してみれば、それらはいつでも見当違いなものだとわかるのです。

いまお話ししたのは、私のこうした経験のうち、唯一のものではありません。何かを書いていると、当惑させられるような奇妙な反応がよく生じたのです。少しずつ、私は自分自身と妨害を行なうものとを区別できるようになっていきました。俗悪な、あるいは陳腐な何かがやってきたときには、自分自身に対してこう言わねばなりません。「時にはこのように馬鹿げたあり方で何かを考えたこともあったというのは事実だが、いまそんな風に考える必要なんてない」と。この愚かしさを永遠に自分のものとして受け入れるような真似をしてはならないのです——それは不必要な侮辱なのですから。アニマに対して、ただ単に「おまえは私が自分の個性の一部として受け入れようとはまったく思わない、何らかの集合的な観念を植えつけようとしている」と言ってみても、まったくうまくいきません——情動にとらわれているときに、それは集合的反応だと言ってみても、何の助けにもならないのです。けれども、パーソナリティ化することによってこうした無意識的現象を特定できれば、それは無意識的現象から力を剝ぎ取る作用をもたらす技法となります。無意識的現象をパーソナリティ化するのに、それほど多くの想像力の広がりは必要ありません。それらはいつでもある程度の個別性を有しているからです。この個別性にはまったく納得しがたいものがありますが、それでも無意識がそのようにして姿を現わすという事実そのものが、それを扱う手段を私たちに与えているのです。自分の中に存在する自分ではない何か――個としての私の精神の中に私には相応しくない部分が存在するという事実――に私が適応するには、長い時間が必要でした。

その後、私は世界中に古くから存在する問題に取り組みはじめました。すなわち「女性に魂はあるのか」という問題です。おそらく女性にはアニマはないだろうと私は判断しました。[ii] もし女性がアニマを持つとすれば、女性には内側からの確認が存在しないということになってしまうからです。そこで私は、女性にあるのはアニムスにちがいないと考えるようになったのです。けれども、この考えをさらに展開できるようになったのは、ずっと後になってからのことでした。アニムスとはアニマよりも、働いているまさにそのときにとらえることがはるかに難しいものだからです。

アニムスとアニマに関するこうした考えから、私ははるか彼方にある形而上学的問題にまで導かれることになり、吟味を必要とする物事がさらにたくさん這い上がってきました。そのころ私は、解明することの不可能な、それゆえ憶測は慎むべき物事が存在するという、カント流の基盤に則っていました。ただ、アニマについて明確な考えが見つかるのだとすれば、神の概念について詳しく論じるという試みには大いに価値があると思えたのです。けれども、満足のいく何かには到達できず、おそらくアニマ像こそが神性なのだろうと、ある時期まではそう考えていました。[3] 男性はもともと女神を有していたのだけれど、女性によって統治されることにうんざりするようになって、この神を滅ぼしたのだろう、と。実際のところ、私は形而上学的問題のすべてをアニマの中へと放り込み、アニマを心の支配的な魂だと見なしたのです。このようにして、私は自分自身と神の問題に関する心理学的な議論をはじめていったのでした。

はじめのころもっとも印象的だったのは、アニマの否定的側面でした。私はアニマに多少の畏怖を感じていました。それはまるで、部屋の中に入ったら、見えない何かの存在を感じたかのようなものだったのです。それから新たな考えが浮かんできました。分析のためにこうした素材をすべて書き留め、そうすることによって事実上、私のアニマ、つまり異なる観点から見た自分自身の一部に、手紙を書いていたのです。新たなパーソナリティとも出会いました――私は幽霊と女性を分析していたのです。毎晩、心を込めて書いていきました。自分が書かなければ、アニマにはそれを手にする方法などないと思ったからです。何かについて語ると考えてみるということと、実際にそれについて語るということのあいだには、大変な違いがあります。それはかつて私が実験的に検証できた事実です。私は検証の対象となっていたある男性に、好ましくない何かについて考えるように、ただしそれは私が知らない何かにするようにと伝えました。いわゆる電気皮膚実験[4]において電気抵抗を調べてみると、ごくわずかな変化が見られました。ふとしたことから私は、その日の朝に起こったとても不愉快な出来事のことを彼が考えていることがわかってしまいました。私は単なる偶然によってその出来事を知っていたのですが、彼は私がそれについては何も知らないと確信していました。そして私はこう言ったのです。「では、その不愉快な出来事とは何のことだったか、お伝えしましょうか」。彼にそれを伝えるとすぐに、電流の中に顕著な反応が生じたのを確認できました。

　自分自身に関する最大限の誠実さを得るために、私はすべてを非常に注意深く書き留めていきました。[5]「持てるものすべてを明らかにせよ。そうすればあなたは得るだろう」[6]という、古代ギリシャ人の命にしたがったのです。こうした素材を書き下ろすのには一九一三年の一一月までかかり、そこでようやくその終わりに辿りついたのでした。次に何がやってくるのかわからなかったのですが、おそらくよりいっそうの内省が必要なのだろうと考えていました。内省の最中、私たちは内側を眺め、観察されるべき何かが存在するかを知り、もしも何もなければ内省のプロセスを諦めるかもしれませんし、もしくは最初に調べたときには見つからなかった素材を目指して「掘り進めていく」方法を探すかもしれません。私は自分が穴を掘っているというファンタジーを生み出し、またこのファンタジーを完全に現実のものだと受け入れ、そうすることによって掘り進めていく方法を開発しました。[7]もちろん実際に行なうのは難しいことです――まるで実際の穴を掘りながら、ひとつの発見から別の発見へと進んでいくかのようにして、徹底的にファンタジーを信じることで、ファンタジーがさらなるファンタジーへと導いていくということです。その穴に取り組みはじめたとき、私は懸命に作業したので、何かがそこからやってくるということはわかっていました――ファンタジーは他のファンタジーを生み出し、そして誘い出すはずだと。

　もちろん私は穴を用いることで、無意識を刺激する上で相当な力を持つ、ひとつの元型を利用していたことになります。洞窟に関わる秘儀は太古の昔から受け継がれたものだからです。ミトラの礼拝やカタコンベなどのことが、すぐに頭に浮かんでくるでしょう。大聖堂の中に入るとき、私たちはなぜ独特の感情を抱くのでしょうか？　まさにそれは、いつでも人間の無意識を喚起してきた元型的な状況だからです。コロラド川でグランド・キャニオンを見たとき、私はまさにそのような畏怖の念を覚えました。[8]それは畏怖を感じさせて然るべきものであり、そしてそれが独特な方法で私の無意識に触れたのです。ですので、このファンタジーの穴を掘れば掘るほど、さらに深いところに降りていくように思えました。そして私はついに、これ以上は降りれない場所にまでやってきたと感じました。「だったら、今度は水平の方向に進もう」。私はそう考えました。まるで通路の中にいるかのように、まるで黒泥の中を進んでいるかのように思えてきました。そして、これはかつての鉱山の残骸なのだと考えながら、その中へと入っていったのです。

　はるか先に、くすんだ赤い光が見えました。それを辿って、私は昆虫でいっぱいになった洞窟へとやってきました。昆虫はコウモリのような形をしていて、奇妙な音を立てています。洞窟の端に岩が見え、その岩の上に光が、光輝く水晶がありました。「ああ、これだ」。私はそう呟きました。手に取ると、ルビーのようだということがわかりました。ルビーがあったところには、穴がありました。ルビーがその穴を塞いでいたのです。ファンタジーを作っているということを完全に忘れて、私はこう思いました。「穴を覆うのに水晶を置くだなんて」。私は穴の中を覗き込んでみました。すると、勢いよく水が流れる音が聞こえてきたのです。私は驚いてしまいました。そしてさらに下に目を凝らすと、くすんだ光の中に何かが浮かんでいるのが見えました。それは金髪の男性の体でした。「英雄だ」。私はすぐにそう思いました。それから、その男の体とほとんど同じくらい大きな黒い何かが漂いながら通っていって、足を動かしながら後を追いかけていきました。それはスカラベでした。そしてその後に太陽のように光り輝く球体がやってきて、まるで嵐の前の日の出のように、水の中で濃い赤色に輝いていました。それが視野の中心にきたとき、何十万ものヘビが太陽に襲いかかり、それを見えなくしてしまいました。

穴から離れると、切断された動脈からの出血のように、そこから血が吹き出てきました。私はとても不快に感じました。血は吹き出しつづけ、止まりそうにありませんでした。私はまったく無力だと感じ、そして心底疲れきってしまいました。[9]

ファンタジーから抜け出したとき、自分のやりかたが素晴らしくうまくいったことがわかりました。けれども、自分が見た物事すべての意味について、強烈な混乱を覚えたのです。洞窟の中の水晶から発せられる光は、賢者の石のようだと思いました。英雄の密かな殺害については、まったく理解できませんでした。もちろんカブトムシが太古の太陽の象徴だということは知っていましたし、夕日、つまり光り輝く赤の球体は元型的なものでした。ヘビはエジプトの素材と関係があるのかもしれないと思いました。ただし当時は、これほどまでに元型的なものなのだから、つながりを探す必要などないのだということを理解していなかったのです。その光景を、以前のファンタジーの中で見た血の海と結びつけることは可能でした。

そのときは殺された英雄の意味は理解できなかったのですが、私はそのすぐ後に、ジークフリートが私自身によって殺される夢を見ています。[10] それは自分の能力に関する英雄的理想を破壊するということだったのです。新たな適応を可能にするためには、こうした英雄的理想が犠牲にならなければなりません。つまり、それは劣等機能を活性化するのに必要なリビドーを得るための、優越機能の犠牲と関連するものなのです。優秀な頭脳の持ち主であれば思考がその人の英雄になり、キリストではなく、カントやベルクソンがその人の理想となります。この思考、この英雄的理想を断念すれば、密かな殺人を犯すことになるのです――自らの優越機能を断念するということです。

『タイプ論』の裏側に存在していた混じり気のある思考について、これでお話しすることができました。最初は英雄の殺害という象徴的形式で私が見た優越機能と劣等機能のあいだの争いは『タイプ論』の中の抽象的な用語の中に受け継がれています。こうしたファンタジーの中に存在する、これまで詳しくお話ししてきたような物事は、象徴的な形式で物事について語ります。そして後に意識的になり、抽象的思考の形式をとるようになるのです。そのとき、それらは形になる前の起源の姿とはまったく異なったものに見えるでしょう。私の事例と似ているのが、いわゆるベンゾール「環」を発見した有名な化学者によるものです。彼は最初に、奇妙な方法で踊るカップルという姿で、自らの理論を視覚的に体験したのでした。[11]

第7回

質問と議論

ジーノ夫人の質問　「対立するものどうしが互いに反対の方向に限界まで引き離されるよりも前に、前回お話しされた内向の技法が用いられた場合、集合的無意識は象徴を解き放つのではなく、布置されることになるのでしょうか?」

ユング博士　前回お話しした技法が一般的使用、もしくは模倣に適したものだと考えていただくわけにはまいりません。そんな真似をしたら、大変なことになります。それは特定の環境における特定の事例に適用可能なものであり、無意識に命が吹き込まれていて、無意識の内容が先に進むことを必要としている場合にのみ、適用可能なものなのです。消化されなければならないのは意識の素材の方だという事例も非常に多いですし、そのような場合に、無意識の内容を呼び起こすなどというのはまったく不毛なことでしょう。分析家が間違った状況で無意識を解き放ち、きわめて不幸な結末に陥ってしまった事例が思い出されます。私自身という事例においては、無意識の解放が必要でした。意識は実質的にタブラ・ラサとなり、その下にある内容が解放されなければならなかったのです。

マン博士　アニムスの話題になると、アニムスはいつも侮辱的な方法で語られています。アニムスの肯定的側面に関する議論を聞かせていただけないでしょうか。もちろん、アニムスについてはきっと後ほどお話しいただけると思うのですが。

ユング博士　わかりました。全体としてはそれを後回しにしたいところなのですが、ここで部分的なお答えとして、次のように言ってもいいでしょう。アニムスは通常、非常に好ましくない状況で発見され、そしてその事実による被害を受けているのだ、と。心理学的な物事というのは、ほとんどがそのようにして発見されるものです。物事がうまく進んでいるあいだであれば、それらを理解しようとする人などいないのですから。心のプロセスに対する意識の態度に目を向けざるをえなくなるのは、問題が生じたときだけです。好ましくない環境で主に発見されるということによって、アニムスには悪評が立ってしまっています。ただしもちろん、アニムスには無意識との関係を表わすものという、非常に重要な肯定的機能もあるのです。

同じように評判が悪くなってしまったのが「ペルソナ」ですね。ペルソナ――つまり外的世界に対する関係――なしにうまくやれると考えることができる人などいないのですが、ペルソナと同一化してしまうと、ペルソナの価値ある側面はそれに対する罵詈雑言の中で消えてしまうことになります。同じように、自分のすべてがアニムスになってしまうと、適切な機能制限を保っていたときにアニムスが発揮していた貢献は忘れられてしまうのです。

ジーノ夫人　私の質問の中で特に念頭にあったのは、今日のモダン・アートにおいて進行中だとうかがえる現象のことなのです――芸術家が心理学的なニードからではなく、そこで見つかるイメージを求めて自らの無意識を汲み上げ、そうすることによって象徴を解き放つのではなく、たくさんの未発達の物事を取り出してしまっているということです。

ユング博士　それはモダン・アートの意義という問題につながるものですね。モダン・アートが無意識から未発達の素材を取り出してしまうという点に、今日お集まりのみなさん全員が同意なさるのかはわかりません。アルドリッチさん、あなたはどう思われますか？

アルドリッチ氏　納得のいく議論のためには、モダン・アートというのは大きすぎる用語だと思うのですが。

ユング博士　では、絵画に限定しましょう。

アルドリッチ氏　モダン・アートの中には、私にとってまさしく魔法の力を持つものもあります。たとえば最近、私はルガーノ[1]で雄ウシ、そしてそれと格闘する男性が描かれた絵を見ました。背景は青一色で、その中に六つの光の点がありました――六つの星、もしくは惑星です。ですので、男性と雄ウシは彼らが第七天だということを示唆しているように思えました。雄ウシは今日地上に存在するいかなる雄ウシとも似ていませんでした。古代の雄ウシです。それは単なる雄ウシではなく、「雄ウシそのもの」でした。人間像も同じです。男性の姿を肖像画にする、あるいは写実的に描こうとする試みは一切なされていませんでした――男性は普通の男性を超えた存在であり、「男性そのもの」でした。そこには非常に大きな力と場の感覚がありました。「雄ウシそのもの」は自らを支配しようと試みる「男性そのもの」を引きずりながら、星々の横を通り抜けていました。その芸術家は――彼に質問してみたのです――ミトラと雄ウシについて、耳にしたことさえありませんでした。その絵は無意識から浮かび上がってきた純粋なファンタジーだったのです。もうひとつの例となるのが、当地のクンストハウス〔チューリッヒ美術館〕にあった絵画です。[2]大きな黒いウマが、凶暴なエネルギーをもって立ち上がっています。ウマの背には槍を備え、兜以外は裸の男性の英雄像が乗っていて、はるか向こうを熱心に眺めているように見えました。その人物はウマの凶暴性など気にも留めていませんでした。このウマは「雄ウシそのもの」と同じく、特定の動物ではありませんでした――それは「ウマそのもの」だったのです。どちらの絵画も、私に大いに感動を与えてくれました。

ユング博士　なぜ、それらの絵画はあなたを感動させたのでしょう？　お答えいただけると、モダン・アートの魅力の説明となると思うのですが。

アルドリッチ氏　私が思うに、それらはリビドーの象徴なのです。それに、たとえば雄ウシとの格闘は人間の魂における葛藤を描いたものだったのだと思います。

ユング博士　それらの絵画と一五〇〇年前や二〇〇〇年前に描かれたものとのあいだには違いがありますか？

アルドリッチ氏　ええ、じつに大きな違いがあります。昔ながらの手法で描かれた農夫のウマの絵画も見る機会があったんです。それが見事な絵画であることはわかりましたが、感動させられることはありませんでした。

ユング博士　まさにそのとおりですね。芸術の基準は心をとらえているということです。コンスタブルの絵画はもはや私たちの心をとらえることはありませんが、同時代であれば間違いなく人々を感動させていたでしょう。現在生み出されている芸術は、私たちの祖先にとっては嫌悪の対象となるにちがいありません。彼らにとって、それは何の価値も持たないものでしょう。芸術家は態度の変化に順応しているのだと考えざるをえません。私はそう思います。

さて、この芸術というテーマに関しては、クラスのみなさんの見解をぜひお聞きしてみたいですね。

芸術を夢の形式のひとつと捉えることも可能でしょう。夢が日中の意識的態度を無意識の要素で補い、そうすることによって心理学的なバランスを維持しようとするのと同じように、芸術は同時代の一般の人々の傾向のバランスをとるものだ、と。このような観点についてはどう思われますか？

ジーノ夫人　主観的というのがモダン・アートの特徴なのではないのでしょうか？

ユング博士　ただ、もしそのようにおっしゃるのであれば、どのような意味で主観的と言っているのかを、相当慎重に定義しなければなりません。主体の精神内部で生じるものだという理由で、何らかの体験が主観的なものだと考えられるという場合が非常に多くあります。ですが、それは必ずしも客観的の反対ということではありません。集合的無意識のイメージは心の外部にある物事とまさしく同じくらい、その集合的特徴ゆえに、本当の意味で客体だからです。芸術家が客体そのものよりも、客体との個別的な関わりに関心を寄せているという意味で、モダン・アートには主観的なものになる傾向があると私は思っています。

モダン・アートが内的客体にますます関心を払うようになっているというのも、まったくもって正しい。けれども、つい先ほど述べたとおり、そのことだけで主観的なものだということにはなりません。モダン・アートには、内的プロセスの優位性が明確に感じられます。アルドリッチさんが話してくれたものを例としてみましょう。ほかの芸術家たちは実際の動物よりも、ウマや雄ウシのイメージにより大きな関心を抱いていた、そしてそうしたイメージと自らとの関係にさらに大きな関心を抱いていたと言ってもいいでしょう。ただ、もしそうだとすれば、芸術の目標とはいったい何になるのでしょうか？　芸術家であれば、こうした質問に即座に嫌悪感を示し、芸術はただ単に芸術であって、目標など持たないと言うでしょうが。

ベインズ氏　機械性が現代の生に及ぼしている影響に対する反作用をもたらすことが、芸術の目標なのではないでしょうか？

ベイコン氏　芸術は芸術家のためのものなのではないでしょうか？

ユング博士　どちらの観点も間違いなく正しい。でも、もしそうだとすれば、それ以外の何かが存在するにちがいありません。

デ・アングロ博士　モダン・アートとは科学的思考が現代人に強いてきた極端さのバランスを取ろうとする、見当違いの努力であるように私には思えます。見当違いだと言うのは、芸術家が病的な極端さへとほとんど駆り立てられているかのようであり、自らの作品と意識的観点とをむすびつけるよう、一般の人々に「押しつけている」からです。

ユング博士　モダン・アートが病的なものだという点については、きっと多くの方に異論があると思いますが。

アルドリッチ氏　モダン・アートの特徴は、ただ単に美しくあることにもはや関心を払っていないことだと私には思えます。モダン・アートは単なる慣習的な美を通りすぎ、またそれを通り越していて、そうすることで生に関する私たちの観点の変化を反映しているのです。大戦の前まで、私たちは美しい世界の中で生きていました──あるいはただ単に小綺麗なだけの世界に、と言った方がよいかもしれません。乱暴なものや醜いものも存在しない、べとべとした感傷性の世界です。モダン・アートは小綺麗さのことなど気にもかけません。実際のところ、モダン・アートにあるのは小綺麗なものよりも、醜いものです。そして私が思うに、モダン・アートは以前可能だと考えられていたものの範囲を超えた、新たな美の実現を目指している場合もあります──醜さそのものにおいて、とさえ言ってもいいかもしれません。

（クラスの中で、モダン・アートは本当に感傷主義から私たちを解放したのか、それともある種の感傷主義をただ単に少しずらしただけなのかという点についての議論がここで多少続いた）

ユング博士　感傷主義が一般の人々の心をとらえ、それによって自らの官能性や暴力性を見えなくしているというのは確かでしょう。たとえばルイ一六世の時代であれば、フランスにはさまざまな美しい女性の羊飼いや牧歌が存在していましたが、その後に生じたのはフランス革命です。あるいは、紳士淑女が悪に関する一切を語りもせず、考えもしなかったヴィクトリア朝時代の潔癖性と誇張された上品さの感情の後に続いたのは、戦争という剥き出しの地獄でした。歴史全体を通じて、深刻な暴力性の時期は、それに先行する芸術の感傷性によって直接的に予測可能だとわかります。もちろん、それと同じことが個々の芸術家の事例にも当てはまります――芸術家は暴力性を覆い隠すために感傷性を利用しているのです。両者はエナンティオドロミアが作用する対立要素のように思えます。

ジーノ夫人　モダン・アートの最良の表現は彫刻に見出されるのではないでしょうか？

ユング博士　違います。彫刻には形式が必要であり、形式には観念が必要だからです。一方、絵画はそれらなしで済ますことができます。キュービズム彫刻は全か無か[3]の世界のように思えます。けれども、絵画には発展の筋道を見てとることが可能です。たとえば私は以前、ピカソの絵画の進展をとても丁寧に辿ってみたことがあります。[4]あるとき突然、ピカソは頬の上に落とされた三角形の鼻の影に心を奪われました。後には頬そのものが四角形の影となり、事態はそうした調子で続いていったのです。これらの三角形や四角形はそれ自体の個別的価値を有する核となり、人間像は徐々に姿を消していくか、もしくは宙に分解されていったのでした。

以前、ニューヨークで「階段を降りる裸体」という題名の絵画が展示されたことがあります。[5]この絵は客体の二重の解体、すなわち時間と空間における解体を表していると言ってもいいかもしれません。人物と階段を三角形と四角形に変えているだけではなく、その人物はそれと同時に階段を昇り降りしているからです。そして芸術家が空間と時間における人物の一貫性を保持する通常の絵画の場合と同じように人物を理解するためには、絵を動かさなければなりません。このプロセスの本質は客体の脱価値化です。それは私たちが生きている人間の現実を脇に退けて、その人を幼児期の過ちへと還元する場合と、少々似通ったパフォーマンスなのです。芸術家は私たちの目の前から客体を取り去り、部分的な派生物に置き換えてしまっています。私たちに示されるのはもはや鼻ではなく、その影なのです。あるいは別の表現を用いて言えば、芸術家は本質的なものから非本質的なものへと強調点をずらしているのです。「洒落た言い回し」で説明するのと少し似ていて、物事を一時的に発散させてしまうのです。

このプロセスは必然的に関心を客体から離し、主体へと向かわせます。そして価値の担い手となるのは現実客体ではなく、内的客体となるのです。エイドロンというプラトンの概念が再び前面に出てくるわけですね。たとえば、アルドリッチさんが話してくれたような絵画を芸術家が描くとき、その人が描いたのは「雄ウシそのもの」であり、あなたの雄ウシ、私の雄ウシなのです――神のウシと言ってもいいでしょう。雄ウシの調教というのはそのイメージの中に途方もない力の集まった、ひとつの集合的観念です。それは自制について語っています――英雄的特性を持つ人物のみが雄ウシに打ち勝つことができる、と。このようにモダン・アートは外的客体にリビドーを過剰に撒き散らすことから、自分自身の内側にある創造の源泉へと、内的価値へと立ち返るよう、私たちを導いているのです。別の表現で言うと、モダン・アートは分析と同じ道筋で私たちをそのように導いています。それが芸術家の側の意識的なリーダーシップによるものではないというだけの違いです。

現代人にはほとんど理解されていないこうした内的価値へと私たちを立ち返らせるという、まさしくその目的のために、私たちには分析というものがあります。分析は中世にはありえないものだったでしょう。当時の人々は、今日私たちが自分たちから切り離してしまったそうした価値を自由に表現していたからです。今日も、カソリックの人々は分析を必要としていません。彼らの中の無意識は布置されていないからです――儀礼を通じて、無意識はたえず汲み出されています。カソリックの人々の無意識は空っぽなのです。

以前、中世の人間と私たちとのあいだにある心理学的態度の変化を追跡するために、中世に遡って肖像画を集めてみたことがあります。一六世紀中ごろまでは、こうした肖像画は私にとって違和感のないものでした。自分の同時代人のことを理解するのと同じ感覚で、そうした男性や女性のことを理解することができます。けれども一六世紀の中ごろになると、ある変化が始まります。ゴシック的人間、前宗教改革的人間の登場です。その姿は私たちとは異なっています。非常に奇妙な外見をしていて、その目は石のようであり、表情というものがありません。私たちの目に映る活気は彼らの中には存在しません。現代でも、現代生活にまだ目覚めていない小作農の人々や、教育を受ける機会のなかった階級の人々のあいだに、この表情が再生されているのを見かけることがあります。たとえば、私の妻の母親のところで働いていたコックの女性は、曲がった眉毛に聖母の特徴的な微笑みという、完全にゴシック的な表情をしていました。

ルターの表情に注目してみれば、彼がまったく現代的ではなく、宗教改革以前の時代に属する人だということがわかるでしょう。ルターはある意味ではなお、ゴシック的な外見とゴシック的な口をしています。

この微笑みの中には、迫害というパラノイア的な考え、殉教という考え、そしてカタトニーの冷笑が組み合わさっています。それはモナ・リザの微笑みでもあります。またそれはアイギナ島の大理石彫刻[6]に見られるような古代の微笑みとも関係しています。微笑みをもって死を受け止める人々です。ゴシック的微笑みはキスの始まりのようでもあります——母のような優しさに満ちたものです。あるいはそれは、密かな不倫関係にある女性と通りで出会った男性の微笑みでもあります。その微笑みには理解が存在します——「私たちにはわかっている」、そう言っているかのような。

ゴシック的態度のこうした特徴は、かつては北から南まで、ひとつの言語、ひとつの信仰が存在していたという事実によって説明可能だと思います。その微笑みはあらゆる疑念を排除した完全な確信を示しており、それゆえパラノイア患者と近しい関係にあります。これらはすべて近代の観点の登場と共に姿を消しました。世界は多様な信念へと分かれ、内的統合と平穏は、外的世界の征服を目指す唯物論的衝動に取って代わられてしまったのです。そして科学を通じて、価値が外在化されていきました。

その後、モダン・アートはまず客体を解体することによって、こうした外的価値を脱価値化しはじめ、それから基本的な物事、つまり客体の背後にある内的イメージ――エイドロン――を目指していったのです。今日、芸術家が何を生み出そうとしているのかを予想することは困難です。ただ、偉大な宗教とは常に偉大な芸術と手を取り合って進んできたものなのです。

レクチャー

前回のレクチャーでは、私が経験した洞穴の中への降下についてお話ししました。その後、ジークフリートを殺さなければならないという夢が生じたのです。私にとってジークフリートは特に共感できる人物像ではありませんでした。なぜ自分の無意識がジークフリートに夢中になったのか、私にはわかりません。特にヴァーグナーのジークフリートは大袈裟なまでに外向的で、実際のところ時には愚かな存在です。ジークフリートを好きになったことなどまったくありませんでした。にもかかわらず、私の夢はジークフリートが私の英雄だということを示しています。この夢に抱いた強烈な情動のことを、私は理解できませんでした。今回はそれについて適切にお話しすることができます。それは私たちが芸術との関連で議論してきた主題、つまり価値の変化と関連するものだからです。

夢は次のようなものでした。[7]「私はアルプスにいる。一人ではなく、褐色の肌をした奇妙な小柄な男性と一緒だ。二人ともライフルを携えている。夜明け前で、星々が空から消えようとしている時間のことだ。私たちは二人で山を登っている。突然、上の方からジークフリートの角笛が鳴り響くのが聞こえてくる。私たちが銃で撃たなければならないのはジークフリートだとわかっている。次の瞬間、昇りゆく陽の光の筋に照らされたジークフリートが私たちのはるか上に現われる。ジークフリートは骨で出来た馬車に乗って、山腹を駆け下りてくる。私は思う。「あんなことができるのはジークフリートだけだ」。ほどなくすると、道の曲がり角あたりで、ジークフリートが私たちと出会う。私たちは全弾を彼の胸に撃ち込む。すると私は恐怖と、自分たちがしでかした卑劣な振る舞いに対する嫌悪感でいっぱいになる。一緒にいる背の低い男は先へと進んでいく。彼はジークフリートの心臓にナイフを刺すつもりなのだということが、私にはわかっている。けれども、私はそれは少しやりすぎだと思い、背を向けて逃げ出す。「彼ら」が見つけることのできない場所まで、できるだけ速く逃げようと思う。二つの選択肢がある。谷に降りていくか、微かな小道を辿って山をさらに登っていくかだ。私は後者を選ぶ。そこを走っていくと、大雨が私の上に降ってくる」。そして私は大いなる安堵感と共に、目を覚ましました。

すでにお話ししたとおり、英雄とは私たちが認識する最大の価値の象徴です。キリストの生涯の原則を自らの原則として受け入れるかぎりにおいて、キリストは私たちの英雄でした。ヘラクレスやミトラのように自制を覚えることを決意するならば、彼らが私の英雄となります。私はジークフリートもまるで私の英雄のように思えます。私はジークフリートに大いに同情しました。まるで撃たれたのが自分自身であるかのように。だとすると、私は自分ではきちんと認識していない英雄を有していたということにちがいありません。私が殺したのは、力と能力に関する私の理想だったのです。[8] 集合的無意識がパーソナリティ化されたもの、すなわち私と一緒にいた背の低い褐色の男性の行為の力を借りて、私は自分の知性を殺したのでした。別の表現で言うと、私は自らの優越機能を退位させたのです。

それと同じことが芸術においても進行しています。つまり、ある機能を、それとは別の機能を解放するために殺すということです。

降っていた雨は緊張の解放の象徴です。つまり、無意識の力が緩められたということです。これが生じると、安堵の感情が引き起こされます。罪は償われます。主たる機能が退位させられれば、すぐにパーソナリティの別の側面が生まれることになるからです。[9]

第8回

質問と議論

ハーディング博士の質問　「前回、芸術についてのお話しの中で先生は「subjective（主体的／主観的）」という言葉を使われていました。この言葉の意味に関して、数名のあいだで議論になったのです。どうやら意見を言う人と同じ数だけの異なる見方があるようです。特に、主体的とは内向タイプの人にのみ適用可能な言葉という考えと、そしてもう一方では内向タイプの人ははっきりとしたパーソナリティを持つことができないという考えが広まっているように思えます。この点についてお話しいただけませんか？」

ユング博士　そもそも「主体的／主観的」が意味しているのはみなさんがご存知のとおりのもの、つまりその個人にとって特別な、そして他の個人のものとは異なるものの見方のことです。その意味で、この言葉は何らかの態度に対する批判として、つまりある人が何らかの物事を客観的に、あるいはよくある言い方では「実際どおりに」受け取っていないということを意味するものとして用いられることが多いですね。ただしもちろん、ある意見が主観的だと言えば、それが必ず非難になるとはかぎりません。求められているのが特定の人の個人的意見だということもありえます。

それに「主体的／主観的」という言葉はある主張が主

体から生じたものだということも意味していますが、にもかかわらずその主張はひとつの客体なのです。どの人の中にも——たとえばダーウィン理論のような——何らかの集合的観念が存在し、それらはまったく客体的なものです。そうした観念はその人の精神の中で発見可能なものだというだけでは、主体に属するものとはけっして言えません。さらに言うと、何らかの無意識の産物というものも存在します。人はそれらのことを自分の個としての性質の独自性を永遠に確立してくれるものだと考えがちですが、実際にはあらゆる人によって共有されるものであり、このように集合的性質を持つものであるがゆえに、主体の精神と相対する客体なのです。

もちろん、まったく主観的ではない客観的な言明などというものは存在しないということを忘れてはなりません。つまり、それは主体の精神を通過したものだという理由により、一定の水準で屈折を経たものなのです。『タイプ論』を執筆していたころの私には、このことがあまり明確になっていませんでした。そして私はこの屈折を望ましい最小値にまで低減することなどほぼ不可能だと気づいたのです。言語に変わった瞬間、物事はまさにその事実によって、自らの客体性による制約を受けることになります。例として、感情に関するドイツ語の文章を取り上げてみましょう。英語やフランス語のようには「感覚」と「感情」を区別しないのがドイツ語の特徴です［どちらもEmpfindung］。そのため、感情に関するドイツ語の文章は実際には感情ではなく、感覚について述べていて、それゆえ完全に独自のものの見方が観念に与えられている場合が非常に多いのです。一方で、ドイツ語のWirklichkeit（現実）という言葉も取り上げてみましょう。「reality（現実）」の語源となったラテン語はresであり、文字通りには「事物」という意味になります。ただし、ドイツ語は「事物 - 現実」をDinglichkeitと翻訳しています。そしてWirklichkeitはその人にとっての特別な類の現実、つまり現に作用している何かの現実性、生における効力の現実性のことを意味しているのです。これらの言葉に含まれているさらなる含意を辿っていくと、微妙な意味どうしの恐ろしく混み入った関係にまで行き着くことになってしまいますが、徹底的な客体性が問題となる際には、言語が深刻なハンディキャップになるということはおわかりいただけるでしょう。つまり、私たちの精神の中にあるイメージとは先入観を形成しがちなものなのです。確かにある程度の厳密さならば存在しています。それでもやはり、それはそこから私たちが完全には逃れることのできない先入観なのです。私たちの個人的経験の流れが接点を持つ、最初から存在しているこうした精神的イメージのことを、私は主体的要因と呼んでいます。私たちの精神的プロセスは最初から存在しているこうしたイメージとの混合を避けることはできません。ですので、なぜ新しい考えが、祖先から受け継がれたこうした資質に対して、常に必死に戦わざるをえないのか、すぐにわかります。あなたが誰かに新しい考えを伝えて、その相手がこんな風に言ってきたとしましょう。「もちろん、そうですとも」。あなたは理解が得られたことを嬉しく思います。ところが、相手がその考えを受け取り、そして自らの精神が構成する死体置き場により しっくりくるものにするために、そこからあらゆる活気をひねり出してしまうということが往々にしてあるのです。考えを伝えようなんて思わなければよかったとあなたは思い、それで終わりとなります。

この第二の意味において、主体的要因とは客体的素材、すなわち祖先から受け継がれたものの見方から成り立つものだと考えられます。芸術家は祖先たちから受け継がれたこうしたものの見方へと立ち返っているのです。芸術家は外的客体を後にし、自らの感覚ではなく、自らの精神が見たものとしての客体へと立ち返っていきます。

ハーディング博士、これでご質問に対するお答えになっていますか？

ハーディング博士　ええ。ただ「主体的／主観的」と内向および外向とをより詳しく関連づけていただけたらと思うのですが。

ユング博士　外向タイプの人は外的客体の価値を自らの基礎とし、内向タイプの人は内的客体を基礎とします。外向タイプの人は外側にある物事との関係に支配され、内向タイプの人は内側にある物事との関係に支配されるのです。どちらの態度もプリミティヴな人々に見られる態度から生まれたものです。プリミティヴな人々にとっては、外的なものと内的なものとがひとつの経験を形成する傾向を持つからです。プリミティヴな人々は内的な価値と外的な価値の両方を自分が持っていることをよく知っています。両者を区別するなどとは考えないからです。古代の神々とはパーソナリティ化された情動が外在化されたものでした。意識によってはじめて内的体験と外的体験の区別が達成され、意識によってはじめて人間は内的客体を無視して外的客体と関わっている、あるいは外的客体を無視して内的客体と関わっていると知ることができるのです。

　意識的には外向タイプの人は外的客体との関係に価値を置き、自分自身の内的自己を恐れます。内向タイプの人は自分自身を恐れることはありませんが、客体のことは大いに恐れます。客体に尋常ではないほどの恐怖を付与してしまうのです。アルキビアデスとソクラテスについてのお話しは覚えておいでですね[1]。アルキビアデスは人前で演説しなければなりませんでした。そして彼はソクラテスのところにやってきて、聴衆が恐ろしくて演説に失敗してしまったと語ります。ソクラテスはアルキビアデスをアテナイに連れていき、最初に鍛冶屋のところへ行ってこう言います。「この男を知っているかい？」「ええ」「この男が怖いかい？」「いいえ」。次にソクラテスはアルキビアデスを靴職人のところに連れていき、同じ質問をします。ここでもアルキビアデスは恐れを感じませんでした。ソクラテスはこう言います。「このただの男たちが、きみがその前で話すことを恐れていた人たちだよ」。けれども、内向タイプの人にとってはそれが普通なのです。集まった人々が本人の前で積み重なり、怪物になってしまうのです。怪物を支配するために補償を行ない、非常に強引な物腰を発展させることが可能な場合もあります。内向タイプの人が感じる恐怖は、客体には命が吹き込まれすぎているという無意識的想定に基づくものであり、それは魔術に対する古代の信仰の一部でもあります。

　一方で外向タイプの人は、まるで世界とは愛すべき家族であるかのように振る舞います。客体の中に恐怖を投影することはありません。客体にすっかり慣れきっているのです。ただし、外向タイプの人が自分自身のことをどう感じるのかを示すために、過剰なまでの外向性を身にまとっていたある患者についてお話しいたしましょう。私は彼に、静かに一人でいる時間を、毎日一時間ずつ持つようにと伝えました。「夜、妻と一緒に音楽を聴くなんていうのがいいかもしれませんね」と彼は言います。私はこう言いました。「だめです。そういうことではありません。あなたには一人の時間が必要なのです」「本を読むっていうことですか?」「違います。何もせず、ただ考えるのです」。彼はこう言いました。「それ以上にメランコリーに一直線の方法なんて、この世に存在しませんよ」

デ・アングロ博士　ある人が集合的無意識の素材に対して外向的態度をとっていると誰かが言っていたら、先生はそれをどのような意味だとお考えになりますか?

ユング博士　それは難しい質問ですね。あなただったらどういう意味だと思いますか?

デ・アングロ博士　私にはそれがどういう意味なのかわかりません。

ユング博士　内向タイプの人の場合、自らの集合的イメージに対する態度は、外向タイプの人の外的世界に対する態度と同じものです。内向タイプの人はそれらをロマンスや冒険として経験します。一方で、外向タイプの人は内向化されたあり方で、つまり極度の警戒と、客体が行使する内的な力を取り除くためのたくさんのおまじないをもって、自らの無意識的素材を受け取ります。外向タイプの人が草木の生い茂った場所を見つけ、その中に飛び込んだら、沼地の中に首まで入ってしまったとしましょう。けれども、外向タイプの人であればそれを脱し、身体を揺すって、陽気に先へと進んでいきます。もしも内向タイプの人がそれと同じことになれば、その人はまた散歩をすることさえほとんど不可能となり、この世のありとあらゆることを自分の失敗の原因だといって責め立てるのです。けれども沼地が自分自身の中にあるのなら、その人はその中に飛び込み、無傷で出てくることができます。一方、外向タイプの人にとっての自分自身の内なる沼地は、何が何でも避けるべきものなのです。

レクチャー

前回お話しした、ジークフリートが殺される夢については覚えておいでですね。洞窟の中で示唆されていた何かが、この夢の中で現実のものとなりました。洞窟の中には殺された英雄がいましたが、この夢の中では殺害が完遂されています。ですので、この夢は洞窟の中のヴィジョンを詳しく描いたものだと言ってもいいでしょう。もちろん、英雄の殺害のような出来事の後には何かが起こると予想されます。ジークフリートは理想を表わし、理想を殺すというのは優越機能を殺すということです。それは機能を打ち負かすということなのですから。優れた頭脳の持ち主であれば自らの知性を主要な道具として利用し、それはまさに理想となります。この理想が他者が抱く知性に関する理想と調和していないと、その人は適応できません。知的な機能、あるいはそれ以外のいかなる優越機能も、前面に押し出されすぎると、血の通わない、空気のような、ガスのような性格のものになってしまいます。全般的に言ってそれは妥当な理想なのですから、何らかの機能をそこまで分化されることができたのだとすれば、それはとても素晴らしい何かを達成したということだと人は考えます。けれども、実際にはそれは非常に機械的な事態なのです。知的な男性を例として、彼を非常に分化された感情タイプの女性と出会わせてみましょう。お互いにがっかりして、どちらも相手が空虚で退屈だと感じることになりますね。

人間味のない感情や思考とはまったく相対主義的なものです。それらは一見すると尋常ならざるもののように見えますが、実際には死んでいます。個人的無意識とは過度に分化されたひとつの機能から離れ、より完全な生へと戻ろうとするものだからです。そうなるとプリミティヴな機能が増加しはじめます。二律背反にまで達しないかぎり、分析において思考ではどこにも辿りつけません――何かが同時に真実であり、真実ではないという状態のことです。同じことが感情にも当てはまります。分化された感情タイプの人は、別の機能に避難先を求めるよりも前に、もっとも愛すべき物事がもっとも憎むべき物事となる地点へと達しなければならないのです。

以前の洞窟の中のバージョンでは、黒いスカラベが金髪の英雄の後を追っていました。金髪の英雄は日中の太陽、つまり優越機能だと考えられます。英雄が去った後、暗い夜がやってきて、夜は新たな太陽を誕生させます。私たちが期待するところでは、姿を現わすのは新たな英雄のはずなのですが、実際に登場したのは真夜中の太陽なのです。

日中の太陽と対立する何かが夜にあるというこの考えは元型的な考えです。たとえば、ピュタゴラスは大地には双子がいると考えていました。この考えは、大戦中に出版された匿名の著者による本にも登場します。『ピーター・ブロップス 本当の夢』[2]という本で、その最初の夢に真夜中の太陽というアナロジーが登場するのですが、この夢には「揺れる香炉の夜」との名前がつけられています。夢を見た本人は、少しずつ人々で埋まっていく古い大聖堂の中にいます。日没、もしくはそれよりも遅い時間です。大聖堂の中央には香炉がかかっていて、それが前後に揺れています。夜が深まるほどに、揺れは大きくなり、それと同時に教会はありとあらゆる時代と世紀の衣装を身にまとった何百もの人々でいっぱいになっていきます。ついにはプリミティヴな人々まで入ってきます。教会が人でいっぱいになると、香炉はよりいっそう揺れ動き、より輝きを増していきます。それらは真夜中に頂点に達し、朝にかけて弱まっていきます。日の出とともに、香炉は停止します。

この夢は無意識の動きのじつに見事な説明となっています。日が落ちると無意識が活性化され、深夜に至ると香炉の炎はもっとも大きくなります。けれども、それが照らしているのは過去なのです。動的原理が力を増せば増すほど、私たちが過去に戻れば戻るほど、私たちは無意識に圧倒されることになります。精神疾患の患者は自分の考えを理解することも、他者に理解してもらうこともできない、奇妙な心理学的状態にまで遡っていってしまいます。正気を失ったと思しき人が、たとえどのような形であったとしても、自らの考えを理解してもらうことができるなら、まったく奇妙な異常性から回復できるという場合もあります。以前、スイス人の若い男性が花束を手にドイツの皇后の馬車の中に入り込もうとしたことがありました。馬車の中に入り込もうとしながら、彼は大声でこう叫んだのです。「皇后陛下にスイスの色を！」。この男性の物語はこのようなものでした。彼は長いあいだひどく精神を病み、自分はルソーだと考えて、ルソー島[3]へと赴きました。そしてそこで五千頁もの本を記したのです。彼がルソー島のその場所にいるあいだ、ドイツ人のカップルがやってきました。妻は自分が誤解されていると考え、その若いスイス人の男性と愛し合うようになります。その後、彼女は彼に耐えられなくなり、ベルリンに逃げたのですが、彼はすぐに彼女を追いかけていきました。男性は皇室の中に彼女を探さなければなりませんでした。当然ながら彼にしてみれば、それよりも劣る場所で彼女が見つかるはずなどないのですから。皇后に花束を渡したとき、それは義理の母親への贈りものだったのです。

私はこの男性を非常に深いところまで分析し、彼の考えにはすべて完全に論理的な帰結があることに気がつきました。なぜ自分が精神を病んでいると見なされなければならないのか、彼にはわかりませんでした。そしてもしも教授たちが自分の言うことを理解できるなら、きっと解放されるはずだと確信していたのです。男性は私に自分を理解させることに成功し、最終的に私は彼を退院させました。二年ほど前のことですが、彼からの感謝の手紙がアメリカから届きました。男性は結婚して、きちんと家族を養い、そして問題が再燃することもありませんでした。私が彼の考えの筋道を辿ることができたので、その意図に関してもその目的に関しても狂気としか思えない何かを乗り越え、現実へと至ることができたのです。同じことが他の事例にも生じることを、私は後に経験してきました。

動的原理の揺れが大きくなればなるほど、無意識はより大きな力を手にし、ついには早発性痴呆が生じる場合もあります。夜が深まるほどに力が少しずつ増していくことを、香炉の夢はじつに見事に表わしています。炎が燃える香炉は真夜中の太陽と類似した何かであり、それは日中の太陽、あるいは優越機能が姿を消すと、輝くようになるものなのです。

なぜ、劣等機能はすぐには浮かび上がってこないのでしょうか？　劣等機能には集合的無意識がひっかかっているので、最初は集合的なファンタジーの中で姿を現わすしかないのです。もちろん、それらは最初のうちは集合的なものには見えません。人はそれらを唯一無二のものだと考えますし、そうしたファンタジーを得るのは恥ずかしがり屋で引っ込み思案、そして往々にして疑り深い人々です。大いなる秘密を隠している人々と同じですね。この状態から全知全能の神の状態まではほんの一歩といったところです。その人はますます集合的無意識と同一化していきます。

その次に私に生じたのは、また別のファンタジーのヴィジョンでした。下に降りていくという同じ技法を用いましたが、今回ははるかに深いところまで降りていきました。[4]最初のときにも間違いなく約千フィートの深さには達していたと思いますが、今回は宇宙規模の深さでした。それはまるで月に行くかのような、あるいは何もない空間に降りていくかのような感触だったのです。最初に見えたのは地面の窪み、連峰であり、感触の上での連想は死者、自分自身が犠牲になったかのようなものでした。死後の世界のような雰囲気だったのです。[5]

二人の人物が見えました。白髭の老人と、とても美しい若い女性です。私は二人は現実の存在だと思い、二人が語ることに耳を傾けました。自分はエリヤだと老人は言います。[6] 私はびっくりしてしまいました。けれども、女性の方にはさらに当惑させられました。彼女はサロメだと言うのです。サロメとエリヤ。奇妙な組み合わせが存在するものだと思ったのですが、エリヤは太古の昔からサロメと一緒にいるのだと断言します。このことにも当惑させられました。[7] 二人と一緒に、黒いヘビがいました。このヘビに私は親しみを感じました。私は彼らの中でもっとも理性的な存在であるエリヤから離れずにいました。エリヤには精神があるように思えたからです。サロメには強い疑念を覚えました。それから私たちは長い会話を行なったのですが、私はそれを理解できませんでした。もちろん、自分の父親が牧師であったという事実が、こうした人物像を得ることになった説明となるのではないかとは考えました。だとしても、この年老いた男性はどういうことなのでしょうか？　サロメとはまったく無関係の存在だったはずです。サロメとエリヤが連れ立っていることがまったく自然なことだと思うようになったのは、ずっと後になってからのことでした。このような旅に出ると、年老いた男性と一緒にいる若い女性と出会うことになるのです。こうした二人の人物像の例は、メルヴィルやライダー・ハガードなど、みなさんもよくご存知の書物の中にたくさん見つかります。[8] グノーシスの伝統において、シモン・マグスはいつでも売春宿で見つけた若い女性と一緒に旅をしていたと言われています。彼女にはヘレネという名が与えられ、トロイのヘレネの生まれ変わりだと考えられていました。[9] クンドリとクリングゾルもいます。[10] 一五世紀の修道僧F・コロンナによる『ヒュプネロトマキア』（夢と愛の葛藤）という名の書物があるのですが、その中でも同じ物語が繰り返されています。[11] ハガードとメルヴィルの例は先ほど挙げておきましたが、他にマイリンクの著作もありますね。[12]

第9回

質問と議論

（以前の議論[1]においてユング博士から、モダン・アートの作家は外的客体から内的客体へと、つまり集合的無意識のイメージへと転じているとの指摘があった。そこで述べたことの例を示すために、ユング博士は一時期彼の治療を受けていた彫刻家の作品の写真を数枚持参した。当の写真なしでこれらの写真についての議論を説明することは困難だが、全般的な取り組みの多くに関しては説明を試みる価値があると思われる）

ユング博士　これらの彫刻は芸術家の側の、集合的無意識の経験を表現するための試みです。集合的無意識に関する直観が得られると、もしその個人に何らかの創造的な力があるならば、素材が断片的な形式で登場するのではなく、むしろ明確な像が形作られることになります。断片的な形式で素材が姿を現わす場合もあるというのは事実で、早発性痴呆においては通常そのようになります。けれども創造的な能力が存在するならば、素材に形が与えられる傾向があるのです。ですので、単一の形で集合的無意識が姿を現わすのが集合的無意識との接触の正常な形式であり、早発性痴呆の場合のように断片的な画像が殺到してくることに悩まされるのだとすれば、そこには疾患が存在すると言ってもいいでしょう。

集合的無意識から生じる像を得たなら、芸術家はすぐに美的にそれと戯れるようになり、通常であればそれをモニュメントなどの何らかの形で具体化します。ご覧のとおり、この芸術家には人間像への愛があり、それをめぐって自らのイマジネーションを遊ばせることが可能でした。彼が神経症に陥ったのは、あるプロテスタント教会からの依頼でフレスコ画を描く過程でのことです。自分でテーマを選んでよいということになっていたのですが、彼が選んだのは五巡節の聖霊の降臨でした。彼は作品を制作しはじめ、十二使徒をうまく両側に分け、真ん中の空間は聖霊のために空けておきました。その後、自分が聖霊をどのように描きたいのか、決めることができなくなってしまったのです。彼は慣習的な火の象徴を拒絶し、結局のところ聖霊とはどのようなものなのかという思索にはまり込んでしまいました。聖霊をめぐって自らの精神を掘り下げているあいだ、彼は集合的無意識を呼び覚まし、強烈な悪夢やさまざまな形での恐怖を経験するようになります。そのせいで、治療を求めて私のところにやってきたころには、聖霊に関する元々の探索についてはすっかり忘れていました。私の治療を受けているあいだの彼の課題は集合的無意識の像を具体的形態にするということでした。

お気づきになったかと思いますが、最初の像は口を開き、死んだ目をした神々のものです。リビドーは無意識の中へと吸い戻されています。それから彼はこのような比較的単純なものは適切ではないと考え、恐ろしく複雑な像を作りはじめました。そして最終的には、ジャワ島の悪魔の神々のひとつと非常によく似た奇妙なまでに悪魔的な像へと、それらを還元していきました。それこそが彼にとっては聖霊だったのです。その後、彼の状態についてはわからなくなってしまいました。

ウォード博士　その人が自ら宗教的体験と呼ぶ何かを体験したことはなかったのでしょうか？

ユング博士　ありますとも。集合的無意識とのこうした接触こそが、彼の宗教的体験だったのです。彼もそのように理解しました。この関連で思い出されることですが、ルターが神の二重の側面という考えに至ったというのは興味深いことですね。ルターは表に現われた神と隠れた神という考えを抱きました。隠れた神とは生の悪なる力の象徴です。別の表現で言うと、ルターは否定的な力から強い印象を受け、だからこそ彼にはそれらに神性を保たせることが必要だったのです。それから二つの力のあいだで、悪魔は副次的な役割のみを演じることになりました。

アルドリッチ氏　もしもそれがその芸術家が抱いた神性に関する否定的な考えだったのだとすれば、肯定的な考えとは何だったのでしょうか？　フレスコ画に彼が完成させた像は何だったのでしょう？

ユング博士　十二使徒のおおむね慣習的な表象でした。すべての内向タイプの人と同じく、意識において彼にはアカデミックに留まる傾向があったのです。

（筆記された質問がたくさん寄せられていたので、残りの時間はそれらに当てられた）

エヴァンズ氏の質問　「私たちが有する対立するものどうしの組み合わせのそれぞれから生じる、牽引力や衝動といったものは存在しないのでしょうか？　私たちに必要なのはバランスを保つことなのではないでしょうか？　たとえばある人が善人かつ悪人であり、寛大かつ吝嗇であり、頑固かつ従順であるというように。対立し合うものの一方のみからの衝動がその人をモラル面でも身体面でも破壊することになるのではないでしょうか？」

「個人のパーソナリティの発達には善と悪の両方が必要なのでしょうか？」（『リビドーの変容の象徴』［一九一九年版］、一二二頁）

「対立し合うものの中央には無為、つまり成長のない不活動状態が存在するのでしょうか？　それは東洋の神秘主義者が瞑想の中で求めてやまないニルヴァーナのことでしょうか？」

ユング博士　この質問に適切にお答えするとなると、それには対立するものどうしの組み合わせに関する包括的な議論が含まれることになります。そうするために、ここでいったん立ち止まるのがクラスのみなさんのご意向でしょうか？　それとも、これは今後のレクチャーに回した方がよいでしょうか？

（クラスで投票が行なわれ、対立するものどうしの組み合わせに関する議論は今後の会に回すことになった）

コリー氏　以前のレクチャーで、夢を受動的に観察するために精神の仕組みを逆にすると先生はおっしゃっていました。その後のレクチャー[2]では、無意識を観察するというのは単に知覚的な関わりであり、考えられる中でもっとも悪い態度だともおっしゃっています。私にはその違いがよくわかりません。夜の態度を日中にも取り入れようとしてきたということかと思ったのですが。

ユング博士　二つの生がひとつに収まることはありません。何かを観察するために仕組みを逆に変えたと述べた際に私が言わんとしていたのは、それを観察という目的のためだけに行なったのではないということです。自分の無意識の素材を同化するというのがその目的だったのであり、それを達成する唯一の方法はそうした素材に通過の機会を与えることなのです。自らの無意識に対する知覚的態度というのは、ある種の直観タイプの人によく見られるものです。このような態度をとると、パーソナリティの中に素材を同化する試みをしなくなってしまいます。そこには観察された素材とパーソナリティとのあいだにモラル的関係が存在しなくなってしまうのです。けれども、同化するために観察するならば、それは私たちが持つすべての機能の関与を必要とする態度となります。ニーチェは人間のもっとも高貴な態度は美的態度だとしましたが、[3]知的な態度もこれと同様になる場合があります。つまり、実際に生きることすらなく、生についてただ単に考えることができてしまうのです。その人はプロセスの中にいないのです。その人自身のプロセスの中にさえいません。かつて人間は意識のために生から脇に外れ、観察を行なわなければなりませんでした。別の表現で言うと、解離せざるをえなかったのです。けれども、このプロセスは意識の進化の過程に含まれるものであり、それゆえ必要なことでした。ただし、今日そうされているように、生から私たちを疎外する手段として用いられるべきものではありません。今日の私たちの努力は、意識性に加えて生への完全な関与という二重のものでなければなりません。今日の世間一般の理想とは、何が何でも仕事をするということです。けれども、多くの人々はただ単に仕事をしているだけで、生きていないのです。仕事をするということの理想を軽んじてはなりませんが、仕事がその人を生から引き離してしまうのだとすれば、それは無価値なものだとわかります。

ヘンティ氏の質問　「劣等機能とは、前回お話しいただいたように、優越機能が転覆されなければ発達させることのできないものなのでしょうか？」

ユング博士　エネルギーを失うことなく、滝の底から水をすくい上げることができますか？　劣等機能を活性化するためにはエネルギーが必要です。そして、もしもこのエネルギーを優越機能から取り上げないのだとしたら、それがどこからやってくるというのでしょうか？　自分のエネルギーと意思をすべて優越機能の中に預けていたら、少しずつ地獄へ向かうことになります――優越機能があなたを吸い上げて、空っぽにしてしまうのです。普通の人々はいかなる環境においても不満を抱くことなく生きていくことができますが、生のさまざまな条件から不満を抱く人も一定数存在します。円熟した生を送ろうとする試みを例としてみましょう。それはもっとも高くつくものです。今日、劣等機能を育てるということこそが生きるということなのですが、私たちは誤ちとエネルギーの双方において、それに対して大変な対価を支払っています。

時にはそれが私たち自身の選択ではない場合もあります――知らないうちに、劣等機能が私たちをとらえてしまうのです。二〇〇〇年前のキリスト教が拡大していった時代、そのような状況が出現しました。当時、精神的な価値は無意識の中へと沈んでいて、それらを再び現実化するために、人々は非常に長い時間をかけて物質的価値を否定しなければならなかったのです。金銭、女性、芸術――すべてを断念しなければなりませんでした。自分自身を世界から解放するために、荒野に引きこもらなければならなかった人もたくさんいました。こうした人々は最終的には生そのものを断念する地点にまで達し、決闘することや生きたまま焼かれることを迫られたのです。これらはすべて心理学的態度の成長を通じて彼らの身に生じたことでした。彼らはその時代のもっとも神聖な理想を傷つけたために犠牲となったのです。彼らは神学論争を通じてローマ民族を分裂に追い込みました。彼らはローマ皇帝を神と見なすことを拒否しました。集合的観点に彼らがもたらした影響は、西欧の神――品格――に反する何かが口にされる際に今日もたらされている影響と同じようなものだったのです。今日、私たちは何らかの他の価値も追い求めています。私たちは効率性ではなく、生を追い求めているのです。そして私たちが生を追い求めているということは、私たちの時代の集合的理想に直接反することなのです。このプロセスを経験することができるのは、十分なエネルギーを有する人、あるいは思いもよらずそれにとらわれてしまった人だけです。けれども一度その中に入れば、そのために血を流さずにはいられません。今日、世界中で進行中のプロセスとはこのようなものなのです。

ロバートソン氏　二〇〇〇年前、人々にこうした態度を強いたものとは何だったのでしょうか？

ユング博士　非キリスト教が導いた極端な状態に見合う方法が他に見当たらなかったのです。キリスト教が説いた態度の逆転は当時の文学や芸術から果汁を取り出してしまいました。文献学者たちによると、そうした価値のすべてがその時点で姿を消してしまうのだそうです。かすかな炎が燃え尽きなかったのは唯一アプレイウスにおいてです。けれども実際には、それは単に創造的な力が古代に掘られた水路を後にし、新たな河床を求めたということだったのです。新たな文学と芸術が育ち、その一例がテルトゥリアヌスです。[4] リビドーは精神的な価値を求め、そして三〇〇年かけて人間の精神性に大きな変化が生じました。個人にとって、このような集合的な動きはいつでも持ちこたえることの難しいものです。何が自分に生じたのかわからないまま、無意識にとらえられてしまうのです。そのため、当時の文学はうんざりさせられるような感傷に満ちています——生き生きとした何かが意識の観点から立ち去り、無意識の中に埋葬されてしまっていたのです。初期キリスト教時代のこうした人々は同時代の全般的な動きを自覚していませんでした。彼らは自分がキリスト教徒であることを理解できなかったにもかかわらず、キリスト教が提供していた物事を探して、あらゆる類の神秘へのイニシエーションを追い求めていきました。キリスト教の起源が軽蔑されている人々の手の中にあったために、彼らにはそれを受け入れることができなかったのです。

私たちの時代の問題の大半は、自分が本流から逸れた群の一部だという理解が欠如しているということに由来しています。群の中にいると危機を感じることができなくなり、そしてそれこそが、集合性という深い流れから自分がどこで逸れてしまったのかをわからなくさせてしまうものなのです。

ヒンクス氏　劣等機能を育てると話された際に念頭におありだったのは、無意識の中の劣等機能を育てるということだったのでしょうか？

ユング博士　そうですね。

ヒンクス氏　先生はご自身の思考と対比させながら直観を発達させていったとおっしゃったと思ったのですが。

ユング博士　そうではありません。思考と対立する側に置こうとしたのは感情です。自然科学者として、思考と感覚は私の中のもっとも重要なものであり、直観と感情は無意識の中にあって、集合的無意識によって汚染されていました。優越機能から直に劣等機能に達することはできません。必ず補助機能を経なければならないのです。それはまるで無意識が優越機能に敵意を抱いていて、直接的な攻撃は許さないとでもいうかのようなものなのです。補助機能を作動させるプロセスはある程度まで以下のように続いていきます。自分が感覚を強力に発達させてきたけれども、それに対して狂信的になっているわけではないと考えてみてください。だとすれば、ほとんどすべての状況で何らかの可能性の雰囲気を許容できるはずです。つまり、何らかの直観的要素が入ってくるのを許すことができるということになります。補助機能としての感覚は直観が存在することを許容するでしょう。けれども（この例では）感覚は知性の支持者であり、直観はここでは劣等機能である感情の側に立ちます。したがってこの場合、知性は直観に同意せず、それを排除することに賛成票を投じるでしょう。知性は感覚と直観をともに保持することはありません。むしろそれらを分離することになるでしょう。そのような破壊的な目論見は感情によって監視され、そして感情は直観を支援するのです。

逆の面から見てみましょう。もしもあなたが直観タイプであるならば、直に感覚に達することはできません。感覚は怪物でいっぱいなので、いずれも意識における補助機能である知性、もしくは感情を経由していかなければならないのです。こうした人が自分自身を現実に押さえつけておくには、非常に冷静な理由づけが必要です。要約すると、道のりは優越機能から補助機能へ、補助機能からそれとは対立する補助機能へということになります。通常であれば、意識の中にある補助機能と無意識の中にあるそれとは対立する補助機能とのあいだに生じるこの最初の葛藤が、分析の中で生じる戦いなのです。これを予備的葛藤と呼んでもいいでしょう。優越機能と劣等機能の決闘は生の中でしか起こりません。知的感覚タイプの例では、予備的葛藤は感覚と直観のあいだのものであり、最終的な戦いは知性と感情とのあいだということになるでしょう。

デ・アングロ博士　なぜ分析の中では主たる戦いは生じないのでしょうか?

ユング博士　それが生じるのは、分析家が客観性を失い、個人として患者に巻き込まれてしまった場合だけです。これに関連して、分析家は自らの無意識による中毒の危険にいつでも瀕しているのだと言ってもいいでしょう。ある女性が私のもとへやってきて、私のことを救世主と言ったと考えてみてください。意識的には彼女が自分に対するひどい投影を生じさせていることがよくわかるかもしれませんが、無意識的にはそれを飲み干し、そしてとんでもない大きさにまで膨れ上がってしまうかもしれません。

ケラー夫人の質問（もともと提示された形での質問は紛失してしまった。問題は意思に関連するものだった）

ユング博士　人間の意思とは下り坂を転がる石のようなものとは言えません。意思を通じて何らかのプロセスを、たとえばファンタジーを解放することが可能となり、その後でそれが自らの経路を進むようになるというのが本当のところなのです。意思に対しては二通りの見方が存在します。ひとつはたとえばショーペンハウアーによるもので、彼は生への衝動と死への衝動という意味で、生きることへの意思と死への意思について語っています。私としては、意識の中で私たちが自由に利用可能な少量のエネルギーという意味で、意思という概念を保持しておきたいと思っています。この少量のエネルギーを本能的プロセスを活性化することに向ければ、本能的プロセスはその人自身よりもはるかに大きな力をもって進行していくことになります。

人間のリビドーは二つの対立する衝動、もしくは本能を含んでいます。生きることへの本能と死ぬことへの本能です。若いころは生への本能の方が強力であり、だからこそ若者は生にしがみついたりしません――生は彼らのものなのです。エネルギー現象としてのリビドーは対立するものどうしの組み合わせを含んでいます。そうでなければ、リビドーの運動などというものが生じることはないでしょう。生と死という言葉を使うのはメタファーです。対立を示すものであるならば、他の用語でも問題ありません。動物やプリミティヴな人々において、対立するものどうしの組み合わせはいわゆる文明人よりも緊密であり、だからこそ動物もプリミティヴな人々も私たちよりもより簡単に生を手放してしまうのです。プリミティヴな人は敵を訪問するためだけに自殺してしまうことがあります。別の表現で言うと、私たちの場合は解離が原因で、対立するものどうしの組み合わせは互いに遠く離れているのです。このことは身体的エネルギーの増大をもたらしていますが、その代償として私たちが支払っているのが一面性なのです。

対立するものどうしの組み合わせが互いに近づくと、個人は容易に変化してしまいます。膨張の気分から死の気分へと、たちまち移行してしまうのです。

さて、対立するものどうしの組み合わせに関する議論に辿りついたようですね。次回はこの問題について議論するというのがクラスのみなさんのご意向でしょうか？

（クラスによる投票でそう決まった）

第10回

ユング博士　対立するものどうしの組み合わせという問題に取りかかる方法について、みなさんの方で特に何かご希望はありますか？

デ・アングロ博士　まずは自然の中に現われる際のそれらについて取りかかり、それから人間の中に現れる際のそれらに進むのがいいと思うのですが。

ユング博士　それでは屋上から始めるということになってしまいますね。対立するものどうしの組み合わせという考えは、ある意味では自然への投影なのですから。ですので、対立するものどうしの組み合わせに関する私たちの心理学的な経験からはじめた方がいいでしょう。私たちにはこの世界の客体性のことがまったくわかっていないからです。たとえば、一元論というよく知られた理論があります。これはこの世界の二元論的な側面の否定です――私たち、および世界は単一の存在だと主張するものです。対立するものどうしの組み合わせという理論を支持するならば、一元論と二元論の双方を支持することも可能なはずであり、それもまた対立するものどうしの組み合わせのひとつということになるでしょう。ただし、ここで再び自分自身のパーソナリティという魔円の中にいると気づくことになります。永遠なる亡霊になるまでは、自分の皮膚の外に逃れることなど不可能なのです。

ヒンクスさんが書いて提出してくれた質問はこの問題

の哲学的な側面へと私たちを導くものです。この側面から取り組んでいくのが一番いいでしょう。

ヒンクス氏の質問「哲学的観点では、対立するものとは論理的に正反対の、ゆえに相容れない性質ということになります。先生はそれとは対照的に、分析の中で対立するものを扱うにあたって、対立という要素をそこから除去可能な心理学的現象、もしくは生物学的現象だと見なしているのでしょうか？」

ユング博士　対立するものどうしの組み合わせという観念はこの世界と同じくらい古いものです。それを適切に扱うには、中国哲学の最初期の源泉、すなわち『易経』[1]の託宣にまで遡らなければなりません。じつに興味深いことに、対立するものどうしの組み合わせそのものはエジプト思想には姿を見せませんが、中国とインドの哲学においては共に基本的な部分なのです。『易経』では永遠に繰り返すエナンティオドロミアとして、つまりある精神的な状態が必然的にその反対へとつながる活動を通じて、対立するものどうしの組み合わせが姿を現わしています。これは老荘思想の本質的な観念であり、老子と孔子の著作はどちらもこの原理に満ち溢れたものです。

中国哲学の源泉である『易経』の現存する形式は周の文王と周公旦によってもたらされたもので、言い伝えによると、彼らは獄に繋がれていたあいだ『易経』の託宣の直観的解釈に取り組んでいたのだそうです。『易経』の技法についてはご存知の方もおられるでしょう。『易経』の配列はエナンティオドロミアを象徴するヘキサグラムの形式で表現されます。これを矛盾心理学と呼んでもいいかもしれません。つまりａの原理が増えているあいだ、その反対であるｂの原理が弱まっていくということです。ただし必ず、いつの間にかｂの原理が増えるようになる時点が訪れ、やがてはそちらが優勢となります。これと同じ考えは「道《タオ》」の象徴にも含まれていて、そこでは対立する原理が円の中の白と黒のらせん状の区分によって表されています。白と黒はそれぞれ男性的要素と女性的要素だと考えられています。白の部分、もしくは男性原理はその中に黒い点を含み、黒い部分、もしくは女性原理は白い点を含んでいます。男性原理である陽《ヨウ》が満ちたとき、それは女性原理である陰《イン》を生み出し、逆もまた然りというわけです。

『老子道徳経』もまた、こうした対立の原理に基づくものです。ただし、それらはやや異なる方法で表現されています。『老子道徳経』の著者である老子が何らかの形でウパニシャッドの哲学と接点を持っていた可能性はあります。両者に類似点があるからです。ひょっとすると老子が司書として仕えていた王の蔵書の中からブラフミンのテクストが発見されたか、あるいは旅人を通じての接触があったのかもしれません。老子において、対立するものどうしの組み合わせは次のようなあり方で表現されています。高きものは低きものに、大いなる善は大いなる悪に依拠するものであり、バランスをとる対立なくして存在するものはない、と。[2] 木は伸びれば伸びるほどその根も深くなると述べた際に、ニーチェが言い表わそうとしたのと同じ考えです。[3]

対立に関するインドの哲学的な態度はさらに先を行っています。その教えとは「対立するものどうしの組み合わせにとらわれず、高も低も気にかけることなく」というものです。[4] 完全なる人間は徳の上にも悪徳の上にも存在していなければなりません。これもまた、ニーチェが次のように述べたときに表現しているのと同じ観念です。「徳のみならず、悪徳も支配せよ」[5]。つまり中国の観点とは対照的に『ウパニシャッド』では強調点が対立そのものではなく、対立するものどうしのあいだに生じる特有の創造的なプロセスの方にあるのです。ですので『ウパニシャッド』の全般的観点は一元論だと言っていいかもしれません。アートマンとは対立するものどうしのあいだにある中心的な物事のことです。対立するもの自体はほとんど自明のことだと考えられています。一方で先ほど見たとおり、老子は対立を強調しています。ただし、老子は対立する二つのあいだにある道筋、すなわち「道《タオ》」を知り、それを生の本質だとしているのです。それでもなお、老子はこの問題の教育的側面に常に関心を払っていました。対立の道筋の只中にいるということを門下たちがけっして忘れることのないようにというのが老子の意図したところであり、その道筋の途中で彼らを導く物事について教育を施す必要があったのです。

一方、ブラフミンの弟子たちはこうした物事を教わる必要はありません。それらを知っているからです。このことはブラフミンの場合、それがカーストを通じて受け継がれてきた知の問題だという事実から生じているのでしょう。対立する何かに関する知識は司祭のカーストのみの所有物であり、教わる必要のないものでした。一言で言うと、ブラフミンの弟子たちは生まれながらの利点によって一定の哲学的な水準にあり、次の段階、すなわち対立するものどうしの組み合わせのあいだにある物事へと進む準備ができていたのです。一方で老子が語りかけていたのは、精神的な意味で言うとそのような貴族的水準の人々ではありませんでした。彼らは平均的な知性を持つ人々だったのです。老子が人里離れた場所へと隠遁する前に自らの知を書き留めたという伝承は、私が言わんとしていることの一例です。言い伝えによると、老子は山の斜面にあった自宅を去り、西へと向かったのですが、万里の長城に着いたときにすぐに見張りに見つかってしまいました。老子が自らの知を書き終えるまで、見張りは彼が門を通ることを許しませんでした。[6] そのため老子は自らの知を五千語からなる書物、すなわち『老子道徳経』に記したのです。この伝承は『老子道徳経』が司祭階級だけではなく、一般の教養のある人々に向けたものであったということを示しています。『ウパニシャッド』は対立するものどうしの組み合わせを乗り越えた人々に向けて語りかけています。幻想から免れていれば、生は意味のあるものとなるが、それと同じくらい無意味なものにもなるというわけです。けれども、そのような人々は哲学的訓練に特に熱心な階級に多いというだけの話かもしれません。

その当時、哲学者たちが考えていたのは自然そのものだったのです。それはさほど意図的なことではありませんでした。むしろ思考は精神によって作られたのではなく、精神に与えられたのだという印象が生じるくらい、不思議なまでに直接的なあり方で思考の方が人々に生じたのです。もちろん偉大な発見や芸術作品について考えてみれば、こうした類の物事の例はいくらでも思い起こすことができるでしょう。エネルギーに関するマイヤーの考えはこうしたあり方で、まるで天国からやってきたかのようにして生じたものでした。[7] タルティーニの『悪魔のソナタ』もそうです。[8]（現在はドレスデンにある）ラファエロの『聖母像』は突如生じたヴィジョンの結果であり、ミケランジェロの『モーセ像』も同様です。[9] 何らかの思考やヴィジョンがこうしたあり方で人間のもとへとやってくるとき、それは確信をもたらす圧倒的な力を伴います。先ほども言ったとおり、これは根源的な思考の一種なのです。これを思考の内在性と呼んでもよいと思いますが、今日私たちはこの感覚をかなりの程度まで失くし、その代わりに思考を自分自身で作り出しているという幻想を抱いています。私たちは思考とは脳の中を歩き回る根源的な存在だということに納得せず、思考とは優雅な創造的行為なくしては無力なものなのだという考えを作り出しています。私たちがこうした考えを作り出しているのは、自らの思考によって影響を受けすぎることがないようにするためなのです。思考と私たちとの関係は、太陽とオンドリのシャンテクレール[i]の関係に少々似ています。シャンテクレールは自分が鳴かなければ太陽が昇るはずがないと信じていたのですが、あるときそれを実験してみるよう説得を受けました。けれどもまさに太陽が昇ったその瞬間、自らが持つ力への疑念があまりにも大きくなって、シャンテクレールは鳴き声をあげ、そうすることで世界はその日も太陽のない一日とはならないと確信したのでした。

　もちろん、思考とは自分が意図的に考えたものの自由な表現だと考えるのは、私たちにとって有用なことです。そうでなければ、私たちは自然の魔法円からけっして自由になれないでしょう。そもそも、たとえ自然からの絶対的自立を成し遂げていなかったとしても、私たちは実際に考えることができます。ただし、二重の申し立てを行ない、人間の思考の力を認めつつも、人間とは自分自身の皮膚にとらわれた存在であり、したがって完全にはコントロールできないあり方で自然からの影響を思考に受けさせているものなのだという事実も強調するということは、心理学者としての義務なのです。

　先ほど述べたとおり、この根源的な思考は直接的な確信をもたらします。そのような思考を抱くと、それは真実だという確信が生まれます——それはまるで啓示のようにしてやってくるものなのです。投影の場合以上に、このことを見事に示すものはありません。ただ単にそれが真実だと知り、それに関する誤りを示唆するものに対しては、それが何であれ憤慨したくなるのです。女性にはは特にこれが当てはまります。女性の場合、投影が意識されることさえないかもしれません。無意識には信じがたい方法で私たちの思考に影響を及ぼす力があります。その例として思い出されるのが、人類がインセストの時代を経験したというのは完全に自明だというような趣旨の、ランプレヒトの本の一節を読んだときの出来事です。[10] この本を読んだ際、私はそれに納得しました。けれども、後になってこう考えたのです。「なぜ、人類がインセストの時代を経験してきたというのが自明なのか？」と――考えれば考えるほど、ますますそれは自明のものではなくなっていきました。ランプレヒトはおそらく、アダムとイヴの神話を無意識的に受け入れることによって、彼が想定したものへと導かれたのでしょう。つまり、いつの時代も私たちをしっかりととらえているある種の考えというものが存在し、こうした無意識的観念はマリオネットの演者の役目を果たしているのです。

　自然の思考は自然の事実に関する確信を含むものであり、だからこそ自然について考えた際に、そうした突然の啓示が初期の哲学者たちのもとへと訪れたのだと言ってもいいでしょう。そして彼らは、自然そのものが彼らに語りかけているということ、そして自分たちが自然の真実、疑いの余地のない真実によって所有される存在だということを当然だと見なしていました。それが投影であり、事実の世界においては根拠を欠くものなのかもしれないなどという考えが生じることはなかったのです。このように思考は対立するものの原理とともにありました。初期の哲学者たちは思考を自然から人間に与えられたものだと考えたのです。『易経』に関する伝承によれば、三つの文字を背にした一頭のウマが黄河から現れ、その文字から象徴が作り出されたのだと言います。賢者たちはそれを写し取り、それが河図《かと》として知られることになったのです。[11]

　私たちはこのようには考えません。ですので、私たちはもはや思考を自然とは見なしません。私たちの中で働いている思考のプロセスのあり方そのものが、私たちが何かについて考えた際には自然が私たちに語りかけているのだという観念から、私たちを遠ざけているのです。けれども、当時の人々はコントロールされることなく作用することを自らの精神に許していました。脳もまた自然の現象である以上、それは真の自然の産物であり、それゆえ自然の力の営みの結果を含んでいます。脳が実らせた何かは自然の産物であり、それそのものが一般的な自然原理を含んでいると見なさなければなりません。大変に知的な人であれば、世界全体をひとつのリンゴから構築することも可能でしょう。リンゴ作りが可能だった気候について、リンゴを実らせる木について、リンゴを食べる動物について、要するにリンゴに関するあらゆる物事について語ることができるでしょう。あらゆる物事はあらゆる物事と関係しているからです。だとすればなぜ、あらゆる自然を写し出す、完全に自然な実りを脳が作り出すことができると考えてはならないのでしょうか？　もちろん、これが正しいと証明するための法則は存在しませんが、私たちの脳の産物は自然から派生したものではないと考えることも不可能です。ですので、たとえば『易経』のような古代の賢者たちの思考の中に、驚くべき真実が見出されることになるのは当然だと私は思っています。孔子は生涯のすべてを『易経』の研究に費やさなかったことを後悔していたとも、『易経』の研究が自らの営みの指針として役に立たなかったのは一度だけだったと述べたとも言われています。

最早期の時代から、対立するものどうしの組み合わせは人類の思考のテーマでありつづけてきました。このテーマに関連して考慮すべき、次の重要な哲学者はヘラクレイトスです。ヘラクレイトスはその哲学において顕著に中国的であり、東洋を本当に理解していた唯一の西洋人です。もし西洋世界がヘラクレイトスの導きにしたがっていたならば、ものの見方に関して私たちはみなキリスト教的ではなく、中国的になっていたでしょう。ヘラクレイトスは東洋と西洋のあいだの切り替えを行なった人物だと考えることが可能です。歴史上、ヘラクレイトスの次に、対立するものどうしの組み合わせの問題に深く、かつ真剣に関わった人物はアベラールです。ただし、アベラールは自然との関連をすべて剝ぎ落とし、この問題を完全に知性化してしまいました。[12]

この問題のもっとも最近の復活は分析を通じてのものでした。フロイトは病理的心理において姿を現わすものとしての対立するものどうしの組み合わせについて、じつに多くのことを述べています。サディズムの事例では、必ず無意識の中にマゾヒズムが見出されることになり、逆もまた然りです。[13]守銭奴は一方で浪費家です。過度に善良な人々の中に残忍性が存在する可能性があるということ、そして立派な人々が乱暴者の息子に恵まれる場合が多いということは、誰もが知るところです。[14]フロイトとアードラー、そのどちらの著作の中にも、この上下の原理の継続的な役割が存在しています。

私は最初は性心理学において、それから全体としての性格に関して、病理的側面からもこの問題に取り組みました。そしてそれを、現行の傾向と対立する何かをいつでも探し出そうとするという発見原則にまとめ上げてみたのですが、全般的に言ってこの原則は有効でした。極端な狂信は密かな疑念に基づくものだということに私は気がつきました。異端審問の父であるトルケマダがあのような人物となってしまったのは、信仰に対する不安が原因でした。つまり、トルケマダは意識的には信仰に満ちていたのと同じくらい、無意識的には疑念に満ちていたのです。一般的に言うと、過度に強い態度はどのようなものであれ、それとは対立する何かをもたらします。私はこの現象をリビドーにおける根本的な分裂にまで遡っていきました。この分裂のせいで、私たちは何かを激しく望みながらも、同時にそれを破壊せずにはいられなくなってしまうのです。ある私の患者の身の上に生じたのは、このことのじつに強烈な例でした。彼女は若い女性で、ある男性と婚約していたのですが、金銭的な問題が理由で結婚できていませんでした。ついに男性は日本へと去ってしまい、そこで三年間を過ごすことになります。その間、彼女はじつに美しいラブレターをたえず送りつづけていたのですが、彼に対する気持ちがあまりに大きすぎて、日々を過ごすことがほとんどできなくなってしまったのです。そこで男性は彼女を呼び寄せ、二人は結婚することになりました。するとそのほぼ直後に、彼女は完全に精神を病み、国に帰されなければならなくなってしまったのです。

つまり、人は「イエス」と言うとき、それと同時に「ノー」とも言っているのです。この原理は厄介なもののように見えるかもしれませんが、実際のところリビドーにおける分裂は存在する必然性があり、そうでなければ何も作用することなく、私たちは無気力な状態のままとなってしまいます。[15] 死に囲まれているときほど、生が美しくなることはありません。以前、とても裕福な患者がいたのですが、彼は私のもとへ来てこう言いました。「先生が私に何をなさるつもりかはわかりませんが、灰色ではない何かを与えてくれるといいなと思っています」。これは対立する何かが存在しない場合に人生とはどのようなものになってしまうのかということ、まさにそのものです。ですので、対立するものどうしの組み合わせとは間違いではなく、生の根源として理解されるべきものなのです。自然にも同じことが当てはまるのですから。もし高さと低さに何の違いも存在しなければ、水が落ちてくることもありません。対立する何かが自然から除去された場合に生じる状況を、現代物理学はエントロピーという用語で表現しています。それは穏やかな生温さの中での死です。もしもすべての願いが満たされてしまったならば、心理学的エントロピーと呼んでいい何かを得ることになります。そして私は、かつて病理学的現象と考えていたものが、実際には自然の法則なのだということに気がつきました。私たちはエネルギーの全般的プロセスの一部であり、私が『タイプ論』において示そうとしたのは、心の中のこの事実を念頭に置いた心理学だったのです。

『タイプ論』に取りかかりはじめたころ、私はあるフランス人の編集者から、準備中の一連の本の中の、対立に関する一冊に寄稿するよう依頼する手紙を受け取りました。彼は考慮に含むべき対立の長いリストを私に送ってくれました。たとえば活動と無為、精神性と物質主義などです。ですが、私はこういった派生的な、もしくは副次的な対立はすべて避け、根本的な何かまでそれを遡ることに没頭しました。そして私はエネルギーが流れ出す、流れ込むというプリミティヴな考えからはじめ、そこから内向タイプと外向タイプという理論を構成していったのです。[16]

以前のレクチャーのことを思い出していただけると思いますが、リビドーにおける分裂という考えが心に浮かんできたのは、私が『リビドーの変容と象徴』に取り組んでいたころのことでした。ただし、「リビドーにおける分裂」という言い方は誤解につながりかねないものかもしれません。リビドーはそれ自体において分裂するわけではありません。それは対立するものどうしのあいだでバランスを取ろうとする動きの問題なのです。リビドーはひとつだと言うこともできますし、流れに、つまり流れが生じる対立する軸に注目するのであれば、リビドーは二つだということもできます。対立はリビドーの流れの必要条件なのです。[17] この事実から、人間とはこの世界の二元論的な考えに関わる存在だと言ってもいいかもしれません。けれども、その「流れ」――すなわちエネルギー——はひとつだと言うことも可能でしょう。これは一元論です。もしも高も低も存在しなければ、水が流れることもありません。そしてもしも高と低がどちらも存在していても、水がなければ何も起こりません。つまり、世界には二重性と単一性が同時に存在し、どちらの観点を選んで想定するかは気質の問題なのです。もしも老子のような二元論者で、何よりもまず対立するものに関心があるのだとすれば、あいだに存在する何かについてその人が述べることは、すべて老子のこの言葉へと集約していくでしょう。「道《タオ》は静なり」。けれども一方でその人がブラフミンのような一元論者であるならば、アートマン、つまり対立するもののあいだに存在する物事に関する膨大な書物を記すことが可能です。

このように一元論と二元論はどちらも内在的な妥当性を伴うことのない、心理学的な問題なのです。私たちがより密な関心を抱いているのは、対立するものどうしの組み合わせの存在です。あらゆる物事が対立しながら存在しているというのは、ある意味では私たちにとって新たな発見です。私たちは自らの善の中の悪を、そして自らの理想が理想とはほど遠い物事に基づくものだという事実を、いまだに受け入れようとしていません。私たちは努力をして自らの姿勢を否定することを学び、そして生とは二つの極のあいだで起こる過程であり、死に囲まれたときにようやく完全なものになるのだという事実を理解しなければならないのです。実際のところ、私たちは老子の教え子の立場にあり、「道《タオ》」について「それは静なり」と言わなければなりません。私たちにとってそれは聞こえやすいものではないからです。けれども、対立する何かを自覚するようになると、私たちはそれを解消する方法を探すよう駆り立てられることになります。何かであって何かではない世界の中で生きていくことは、私たちには不可能だからです。私たちは対立するものどうしの組み合わせの上に立つ、第三の地点を獲得できる創造へと進んでいかなければなりません。「道《タオ》」やアートマンを解決法として採用することも、可能といえば可能でしょう。ただしそれは、こうした用語を考え出した人たちにとってのそれらの意味が、私たちにとっての哲学的な考えに等しいものだったと想定するならばの話です。ところが、そうではありません。「道《タオ》」やアートマンは成長していったものです。アートマンは蓮から育ったもの、一方で道《タオ》は静なる水です。つまり、アートマンや道《タオ》は私たちにとっては概念であり、たいして面白みのあるものではありませんが、かつては啓示だったのです。当時の人々がそうしたのと同じようにそれらを同化することは、私たちにはできません。確かに神智学者はそれを試みていますが、まるで空気袋をつけすぎたかのようにして宙に浮かび上がってしまうというのがその結果であり、彼らは現実とのあらゆる接点を失ってしまっています。

こうした啓示は当時の人々に生じたものであり、ちょうどリンゴが木から育つのと同じようにして、彼らから成長していったものだったのです。こうした啓示は私たちにも知的には大きな満足を与えてくれます。けれども、対立するものどうしの組み合わせを結びつけることに関して言うと、何の役にも立ちません。大きな葛藤を抱えた患者がやってきたとして、私がその人にこんな風に言うと考えてみてください。「『老子道徳経』を読むといいですよ」「苦しみをキリストに投じなさい」。素晴らしい助言ではあっても、患者が葛藤に対応する上で、この言葉にどんな意味があるでしょうか。何の意味もありません。もちろんキリストが表わす物事はカソリック、そして一部のプロテスタントの人々に対してであればうまく働いてくれますが、すべての人に対してうまく働くわけではありません。そして私の患者はほぼすべて、伝統的な象徴がうまく作用してくれない人々なのです。つまり、私たちの道筋は創造的な特徴が存在するもの、そして啓示の性質を持つ、成長のプロセスが存在するものでなければなりません。分析とは私たちをとらえるもの、あるいは上からやってくるかのようにして私たちにふりかかる体験を、そして古代の人々に生じた物事のように物質と肉体を合わせ持つ体験を、解放するものでなければならないのです。その体験を象徴的に述べようとするのであれば、私は受胎告知を選びたいと思います。

スヴェーデンボリは、この直接的かつ挑発的な特徴を持つ体験をしました。スヴェーデンボリはロンドンの宿で、素晴らしい夕食を食べた晩、突然、床全体がヘビとカエルにいっぱいになるのを見たのです。とても恐ろしくなり、赤いコートを着た男性が目の前に姿を現わしたときにはその恐ろしさがさらに増しました。きっと幻影はスヴェーデンボリに重厚な何かを口にしたのだとお考えでしょうね。ところが、その幻影が言ったのはこんなことでした。「食べすぎだぞ」。スヴェーデンボリの思考はこのように身体的な形式を取ったのです。そしてそれが非常に客体的なものであったことが原因で、この体験は彼に多大な影響をもたらしました。スヴェーデンボリはそれによって深みへと振り落とされてしまったのです。[18]

これと類似した事例で思い出されるのは、ある酒飲みの男性のものです。ある夜、彼はひどいどんちゃん騒ぎのあと、泥酔して帰宅しました。上の階で宴会が催されている音が聞こえてきて、彼はそれを楽しんでいました。五時になると大きな騒音がして、彼はそれを確かめるために窓のところに行きました。彼が住んでいたのは、窓の外側に何本かセイヨウカジカエデの樹が生えている路地です。そこで畜産市が開かれているのが見えたのですが、なんとブタはみな木の上にいたのです。彼は注意を促すために大声をあげ、そして警察によって精神病院に連れていかれます。自分に何が起こったのか理解したとき、彼は酒を飲むのをやめたのでした。

どちらの事例でも、自然は大いなる恐怖をもたらしました。これらの例はグロテスクではありますが、解放をもたらす表象とは太古の特徴を持つものであり、それゆえ必ず確信をもたらすものだという、私が述べてきた論点の説明となってくれています。それはきっと器質的な真実、つまり私たちの存在の中にあるもの、そして私たちの存在に備わったものにちがいありません。こうした出来事を強いることのできる方法など存在しないということはわかっていますが、直接的な真実との接触を促進する精神状態をもたらすための方法ならばこの世界に溢れています。こうした方法の中で、もっとも顕著な例となるのがヨーガです。ヨーガにはいくつもの異なる種類があります。呼吸に関するヨーガ、体操に関するヨーガ、断食に関するヨーガなどといった具合です。他にもクンダリニー・ヨーガ[19]というものがあり、これはその性質上、やや猥褻な、性的な訓練の一種です。性愛性は本能的な条件であり、それゆえこうした直接的な経験が生じる状態を誘発しやすいという理由で用いられています。これらのヨーガの方法や、それと似た実践はすべて、望ましい条件をもたらしてくれるでしょう。ただしそれは、言ってみれば神がそう望む場合のみの話です。関連するそれ以外の必要条件も存在しているのですが、その性質についてはわかっていません。あらゆる類のプリミティヴな実践は、自然からの啓示を受け取ることができるようになるための、人間の側の試みとして理解可能なものなのです。

第11回

質問と議論

ユング博士　前回残ってしまった質問があったのですが、今回それらを持参するのを忘れてしまいました。いま、口頭で伝えてもらえないでしょうか。ケラーさん、あなたからの質問があったと思うのですが。

ケラー夫人　祖先から受け継がれたイメージと、それが個人の生に作用するあり方について、もっと聞かせていただけないでしょうか。

ユング博士　残念ながら、そうした質問に詳しくお答えするための経験が私には十分ではありません。この主題に関する私の考えは、結局のところかなり暫定的なものなのですが、事の次第が私にはどう見えているかに関しては、例をお話しすることができると思います。ある人が約四〇年、正常な発達を遂げてきたと考えてみてください。その後、その人は祖先から受け継がれたコンプレクスを呼び覚ます状況へと行き着きます。コンプレクスが呼び覚まされるのは、祖先から受け継がれた態度をもってすれば、個人がその状況においてもっともよく適応できるからです。いま話しているこの想像上の正常な人物が、たとえば多くの権力を握る、責任ある立場になるとしましょう。彼自身はけっしてリーダー向きではなかったのですが、彼に受け継がれた単位の中には、そのようなリーダー像、もしくはその可能性が存在しています。その単位が彼を手中に収め、そのときから彼は別の性格になってしまうのです。彼に何が起こったのか、誰にもわかりません。まるでその人が自分自身を失って、祖先から受け継がれた単位が彼を支配し、食べ尽くしてしまったかのようなものなのです。友人たちには彼に何が起こったのかがわかりません。けれども彼はそこに存在し、以前の彼とは別の人間になってしまっています。内部で葛藤が生じる場合が多いとは言え、それが存在しない場合もあります。イメージにあまりにも多くの活力があり、自我がイメージの前から立ち去って、支配をイメージに委ねてしまうこともあるのです。

ケラー夫人　ですが、その地位を得るためにイメージが必要なのだとすれば、どうやって自分自身と調和し、それと同時に葛藤が生じている場合にはイメージを克服することができるのでしょうか？

ユング博士　全般的に言うと、唯一すべきなのは分析的治療によってこうしたイメージを自我と調和させようと試みるということです。もしもその人物が脆弱であるならば、イメージが憑依することになります。女性が結婚する際にこれが生じることが繰り返し見られます。結婚するそのときまでは通常の女性であったのかもしれませんが、そのときから当人には演じるよう求められていると感じられる役割が姿を現わしてくるのです——その人はもはや自分自身ではありません。その通常の帰結は神経症です。四人の子どもを持つ、ある母親の事例が思い出されます。彼女は自分の人生の中に重要な体験など何もないと訴えました。そこで私は彼女にこう聞いてみました。「四人のお子さんのことはどうですか？」。するとと、彼女はこう言うのです。「たまたまそういうことになったんですよ」。子どもたちを産んだのは彼女自身ではなく、彼女の祖母だったと言ってもいいくらいです。実際のところ、彼女は子どもたちのことを拒絶していました。

他に質問はありませんか？　マン博士、いかがでしょう？

マン博士　ある質問を提出しましたが、それについては今後のレクチャーでおそらくお答えいただけるであろうと思っています。私が知りたかったのは、ご自身の経験を通じて理性的タイプにおける優越機能から劣等機能への進行過程を辿っていただいたのと同じように、非理性的タイプにおける進行過程についても辿っていただくことは可能かということです。

ユング博士　でしたら、補助機能が思考である直観タイプの人を例としてみましょう。彼が直観の極みに達し、そこで動けなくなったと考えてみてください。ご存知のように、直観タイプの人はいつでも新たな可能性を求めて走り回っています。そしてついに穴の中に落ちて、そこから出られなくなってしまった。そう考えてみましょう。本人にとって、これほど恐ろしいことはありません――永遠に何かにくっついていることや逃げ場のないことを嫌悪しているというのに、とうとう穴の中に落ちて、直観が自分を連れ出す方法がわからなくなってしまったのですから。流れる川も、汽車が通る線路もあります。なのに当の本人は、いまいるその場所に置き去りにされています――身動きがとれなくなってしまっているのです。次に、彼は何ができるかを考えはじめるでしょう。もしも自らの知的な機能にしたがうならば、自らの感情との葛藤に陥ることになります。思考を通じて、自分の問題から抜け出すためのずる賢い方法を探すようになるからです。ここには嘘が、そこにはごまかしがあります。それらは彼の感情には受け入れがたいことでしょう。そうなると、彼は自らの感情と知性のいずれかを選ばなければならなくなります。そしてこの選択をする中で、両者のあいだにあるギャップに気がつくことになるのです。新たな領域、すなわち感覚という領域を発見することによって、彼はこの葛藤から逃れるでしょう。そしてそのときはじめて、現実が彼にとって新たな意味を持つようになるのです。感覚を育ててこなかった直観タイプの人には、感覚タイプの世界はまさしく月面の風景のように見えます――空虚で、生気がない、と。感覚タイプの人は死体と一緒に人生を過ごしていると直観タイプの人は考えます。けれども、ひとたび自分自身の中にあるこの劣等機能にしたがうならば、客体を自身の投影の雰囲気を通じて見るのではなく、客体が現実にそうであるとおりに、そして客体そのもののために、客体を楽しむようになるのです。

直観が過剰に発達すると、人々は客体としての現実を軽視するようになり、最終的には先ほどお話ししたような葛藤に至ることになります。通常であれば、こうした人々は特徴的な夢を見ます。以前、じつに並外れた直観の力を持つ女性の治療を担当したことがあるのですが、彼女は自分自身の身体でさえ自分にとっては非現実的だというところまで突き進んでいました。「ご自身に身体があるということに気づいたこともないのですか？」と、半ば冗談で聞いてみたことがあるのですが、彼女はきわめて真剣に、気づいたことはないと答えたのでした——布をかぶったまま入浴するかのようなものだったのです。私のところにやってきたとき、彼女には自分の足音も聞こえなくなっていました——まさしく世界中を漂うだけだったのです。彼女の最初の夢は、風船の天辺に座っているというものでした。あろうことか風船の中でさえなく、空高くにある風船の天辺にいて、私の方を見下ろしながら身を乗り出していたのです。私は銃を持っていて、風船に発砲し、最後にはそれを撃ち落としました。私のところにやってくる以前、彼女はある家に住んでいて、そこに住む可愛らしい女性たちに好感を抱いていました。そこは売春宿だったのですが、彼女はその事実にまったく気づかなかったのです。このショックが彼女を分析へと向かわせたのでした。

こうした事例を感覚によって直接的に現実感覚へと降ろしていくことはできません。直観タイプの人にとって、事実とは単なる空気にすぎないからです。次に、彼女の補助機能は思考なので、事実の上に投影してきた雰囲気を自ら進んで剝ぎ取るようになるまで、私は非常に単純な方法で彼女を説得しはじめます。私が彼女にこんな風に言うところを想像してみてください。「ここに緑色のサルがいますすね」。すぐに彼女はこう言うでしょう。「いえ、そのサルは赤い色をしていますよ」。私はこう言います。「多くの人々はこのサルが緑色だと言っています。もしあなたがこのサルを赤い色にしてしまっているのだとすれば、それはただ単にあなた自身の想像力によるものなのです」。次の段階は感情と思考が葛藤する地点へと彼女を導いていくということです。直観タイプの人が感情を扱うあり方は、思考を扱うあり方とまったく同じです。つまり、もしもある人物について否定的な直観が得られたならば、その人物は何もかも悪と見なされ、本当のところはどういう人なのかということはまったく問題にならなくなってしまうのです。けれどもそうした患者は少しずつ、その客体とはそもそもどのようなものなのかを問いはじめ、そして直接的に客体を経験したいという欲望を持ちはじめます。そのときになると感覚に適切な価値を与えることが可能になり、そして曲がり角の向こう側から客体を眺めるような真似をしなくなるのです。要するに、直観によって支配したいという強力な欲望を犠牲にする準備が整うということですね。

直観という精神の働きについて私がここまで述べてきたことは、感覚タイプの人にしてみればおそらくまったくのナンセンスだと思えるでしょう。二つのタイプが現実を見るあり方はまったく異なるものなのです。以前、私との分析から約六ヵ月経った後に、私の目が大きな青い目ではないという事実に、ある種のショックと共に気づいたという患者がいました。それとは別に、このような患者もいました。緑色で塗装された私の書斎に先ほどの患者よりも長い期間慣れ親しんできたのに、あるとき彼女は私にこう聞いてきたのです。「先生のところにやってくるようになってからずっとあったオークの羽目板から、なぜ緑色に変更してしまったんですか？」と。部屋をオーク貼りにしたのは彼女だと納得してもらうには、大変な苦労を要しました。

すべての優越機能は発達の限界にまで押し進められれば、これと同じ現実の歪曲をその特徴とするようになります。純粋になればなるほど、優越機能はひとつの図式の中に現実を押し込もうとするようになるのです。世界はその中に四つの機能すべてを含んでいます——おそらくもっとたくさんあるのでしょう。そしてもしもそうした機能のひとつ、あるいはより多くを無視してしまうならば、世界と関わりつづけることが不可能となってしまうのです。

コリー氏の質問　「両価性と対立するものどうしの組み合わせとの関係について、説明していただけないでしょうか？」

ユング博士　もし対立するものどうしの組み合わせという考えを受け入れるとすれば、それはお互いに戦っている二つの集団を想定するのとほとんど同じことです――二元論的な考え方ですね。両価性は一元論的な考えです。そこでは対立するものは分け隔てられたものとしてではなく、単一の物事の対照的な側面として姿を現わします。よい面も悪い面も持つ男性を例としてみましょう——そのような人は両価的です。あの人は弱い人だとか、神と悪魔のあいだで切り裂かれているのだなどと私たちは言います――すべての善は神の中に、すべての悪は悪魔の中にある、と。彼はその二つのあいだで揺れている原子であり、彼が何をするかはまったく予想できません。その人の性格は確立することなく、両価的なままとなっています。一方で、仲違いしている両親のあいだに立っている息子というのも考えられますね――性格など無関係に、この男性は対立し合うものの犠牲者であり、そのためはっきりしない性格でありつづけるかもしれません。「イメージ」という言葉が考え出されなければならなかったのは、こうした状況に対応するためだったのです。自分が対立するものどうしの組み合わせ、つまり父親と母親のあいだで犠牲になったのだと考えてみても、それは事の半分について述べただけなのだということを理解しないかぎり、こうした人が前進することはありません。自分自身の内側に二つのイメージを携えているということを、そして自らの精神の内側でそうした葛藤がいまもなお続いている――別の表現で言うと、自分が両価的な存在だ――ということを知らなければならないのです。このことを理解しないかぎり、その人は生と向き合うことから身を守るための武器として、実際の両親やそのイメージを利用することができてしまいます。葛藤状態にあるのは自分自身の部分どうしなのだということを認めれば、それらが表わしている問題に対する責任を引き受けることになります。それと同じように、私たちに生じた物事に関して戦争を糾弾するのも無意味だと私は思っています。私たちの誰もが、自らの内側に戦争を引き起こした要素を携えているのです。

両価性と対立するものどうしの組み合わせとの関係性とは主観的な観点だということになりますね。

ロバートソン氏　もしもリビドーが常に分裂したものだと考えられるのだとすれば、ある方向や別の方向に押し出すものはどこに存在しているのでしょうか？

ユング博士　押し出すものという問題は生じません。リビドー、すなわちエネルギーとはその仮説から言って運動だからです。「両価傾向」という表現は、エネルギーの矛盾した性質に名前を与えるためのひとつの方法です。対立するものなくしては何の可能性も存在せず、だからこそ人間には両価傾向が備わっているのです。エネルギーの実質とは、言わばエネルギーの放出です。つまり、運動を有するものとして、そして方向性を持つものとして以外の形で、エネルギーを観察することはできません。機械のプロセスであれば、理論上は逆さまにすることができます。けれども、自然のエネルギーはいつでもひとつの方向に、つまりより高い水準からより低い水準へと動いていきます。リビドーにおいても、エネルギーには方向性があるのです。そしていずれの機能についても、そこには目的志向的な性質があると言うことができます。このような観点に反対する、かつて生物学において存在していた有名な偏見は、もちろん目的と目的論《テレオロジー》との混同に関係しています。目的論はすべての物事が向かう目標が存在すると述べますが、明確な目標へと私たちを導いていく精神を前提としないかぎり、そのような目標は存在しえないはずです。私たちはそのような観点を支持することはできません。ただし、前もって定められた目標と関係せずとも、プロセスが目的志向的な特徴を示す場合もあります。そして、あらゆる生物学的なプロセスは目的志向的なものなのです。神経システムとは身体の全部分を調整する中央電信局のように働くものであり、それゆえにその本質は目的志向的なものです。すべての適切な神経反射は脳に集約されます。両価傾向というもともとの議論に戻って言うと、エネルギーとはそれ自体が分裂するのではなく、対立するものどうしの組み合わせであり、また分けられることのないものなのです――別の表現で言えば、それはパラドクスを示すものだということになります。

ロバートソン氏　「目的論的」という言葉と「目的志向的」という言葉を、先生がどのように区別しているのかがよくわからないのですが。

ユング博士　目標の予期がなくとも、何らかの行為に目的志向的な特徴があるということはありえます。ベルクソンにおいてこの考えが十分に展開されているのはご存知ですね。最終的な目標を精神の中に抱かずとも、私はある方向へと、まったく問題なく進んでいくことができます。ある極へ向かうという考えを抱かずとも、そこへ向かうことができるのです。私はそれを目標ではなく、方向づけに使用しています。本能の盲目さについてよく話題になりますが、本能とは目的志向的なものです。特定の条件下においてのみ本能は適切に作動し、そうした条件から外れるとすぐに種の破壊をもたらします。プリミティヴな人類の古い戦争本能は、ガス兵器などを発明し、自らを存亡の危機に晒すようになった近代国家にも当てはまるものなのです。

ロバートソン氏の書面での質問　「心理学的タイプに基づく二つの観点を提示していただきました——内向タイプの人は滝の頂点と底部を、一方で外向タイプの人はそれらのあいだにある水を見るのだ、と」

「ですが先生ご自身は、この考えを形にしていく中で「頂点と底部」を見ておられたのではないでしょうか？たとえば、エナンティオドロミアを認識するにあたって、先生はご自身の（内向的な）傾向を例として取り上げておられます。それとも、この特定の概念には客観的な妥当性があると主張なさいますか？」

ユング博士　たしかに、頂点と底部を見るというのは内向的な態度ですね。けれども、それは内向タイプの人がたくさん集まる場所にすぎません。内向タイプの人は自分自身と客体とのあいだに距離を保っているので、タイプに関して敏感です——分離し、区別することができるのです。事実や考えだけを欲しがりすぎるような真似はしません。外向タイプの人はいつでも事実を、そしてより多くの事実を求めます。外向タイプの人はたいてい、こうした事実すべての背後にある統一性を表わす、ひとつの大いなる考えを抱いています。肥大した考えと言ってもいいでしょう。けれども、内向タイプの人は他ならぬこの肥大した考えを分裂させたがるものなのです。

客観的妥当性の問題に関しては、このように言えます。非常に多くの人々がこのエナンティオドロミアを体験するのだから、その中には真実があるにちがいない。また非常に多くの人々が持続的な発達を体験するのだから、その中にも真実があるにちがいない。ただし厳密に言えば、それらは客観的妥当性を主張可能なものではなく、主観的なものにすぎないのだ、と。もちろん、これですっかり納得というわけにはいきませんし、内向タイプの人には自分の観点こそ主観的には唯一正しいものだと密かに口にするという傾向がいつでもあるものなのですが。

デ・アングロ博士　私には、内向性とエナンティオドロミアという現象を認識する能力とのあいだに論理的なつながりがあるようには思えません。エナンティオドロミアを認識する外向タイプの人もたくさんいるはずです。

ユング博士　論理的なつながりは存在しません。けれども、私はそれが二つの態度のあいだにある気質的な違いだということを経験してきたのです。内向タイプの人は小さな物事が大きく成長するのを、そして大きな物事が小さく成長するのを見たがります。外向タイプの人は大きな物事を好みます――よい物事が悪くなっていくことではなく、いつでもそれらがよりよくなっていくのを見たがるのです。外向タイプの人はひどく対立する何かを含むものとしての自分自身については考えたがりません。さらに言うと、内向タイプの人はエナンティオドロミアを容易に受け入れる傾向があります。この概念が客体から多くの力を奪ってくれるからです。一方で外向タイプの人は、客体の重要性を最小限にしようなどとはまったく思わないので、すすんで客体に力を与えようとするのです。

アルドリッチ氏　ユング博士、先生が今日お話しになったことのいくつかは、『タイプ論』において、事実を個別的にとらえる外向的唯名論者と、いつでも抽象を通じて統一性を追い求める内向的実念論者について先生が述べていることと矛盾しているように私には思えるのですが。[1]

ユング博士　いいえ、何の矛盾もありません。唯名論者は個別的な事実を強調しますが、それらすべてを包含する永遠なる神を想像することによって、ある種の補償された統一性を創造します。実念論者は統一的な考えに達することよりも、事実そのものから観念における事実の抽象へと逃げたがります。「原植物」[2]というゲーテの考えは、過度に一般的な考えの一例であり、「大いなる考え」を形にしようとする外向タイプの人の傾向という表現で私が言わんとしていることの一例となっています。これに対して、アガシー[3]は動物がそれぞれ独立した型から生じたものだという考えを展開させました。これはゲーテの考えよりもはるかに内向タイプの人によく当てはまる考え方です。生についてのプラトン主義者の考えでは、原初的イメージの数には必ず限度がありますが、だとしてもそれはひとつだけでなく、多数あるものなのです――内向的な人には多神教的になるきらいがありますね。

アルドリッチ氏　ですが、プラトンは世界の起源を神の精神によるものと考えたのではありませんか？

ユング博士　そう、彼はそのように考えたのです。ただし、プラトンに対する関心はみなこうした考えではなく、エイドラという概念や根源的な抽象観念の方に寄せられていますね。[4]

レクチャー

前回[5]は英雄の殺害に関する夢と、それからエリヤとサロメに関するファンタジーについてお話ししました。

さて、英雄殺しとは取るに足らない事実ではなく、独特の結果を伴う事実です。イメージを解消するというのは、そのイメージになるということを意味しています。神の概念を捨てるというのは、神になるということを意味しています。イメージが解消されるとすれば、それは必ず意識的に行なわれることであり、それからイメージに注がれていたリビドーが無意識の中に入り込んでいくからです。イメージが強ければ強いほど、無意識の中でイメージにとらわれるようになります。つまり、もし意識の中で英雄を放棄すれば、無意識によって英雄の役割へと押し込まれることになるのです。

これに関連する適切な事例が思い出されます。それは自らの状況についてまったく見事な分析を披露することができた、ある男性でした。患者が成長するにつれて、母親は彼にいつの日か人類の救世主になるのだと繰り返し言い聞かせていました。患者はそんなことをまったく信じていなかったのですが、それは何らかの形で彼の心をとらえていました。患者は勉強に励み、ついには大学に進学します。そこで体調を崩し、実家へと戻ったのです。けれども、救世主には化学を勉強する必要などありません。ましてや救世主とは常に誤解される存在です。こうした考えに沿って母親、および自分自身のファンタジーに看病されながら、患者は自らの無意識的な側面の上に完全にもたれかかることができたのでした。彼は保険会社での切手貼りも同然の地位を得て、それに満足していました。その間ずっと、人々に虐げられる存在という密かな役割を演じていたのです。最終的に、彼は私のもとへやってきました。そして分析を行なった際、私はこの救世主のファンタジーに気がついたのです。患者は救世主のファンタジーを知的にのみ理解していて、そのためファンタジーが彼に行使してきた情動的な支配力が変わることはありませんでした――患者はそのファンタジーについて考えを巡らせていたのですが、ありとあらゆる考えをもってしてもなお、自分は世に知られることのない救世主だということで満足していたのです。

分析は彼を十分に目覚めさせるかのように思えました。ところが、それでさえも浸透することはなかったのです。「こんな奇妙なファンタジーの中で生きるだなんて、面白いじゃないか」と彼は考えたのでした。その後、彼は仕事が上手くいくようになり、後には大きな工場での管理職に応募し、それを勝ち取りました。そしてこの時点で完全に倒れてしまったのです。ファンタジーの情動的な価値を自分が理解していないということ、この理解されていない情動的な価値こそが身の丈にまったく合わない地位に応募させたのだということが、彼にはわからなかったのです。彼のファンタジーはまさに力にまつわるファンタジーそのものであり、そして救世主になろうとする欲望は力にまつわる動機づけに基づくものでした。このように、ファンタジーの仕組みの理解には至っても、なお無意識の中にその活動を持続させるという場合もあります。

つまり英雄の殺害とは、その人が英雄になり、そして英雄のような何かが起こらなければならないということを意味しているのです。

エリヤとサロメ以外に、ファンタジーの中には前回は言いかけたままになってしまった第三の要因がありました。エリヤとサロメのあいだにいる、巨大な黒ヘビです。[6] ヘビは英雄と同等の何かを示しています。神話には英雄とヘビとのこうした関係を表わす話がたくさんあります。[7] 北欧神話は英雄がヘビの目を持つと述べていますし、死後にヘビに変容させられ、それからヘビとして崇拝されることになった英雄について述べている神話もたくさんあります。おそらくこれは墓から最初に這い出てくる動物は埋葬された人間の魂なのだというプリミティヴな考えから生じたものなのでしょう。

つまり、ヘビの存在はそれが再び英雄神話になるということを表わしています。二人の人物像の意味に関して言うと、サロメはアニマ像です。彼女は目が見えません。意識と無意識を結びつける存在であるにもかかわらず、無意識の働きを理解していないからです。エリヤは認識の要素を、サロメはエロス的な要素をパーソナリティ化したものです。エリヤは英知に満ちた老預言者の人物像です。[8] この二人の人物像のことを、きわめて明確に具体化されたロゴスとエロスのパーソナリティ化と言ってもいいでしょう。これは知的な遊びにとっては有用ですが、ロゴスもエロスも純粋に思索的な用語、まったく科学的ではない、非理性的な用語です。ですので、二人の人物像はあるがままに、つまり出来事として、経験として、そのままにしておく方がずっといいと思います。

　ヘビに関しては、その他の意味にはどのようなものがあるでしょうか？[9]

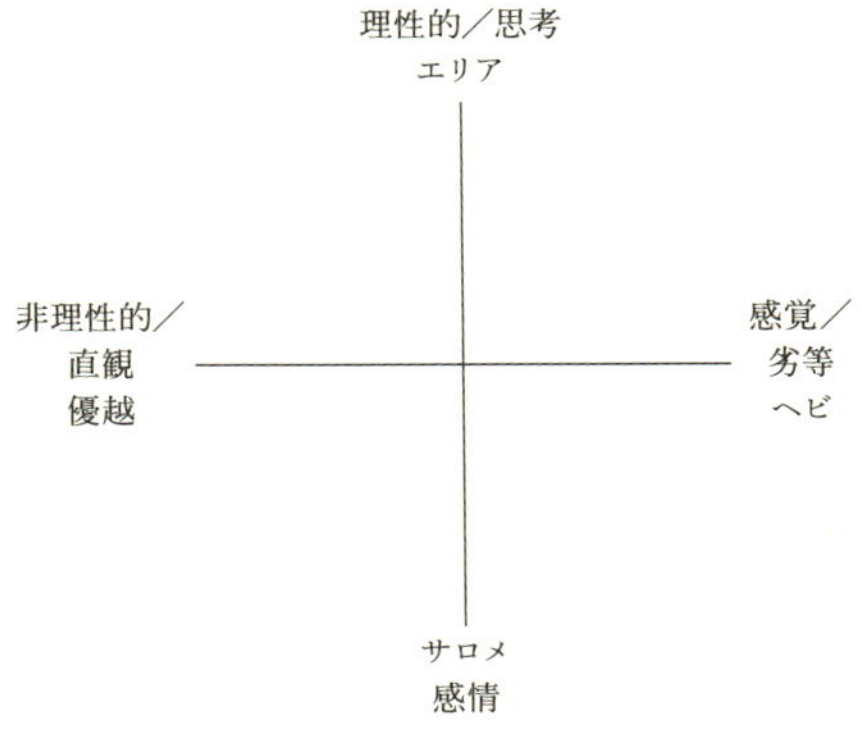

第12回

質問と議論

ウォード博士の質問　「先生はエネルギーについて、より高い水準からより低い水準へと落ちていくものだとお話しになり、その例として滝を用いておられます。それとは反対の、ただしそれと等しい、水分を雨雲へと引き上げるエネルギーについてはどのように説明なさいますか？　この場合は雨雲がより低い水準ということになるのでしょうか？　先生がおっしゃった水準を熱エネルギーに関する用語に変化なさるのかどうかということです。心的エネルギーにおいては、このようにさまざまな表現様式への変化の可能性を考慮すべきなのではないでしょうか？　神経症の問題の核心はこのことではないでしょうか？　もしも心的エネルギーが変化を容易にするほど十分に自由、かつ柔軟なものならば、神経症が生じることはないでしょう。ただし、ここには倫理の問題が生じます――方向性の選択という問題です。この疑問について論じていただけませんか？」

ユング博士　水を海から上に上げるためには、新たなエネルギーが必要です。水が上に向かって流れるならば、そこには必ずエネルギーの付加的な源泉が存在します。別の表現で言うと、太陽のエネルギーが水を持ち上げているのです。雲へと持ち上げられた水は再び落ちていかなければなりません。集合的無意識において、私たちは自らの水準を上昇させるエネルギーの付加的な源泉を解放します。集合的無意識の中には、古くからのエネルギーが「固形」の状態で存在していますが、それは炭鉱で発見されるエネルギーに似た付加的なエネルギーです。そして炭鉱の中のエネルギーと同じように、それは枯渇しがちなエネルギーなのです。もしも私たちが原子力エネルギー[1]、もしくは潮や風のエネルギーを解放できなければ、ヨーロッパの人口は減少していかざるをえないでしょう。集合的無意識のエネルギーをそれがなくなるまで解放するならば、私たちは分化に達することになります。元型とはエネルギーの源泉なのです。人生の展望を持たない人々が元型的な考え、たとえば宗教的な考えを手にしたならば、彼らは力を得ることになります。小さな存在である人々の頭に考えを押し込むと、彼らは大きな存在になり、尋常ではない力を得ることになるのです。

私たちはモラルに関する考えを伴う形で自らの生を方向づけることができていると考えたがるものです。けれども、モラルに関する考えが人の心をとらえるなどということはありません。もしそうなのだとすれば、私たちはずっと昔から完全に正しい存在であったはずです。モラルに関する観点が集合的無意識に触れることはありません。私たちは意思の力が及ぶ範囲の中で選択を行なうのであって、意思を超えたところに選択の余地などないのです。

レクチャー

黒ヘビは内向するリビドーを象徴します。サロメはアニマであり、エリヤは老賢者です。本能的、かつまったく目の見えないサロメは、エリヤが持つ知という、先を予見する目を必要としています。予言者の像は目の見えないアニマの像に対する補償となっているのです。[2]

私が内向的な知的タイプであるがゆえに、私のアニマは感情を含んでおり、まったく目の見えない存在なのです。私の場合、アニマはサロメだけでなく、ヘビの若干の要素も含んでいますが、ヘビは感覚でもあります。実際のサロメは継父ヘロデとのインセスト的な関係に巻き込まれていたことが思い出されますね。サロメが洗礼者ヨハネの首を手にすることができたのは、彼女に対するヘロデの愛ゆえのことでした。[3]

このファンタジーが私のもとにやってくる前、私はたくさんの神話を読み込んでいました。そしてこの読書の経験がすべて、これらの像の濃縮の中に入り込んでいたのです。年老いた男性は非常に典型的な人物像です。年老いた男性とはいたるところで出会います。年老いた男性はありとあらゆる形で、そして通常は若い女性を伴って姿を現わします。(ライダー・ハガードの『英知の娘』[4]を参照のこと)

感情－感覚は意識的な知性に直観を加えたものと対立する関係にありますが、これではバランスが十分ではありません。アニマの要因が意識の中の分化した機能の優位性なのだとすれば、無意識は自らの内にあるアニマ像を補償する像によってバランスが得られるということになります。それが年老いた男性であるエリヤなのです。これは言ってみればはかりを手にするかのようなもので、はかりの一方の端には意識が、反対の端には無意識があります。これが私の最初の仮説のひとつでした。フロイトにとって、無意識はいつでも受け入れがたい素材を意識へと注ぎ込むものです。意識にはこうした素材を受け取ることが難しく、それを抑圧します。そこにバランスは存在しません。

そのころ、私は意識と無意識とのバランスを表わすと思われる補償の原理に気がついていました。けれども後になってから、無意識とはそれ自体でバランスを取るものだということにも気づいたのです。無意識は賛成票でもあり、反対票でもあります。無意識とは意識に対立する何かそのものではけっしてないのです。無意識は不合理な形で意識と異なる何かかもしれません。意識から無意識を推測することはできないのです。無意識とはそれ自体でバランスを得るものであり、意識も同様です。サロメのような突拍子もない像と出会うときには、無意識の中に補償的な像が存在しています。もしサロメのような邪悪な像しか存在していなかったのなら、意識はその像を遠ざけておくための囲い、すなわち大袈裟かつ狂信的なモラル的態度を築き上げげなければならなかったでしょう。ただし、このような大袈裟なモラル的態度を私がとることはありませんでした。ですので、エリヤがサロメを補償していたのだと思うのです。エリヤが私に語りかけるとき、彼はいつでもサロメと一緒でした。こんな風に言うだなんて、エリヤに対してほとんど冒瀆的だと私は思いました。冷酷で血まみれの雰囲気の中に手を突っ込んだかのような感情を抱いたのです。

この雰囲気はサロメの周りにありました。エリヤがいつでもサロメと一緒だと宣言するのを聞いて、私は大いに動揺してしまいました。エリヤとサロメが一緒にいるのは、二人が対立するものどうしの組み合わせだからです。エリヤは女性の無意識ではなく、男性の無意識における重要な人物像であり、名誉ある男性、低い閾値の意識、あるいは並外れた直観を備えた男性です。より高度な社会においては、エリヤは賢者であるかもしれません。老子をエリヤと比べてみてください。エリヤには元型に触れる力があります。エリヤはマナに囲まれ、他の人々を目覚めさせることになるでしょう。他の人々の中にある元型に触れる存在だからです。彼は魅力的で刺激的な人物です。エリヤとは賢者、呪術医、マナを宿した人間なのです。

進化における後の段階になると、この賢者は精神的なイメージ、神、「山から降りてくる老人」（立法者として山から降りてきたモーセをこれと比べてみてください）、部族の魔術師となります。エリヤは法を定める存在なのです。キリストでさえも、変容の際にはモーセとエリヤと一緒でした。神智学者たちは過去の偉大な立法者や聖者、たとえば神智学の教義のマハートマーのような人々はみな、いまもなお存在する精神的な要素だと考えています。たとえばダライ・ラマのことをそうした人物だと考えているのです。こうした人物像はグノーシスの歴史の中でも大きな役割を果たしていて、どの宗派もそうした人物によって創始されたものだと主張しています。キリストはあまりこれに適していません。マハートマーになるには、彼は若すぎるのです。偉大な人物ではあっても、それとは別の役割が与えられなければなりません。洗礼者ヨハネは偉大な賢者、教師、イニシエーションを授ける者でしたが、彼の力は削がれてしまいました。同じ元型はゲーテにおいてはファウストとして、ニーチェにおいてはツァラトゥストラとして、再び姿を現わしています。ニーチェにおいてツァラトゥストラは災悪としてやってきました。ニーチェは偉大なる賢者の突然の生気の虜となってしまったのです。すでに述べたとおり、この元型は男性の心理学において重要な役割を果たしています。ただし残念ながら、アニマが果たす役割ほど重要な部分とは言えません。

ヘビは動物、ただし魔法の力を持つ動物です。ヘビに対して冷静な関係を持つ人などほとんどいません。ヘビについて考えてみると、必ず種の本能に触れてしまうことになるのです。ウマやサルにも、人間と同じようなヘビ恐怖症が存在します。プリミティヴな国々では、人間がこの本能を獲得した理由を容易に見てとることが可能です。ベドウィンの人々はサソリを恐れ、自分の身を守るためのお守り、特にあるローマの遺跡の石を持ち歩きます。ですので、ヘビが登場する際には必ず原初的な恐怖の感情について考えなければならないのです。黒い色はこの感情、および秘むものというヘビの特徴と関連しています。それは秘かなものであり、それゆえに危険なものなのです。動物としてのヘビは無意識的な何かを象徴しています。ヘビは本能的な運動や傾向です。また、ヘビは秘宝への道を示したり、あるいは財宝を守ったりもします。ドラゴンはヘビの神話的形式です。ヘビには人を魅了する力、恐怖を通じた独特の魅力があります。この恐怖に魅了されてしまう人もいるのです。荘厳かつ危険な物事には並外れた魅力があります。恐怖と魅力のこうした組み合わせは、たとえばトリがヘビに催眠をかけられる際に見られます。トリはヘビと戦うために舞い降り、それからヘビに引きつけられ、そしてとらえられてしまうからです。ヘビは隠された何かへの道を示し、内向するリビドーを表現します。それは人を安全な地点を超えるように、深い噴火口によって表現されるような意識の限界を超えるように導くものなのです。

ヘビとは陰《イン》、暗い女性的な力でもあります。ただし、中国の人々であればヘビ（すなわちドラゴン）を陰《イン》ではなく、陽《ヨウ》の象徴として用いているでしょう。中国の伝統では、トラが陰《イン》を、ドラゴンが陽《ヨウ》を象徴化しています。

ヘビは一見すると心理学的な運動を、影、死者、そして不適切なイメージの領域に彷徨わせるもののようにも思えますが、大地へと、すなわち具体化へと導くものでもあります。ヘビは陰《イン》のやり方で物事を現実的な何かへと、存在へと至らしめます。ヘビは影の中へと導くものであり、それゆえアニマの機能を有しています。ヘビは深いところへと導くもの、上と下を結びつけるものなのです。[6] このような考えとよく似た神話があります。ある種の黒人たちは魂を「私のヘビ」と呼びます——「私のヘビが私に話しかけてきた」と言うのは「ある考えを思いついた」ということを意味しています。ですので、ヘビとは英知の象徴でもあり、深みのある知恵の言葉を口にするものなのです。ヘビとはまさしく地下のもの、ヨルズのようにまさしく地から生まれしもの、大地の娘です。死した英雄は冥界でヘビに変容します。

神話の中では、かつてタイヨウチョウであったものが自らを貪り食い、大地の中へと入り、そして再び地上にやってきます。セメンダ鳥[7]は不死鳥と同じく、自らを再生するために焼かれます。灰の中からはヘビが姿を現わし、ヘビからは再びトリが姿を現わします。ヘビは天に生まれしものが再びトリへと戻る移行期なのです。ヘビはラーの船をとぐろで巻いています。夜の旅において、第七の時にラーはヘビと戦わなければなりません。ラーは司祭の儀式によって支えられています。もしラーがヘビを殺せば太陽は昇りますが、万が一ラーが失敗すれば太陽は二度と昇ることはありません。

ヘビは深いところへと降りていく傾向、そして人を魅了する影の世界へと自分自身を送り届ける傾向をパーソナリティ化したものなのです。

私は年老いたその男性とすでに興味深い会話をしてきました。するとまったくもって驚いたことに、彼は私の考え方に対してかなり批判的な態度をとったのです。私が自分で作り出したもののように思考を扱っていると彼は言います。彼の見方によれば、思考とは森の中にいる動物、部屋の中にいる人々、空中にいるトリのようなものなのです。彼はこう言いました。「部屋の中にいる人間を見ても、その人たちを自分が作ったのだとか、彼らに対する責任があるなどとは言わないだろう」[8]。そこではじめて、私は心理学的な意味での客体性を学んだのです。そこではじめて、私は患者にこんな風に言えるようになったのです。「静かに。何かが起こっています」。家の中にいるネズミのような何かが存在しているのです。何らかの思考を抱いたからといって、それが間違いだと言ってはいけません。無意識を理解するためには、自分自身の思考を出来事として、現象として見る必要があります。完全なる客観性を持たなければならないのです。

幾晩か経て、事は続くにちがいないと私は感じました。そこで再び同じ手続きにしたがおうとしたのですが、それがどうしても降りてこなかったのです。私は表面に留まっていました[9]。そのとき私は下に降りていくことに関する葛藤が自分の中にあることに気がついたのですが、それが何なのかはわからず、ただ二つの暗い原理、つまり二匹のヘビが戦い合っていると感じただけでした。そこには山の尾根、刃のように切り立った尾根があり、一方の側には太陽が照りつける砂漠地域が、もう一方には暗闇がありました。明るい側に白ヘビが、暗い側に黒ヘビが見えました。二匹は狭い尾根で戦いになります。おぞましい争いが続きました。そして最後には黒ヘビの頭部が白に変化し、敗れ、引き下がります。私はこう感じました。「これで進んでいける」。すると、年老いた男性が岩の尾根高くに姿を現わします。私たちははるか高くまで登り、キュクロプスのように巨大な壁に到達しました。それは大きな円状に積み上げられた巨大な岩石群でした。私はこう考えます。「そうか、これはドルイド僧の神聖な場所なのだ」。私たちは円の開いたところから中に入り、土が盛り上げられたドルイドの祭壇がある、広い場所に着きました。年老いた男性は祭壇に登りました。するとすぐに彼は小さくなり、祭壇も小さくなります。反対に壁は大きく、また大きくなっていきます。それから私は壁の近くに小さな家と、人形のように小さな女性がいるのに気がつきました。彼女はサロメになります。ヘビの姿も見えました。ただ、そのヘビも非常に小さい。壁は大きくなりつづけ、そこで私は自分が冥界にいるのだということに、壁は噴火口の内壁なのだということに、そしてそれがサロメとエリヤの家なのだということに気がつきました。この間ずっと、私の大きさは変わることなく、もとの体格のままでした。壁が大きくなるにつれて、サロメとエリヤも少し大きくなっていました。自分が世界の底にいるということに気がつきました。エリヤは微笑み、こう言います。「なぜだい。何も変わらないじゃないか。上も下も」

それから非常に不愉快なことが起こりました。サロメが私に強く興味を抱くようになり、また私が彼女の目を治すことができると考えたのです。サロメは私を崇めはじめました。私は言いました。「なぜ私を崇めるのか？」。すると彼女はこう答えます。「あなたはキリストなのです」。私は異を唱えましたが、にもかかわらずサロメは考えを変えません。私は「狂っている」と言い、懐疑的な抵抗の気持ちでいっぱいになりました。そのとき、ヘビが自分に近づいてくるのが見えました。ヘビは近くにやってきて、私の周囲をめぐり、それから私のことをとぐろで締めつけはじめました。とぐろは私の心臓の位置にまで達していました。私はもがきながら、自分が十字架にかけられたキリストの姿勢をとっていることに気がつきました。激しくもがき苦しみながら大量の汗をかいていたので、私のまわり一帯に水が滴り落ちていました。するとサロメが起き上がり、彼女は目が見えるようになります。ヘビが私を締めつけているあいだ、私は自分の顔がライオンやトラのような肉食獣の顔を呈していたと感じました。[10]

これらの夢の解釈は次のようなものになります。まず二匹のヘビの戦いについて。白は日中へと向かう動きを、黒はモラル的側面も含む、暗闇の領域への動きを意味しています。私には現実感のある葛藤、下に降りていくことに対する抵抗がありました。私の中にあるより強い傾向は上に登るというものだったのです。前日に目撃した場所の残酷さが強く心に残っていたので、実際のところ私は山でそうしたとおり、上に登ることによって意識へと向かう道を見つけようとしていました。山は太陽の領域であり、そして円形の壁は人々が太陽を集める容器だったのです。

エリヤは下も上もまったく同じだと言いました。これとダンテの「地獄編」を比べてみてください。[11] グノーシス主義者はこれと同じ考えを逆さまの円錐の象徴で表現しています。つまり、山と噴火口は似た何かなのです。これらのファンタジーの中にはまったく意識的な構造はありませんでした。それらはただ単に生じた出来事だったのです。私はダンテも同じ元型から考えを得たのだと思っています。こうした考えが患者たちに頻繁に生じることを私は経験してきました――上向きの円錐と下向きの円錐、上にある何かと下にある何か。

サロメの誘惑と私への崇拝は、明らかに悪の雰囲気に囲まれた劣等機能の側面です。サロメが仄めかしているのはまったく邪悪な呪いだと私は感じました。そうなると、これは狂気なのではないかという恐怖に襲われることになります。狂気とはこのようにはじまるものであり、これこそが狂気なのです。たとえばあるロシアの本には、狂気に陥ってしまうと言って怖がっている男の話があります。[12] 夜になると、彼はベッドで横になり、部屋の真ん中に月明かりの明るい四角を見ます。彼はこう考えます。

「そこに座って、犬みたいに遠吠えをすれば狂ってしまうのだろうけれど、そんなことしていないんだから、私は狂ってなんかいない」。それから男はこの考えを払いのけようとするのですが、しばらくするとまた心の中でこう考えるのです。「そこに座って、犬みたいに遠吠えをしたとしても、そのことを知っていて、それを選んだんだったら、まだ狂ってるということにはならないだろう」。再び男はその考えを遠ざけようとしますが、ついにそれ以上抵抗できなくなります――起き上がって月明かりの中に座り、犬のように遠吠えし、そして狂ってしまうのです。

　こうした無意識的な事実に対して自分自身を差し出すことなく、その事実を意識することはできません。無意識に対する恐怖を克服し、下へと降りていくことができれば、このような事実がそれ自体の生を持つようになります。こうした考えの虜となって、本当に狂ってしまったり、それに近い状態になってしまうこともあります。

　こうしたイメージには多くの現実性があるがゆえに自らを推奨し、並外れた意味を持つものであるがゆえに人を虜にしてしまうのです。それらは太古の秘儀の一部を形成しています。実際のところ、そうした像こそが秘儀を作り出していたのです。アプレイウスの著作[13]において述べられているような、参入者のイニシエーションと神格化を伴うイシスの秘儀をこれと比べてみてください。

　畏敬の念は秘儀、特に神格化の秘儀と密接な関係があります。神格化はもっとも重要な秘儀のひとつです。それは個人に不死の価値を与えるものでした――不死であるという確信を与えるものだったのです。そのようなイニシエーションを経験させられると、そこからは独特の感情が得られます。神格化へと導く重要な部分は、ヘビが私に巻きつくということでした。サロメの行為は神格化だったのです。私は自分の顔が動物の顔に変容したと感じましたが、この動物の顔はミトラの秘儀の有名な神であるレオントセファルス（獅子の顔を持つ神）[14]でした。これは男性の体に巻きつくヘビ、男性の頭上に置かれたヘビの頭、そしてライオンの顔をした人間の顔という姿で表現される像です。レオントセファルスの彫像は秘儀にまつわる洞穴（地下教会、カタコンベの最後の名残り）でしか発見されていません。カタコンベは元々は隠匿の場ではなく、冥界への降下の象徴的表現として選ばれた場所でした。聖人が殉教者と共に埋葬されなければならなかったのもこうした古い時代の考えの一部で、それは大地の中に入ってから再び蘇るということだったのです。ディオニュソス教の秘儀にも同じ考えがあります。

カタコンベの習慣が下火となってからも、教会という考えは持続しました。ミトラ教にも地下教会があり、地下での祭儀に出席するのはイニシエーションの参入者のみでした。下の教会でイニシエーションの参入者たちが何を話しているのかを、上にある教会で一般の人たちも聞くことができるように、地下の一部の壁には穴が開けられました。下の教会には長椅子や個室が互いに向き合う位置に備えつけられていました。祭礼には鈴が用いられ、パンには十字架のしるしがつけられました。彼らがサクラメントの食事を行なっていて、そこではワインではなく水と一緒にパンが食されていたことがわかっています。ミトラの宗派は厳格に禁欲主義的でした。女性が会員として認められることはけっしてありませんでした。神格化の象徴的儀礼がこれらの秘儀の一部を担っていたというのは、ほぼ間違いのないことです。

ライオンの頭部を持ち、ヘビに巻きつかれた神はアイオーン、もしくは永遠の存在と呼ばれました。アイオーンはペルシャの神、ズルワーン・アカラナ[15]に由来するもので、この言葉は「無限に長い期間」を意味しています。この宗派におけるもうひとつのじつに興味深い象徴がミトラのアンフォラです。これには立ち上る炎と、一方にはライオン、もう一方にはヘビが描かれていて、ライオンもヘビも火のところに向かおうとしています。[16]ライオンは光の極みに達した、若く、暑く、乾いた七月の太陽、そして夏です。ヘビは湿気、暗闇、大地、そして冬です。ライオンとヘビは世界の対立する何かであり、その対立するものどうしが両者を和解させる象徴とともにひとつになろうとしています。それは容器の有名な象徴性、この一九二五年にもなお生き残っている象徴性なのです——『パージヴァル』をご参照ください。それは聖杯であり、罪の瓶と呼ばれるものです（キング『グノーシス主義者とその遺物』[17]を参照のこと）。それはまた初期グノーシスの象徴でもあります。それはもちろん人間の象徴、子宮の象徴です——人間の創造的な子宮であり、そこからは火が生じます。対立するものどうしがひとつになると、神聖な何かが起こります。つまりそれは不死性、永遠なるもの、創造的な時間なのです。生成が存在するところには必ず時間が存在し、だからこそクロノスは時と火と光の神なのです。

この神格化の秘儀では自分自身が容器となります。自分自身こそが、その中で対立するものどうしを調和させる容器なのです。こうしたイメージが現実化されればされるほど、そのぶんそれらの虜となってしまいます。あなたのもとにイメージがやってきて、あなたがそれを理解しなければ、あなたは神々の集まり、あるいはお望みとあらば狂人の集まりの一員ということになります。もう人間の集まりの一員ではありません。自分自身を表現することができないからです。「このイメージはこういうことなんだ」と言うことができてはじめて、人間の集まりの一員に留まることができるようになります。誰しもこうしたイメージの虜となり、それに夢中になる可能性があります――まったくナンセンスだと言ってこの体験を放り捨て、それによってそれらの最良の価値を失ってしまう人もいます。最良の価値と言っているのは、それらが創造的なイメージだからです。自分自身をそのイメージと同一化させ、変わり者や愚か者になってしまう人もいるでしょう。

質問　この夢はいつのことだったのでしょうか？

ユング博士　一九一三年の一二月です。この夢はすべて、最初から最後までミトラの象徴性です。一九一〇年には、中でミサが行なわれているゴシック様式の大聖堂に関する夢[18]を見ました。突然、大聖堂の壁側全体が陥没し、鈴の音を鳴らしながらウシの大群が教会に殺到してきました。キュモン[19]がこのように述べていることを思い出した方もおられるかもしれませんね。もし何かが三世紀に偶然キリスト教を崩壊させていたならば、今日の世界はミトラ教的になっていただろう、と。

第13回

質問と議論

ユング博士　ある若いアメリカ人男性が描いた絵を何枚か持ってきました。絵を描いた当時は、私の理論について何も知らなかった人です。私が彼に伝えたのは、自分の精神の内的状況を色で表現してみてはどうかということだけでした。彼の精神は混乱しきっていたのです。絵を描く様式に関しては何の指示も与えていません。絵についての彼の態度の素朴さを損なうことのないように、絵に関する説明はほとんど行ないませんでした。

絵は進行するシリーズを辿っていくものであり、後でご覧いただくとおり、超越機能、つまり無意識的内容を意識化する試みの一歩先へと進んだ表現です。絵は対立するものどうしのあいだで生じる戦いを、二つをひとつにするという問題の解決を伴う形で表わしています。ですので、これらの絵は対立するものどうしの組み合わせに関して私たちが議論してきたことそのものなのです。ただ、今日までそれらを入手できませんでした。

第一の絵（図1）[1]　この男性は次のように述べています。「この絵の上の部分には鮮明さを感じる。下には動いている何か、ヘビのような何かを、そして大地の重みを感じる。中間には何もなく、真っ黒だ」。ついでに述べておくと、このような象徴を生み出すことができるのはおそらくアメリカ人だけだということにも気がつかれ

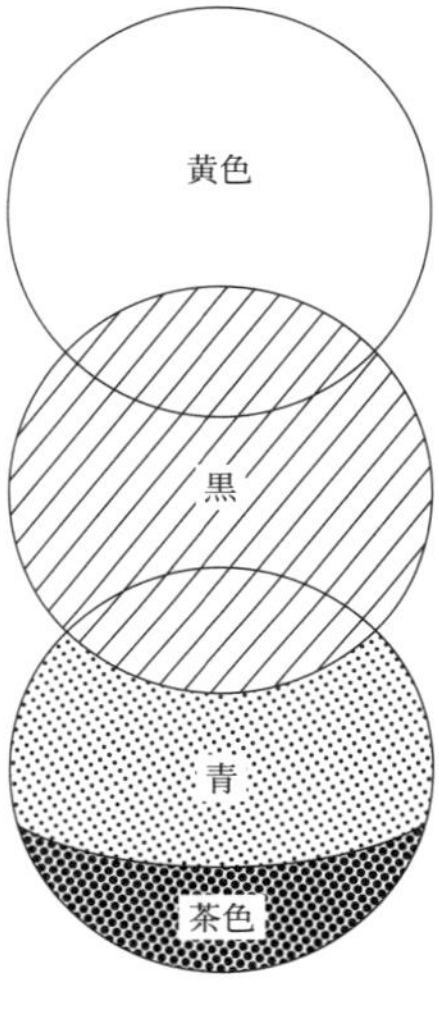

図1

たかもしれませんね。一番下にある円の上部の青は海と関連しています——実際に彼は現在の状態において、自分が海の中にいると感じているのです。黒、つまり無意識は悪の観念と関連しています。この絵は男性心理の典型です。上には意識が、下にはセックスがありますが、真ん中には何もありません。

第二の絵　二つの円が分かれています。上にひとつ、そして下にひとつです。これは完全な分割を表わしており、上は陽《ヨウ》、下は陰《イン》です。下の円にはプリミティヴな模様を展開させていく傾向が示されています。

第三の絵　物事をひとつにしようとする試みを示しています。陽《ヨウ》が上を、陰《イン》が下を彩っていて、木を緑で描こうとすることには若干の成長の兆しが示されています。下からはヘビが上がってきています。

第四の絵　ここには物事をひとつにすることに向けた、じつに力強い試みがあります。陽《ヨウ》と陰《イン》という二つの原理が星の形の像の中で合流しています。直観‐感覚の問題が図柄の垂直の形式で示されています。水平の形式が姿を現わすならば、それはただちに理性の機能の登場です。それらは私たちの大地の上にあるものだからです。

第五の絵　ここではより典型的に先住民的な、もしくはプリミティヴな特徴が示されています。「魂のトリ」が姿を現わしています。助けとなる動物が必要とされているのです。以前の図柄において、彼は不可能な何かに達していました。非理性タイプは理性の機能に直接したがうことができないからです。だからこそ、彼はトリを得ているのです。陽《ヨウ》はほとんど姿を消し、中心にはトリがいます。大地には特有の動きが示されています。水路、ヘビ、そしておそらく根です。トリは本能的傾向を示しています。助けになってくれるトリが側にいるということが理解できれば、それは彼にとっていかなる理性の機能よりも大きな意味のあることなのです。

第六の絵　前の絵で、彼は大地の領域へと近づいていました。ここでは、彼は大地の領域の深いところにいます。地は天へと達し、雲は太陽を隠していますが、陽《ヨウ》が大地へと、深く海の中へと降りていきます。高いところには、無意識の深いところへと飛び込むことができそうか、確かめている男性がいます。無意識の内容が魚のように感じられているのです。男性の立ち位置と深いところには何のつながりもありません。彼は飛び出すことができません。

第七の絵　ここでこの男性は飛び出しました。ただし、空中にであって、水中にではありません。そこは砂漠であり、髑髏があります。男性は鉄球で一番下に固定されています。すべての生命は上の方に示されています。これが意味しているのは、もう一方の極へと向かうというのは、上に留まるのと同じくらい、彼にとって破壊的で死に満ちたものなのだということです。彼は大地の奥底にいます。

こうした絵を製作するというのは精神のプリミティヴな層を刺激するということであり、それによって個人は本能的衝動へと達することになります。彼の絵は東洋からの顕著な影響を示しています。一般的に言ってこのことは、ヨーロッパ人とは対照的なアメリカ人の心理の特徴です。ヨーロッパ人にはこのような絵を描くことはなかったかもしれません。

（さまざまな人種がプリミティヴな文化と接点を持つときに、それらに対してどのような反応をしがちなのかに関する議論が続いた）

この点について言うと、北アメリカと南アメリカは非常に異なる道のりを辿ってきました。アングロ‐サクソン系はプリミティヴなものを遠ざけ、一方でラテン系はプリミティヴな水準へと降りていきます。このことの例となるじつに奇妙な心理学的問題に、私は何度か遭遇したことがあります。次の話は、南アメリカでは何が生じるのかについて、多少の事柄をお伝えするものとなるでしょう。

以前、ある南アメリカ人の家族から、息子の状態について助言を求められたことがありました。彼らの息子は友人たちによって狂気寸前にまで追い込まれていたのです。両親はオーストリー人で、結婚後にはじめて南アメリカにやってきた人たちです。家庭の中ではヨーロッパの伝統が優勢でしたが、家庭の外では何もかもが先住民的でした。ラテン系の住民たちはそうした影響に抵抗してこなかったのです。先住民の家族にとっては、低賃金、もしくは無給で働かせるために、子どもたちを都会へと送るのが習慣となっていて、少女の場合、このことが性的虐待を意味するのは避けられないことでした。

こうした生活様式はオーストリー人の息子の神経をひどく蝕み、彼は心の底から助言を必要として、親交のある教授のところにやってきました。「お守りを持っているか?」と教授は彼に尋ねます。もちろん彼は持っていなかったので、教授は彼にお守りを渡しました。教授はこのお守りを持っておかなければならないと彼に告げます。そのお守りは人形でした。また教授はその人形の力を強化する作業をずっと行なうようにとも彼に告げます。「人形の力が強化されればされるほど、問題は小さくなるだろう」と。最初に彼が人形にしなければならなかったのは、人形を腕に抱いて通りを歩くということでした。とても恥ずかしかったのですが、彼はそうしました。それから彼は教授のところに人形を持っていき、他にもっとすべきことがあるかと尋ねました。「ある」と教授は言います。「人形の力はまだ十分ではない」「共和国大統領のために行なわれる盛大な式典に人形を持っていき、警察の非常線を突破して、大統領の目の前で三度、人形を振り回さなければならない」と。少年はこれを行ない、もちろん警察との揉め事を起こすことになりましたが、お守りの力を強化することだけが目的だったと判明して、釈放されました。彼は教授のもとに戻ります。「だめだ。人形はあるべきほどの力を得ていない」と教授は言います。「今後は少女を見つけ、その子が死ぬ寸前まで、人形を口の中に押し込んで息ができないようにさせなければならない」「死に近づくほどに、彼女の苦痛の力が人形へと入り込み、人形は本当の意味で力を得るだろう」と。彼はこの最後の試練の後で倒れてしまったのですが、一切の話をすることを恐れていました。話してしまったならば、力がすべて人形から出ていってしまうと考えていたからです。そのため彼は完全に神経症的な状態に留まり、最後には両親が助けを求めなければならなかったのでした。

彼の母親はカソリック教徒でした。教会がそのような物事を支持したなどというのは本来であれば馬鹿げた話のはずです。ところがスペイン人の聖職者はこうしたラテン・アメリカ諸国では恐ろしく迷信的であり、またきまって迷信的だったのです。いまお話ししたようなことは、こうした国の人みなの中で現在も続いています。それは原住民とスペイン人征服者が結婚して交わりあったという事実から生じたことなのです。そうすることで、ラテン系の人々は意識と無意識との分裂とは何とか無縁でいられたのですが、優位性は失ってしまいました。アングロ－サクソン系はプリミティヴな人々と交じり合うことをしませんでしたが、無意識の中でプリミティヴな水準へと沈んでいったのです。

テイラー氏の質問（一）「何らかの形でのミトラ教の発展が近い将来、生きている宗教になるかもしれないとお考えですか？」

ユング博士　そのようなことが起こると想定するのは不可能でしょう。私がミトラ教に言及したのは、自分のファンタジーがそれと強く繫がっていたからにすぎません。ミトラ教はそれ自体としてはまったく時代遅れのものです。ミトラ教はキリスト教の兄という相対的な重要性しか有していません。キリスト教はミトラ教から多少の要素を同化したのです。キリスト教が放棄した要素と、それが受け入れた要素の両方の痕跡を辿るというのは興味深いことです。ミサの式典において鈴を鳴らすのはおそらく、秘儀の中の特定の場面で鈴を鳴らす、ミトラ教の宗派から生じたものなのでしょう。クリスマスの日付もミトラの祝宴です。かつてクリスマスは一月八日にやってきました。それはエジプト人から引き継がれた日付で、オシリスの体の発見を祝う日だったのです。後になって、ミトラ教が敗北していったときにはじめて、キリスト教徒はクリスマスを一二月二五日としたのですが、それはミトラ教の信者たちが「不屈の太陽」の日として祝っていた日でした。初期キリスト教徒にとって、クリスマスは太陽の復活であり、そしてアウグスティヌスの時代にはキリストは太陽と同一視されていたのです。

テイラー氏の質問（二）「前回のレクチャーでお話しになった観点は、無意識の内容は意識[i]において欠けているものから推測可能だという、初期の観点をさらに発展させたものなのでしょうか？」

ユング博士　そのとおり。ただし、自分の初期の観点と、無意識がバランスをとるものだという先日お話ししたものとが矛盾すると言いたいわけではありません。さらに一歩進んだというだけの話です。

意識とは無意識によってある程度までは推測可能であり、その逆もまた然りだというのは確かです。夢が何かを言うならば、意識的態度はこのようなものであったにちがいないと言うことができます。もしもある人が知的であるだけならば、その人は感情を無意識の中に抑圧してきたはずであり、無意識に感情が見つかると予想しても差し支えありません。

私はさらに進んで、無意識は意識に対して果たす補償の役割を果たすだけではなく、それ自体の内でバランスを示すものでもあると述べました。つまり、無意識の主たる内容は意識に対するバランス作用だけだと言うことはできず、逆もまた然りだということです。したがって、たいていの人がそうするように、完全に意識の中で何の問題もなく生きていて、無意識にはほとんど、あるいはまったく注意を払わないということもありえます。そのような生から生じる症状や制止を我慢できるかぎり、無意識は問題になりません。

意識の中のバランスとはプロセスをはかりにかけるということです。ある物事には「そうだ」と言い、またある物事には「だめだ」と言うのです。例として夢を取り上げてみると、夢の中にもそれと同じように「そうだ」や「だめだ」を見つけることができます――私が夢の多義性と呼んでいるものです。夢とはひとつ、あるいはその他の物事だけに専念するものではありません。私が自らの内でバランスをとるものとしての無意識と言っているのは、無意識が適切に作用している場合のことです。無意識が深刻なまでに一面的になっているのだとすれば、それは必ず無意識の調子がおかしくなっているからなのです。これに関する適切な事例はサウロとパウロのものですね――もしもサウロが意識の内でもっとバランスがとれていたならば、彼の無意識も別の道のりを辿っていたかもしれず、言ってみれば一人前のパウロを一夜のうちに作り出すようなことにならなかったかもしれません。

お互いに対する補償的な関係を持つものであれば、いかなる個別の単位の中にもこれと同じバランスの原理を辿っていくことが可能です――たとえば、男性と女性のお互いに対する関係がそうですね。女性なしでは存在できない男性などいません――女性なしで生きることを余儀なくされるとしても、それは自らの内に必要なバランスを携えているということです。同じことは男性との関係に関して女性にも当てはまります。けれどもどちらの性であれ、完全な生を得ようとするのであれば、補償的側面としての他方の性を必要とします。意識と無意識の場合も同じで、分析は無意識からの補償が持つ有益な何かに達するためだけに必要とされるものなのです。プリミティヴな人々は私たちよりもずっとバランスのとれた心理を示します。私たちは非理性的なものを生じさせることを嫌悪しますが、彼らはそれにまったく異を呈さないからです。性的な要素のある夢やファンタジーであれば、単なる可能性であっても憤慨してしまう患者が時々います。とは言え、今日、性愛性を認識することが流行になっているというのは確かなようですね。ただし、個人に関するモラル面での批判を夢に示させてみれば――「あなたには汚く、醜い何かがある」と夢に言わせてみれば――性的な夢に関してかつて生じていたのと同じ、強烈な反応があるでしょう。

ロバートソン氏　意識の中で進行するバランスを取る働きに関しては、違う見方があるのではないでしょうか？　つまり、もしも四つの機能がすべてうまく作動しているならば、それはバランスということを意味するのではないでしょうか？

ユング博士　ですが、たとえ四つの機能がすべてうまく作動していたとしても、忘れられた物事は存在し、無意識はそれらを含んでいます。ある種の人々には本来は意識に属するのがふさわしいものを無意識に担わせると無いう傾向がありますが、そのようなことをすると必ず無意識の機能の調子を狂わせてしまうのです。こうした人が個人的無意識からも集合的無意識からも多くを取り除き、そうすることでより正常に機能できるように無意識を解放するという場合もあります。たとえば、自分が宗教的な感性を持つことなく生まれてきたと考える人と出会うことがありますが、それは目を持つことなく生まれてきたと言うのと同じくらい馬鹿げたことです。それが意味しているのはただ単に、彼らが無意識の中に自分自身のそうした側面をすべて置き去りにしてきたということにすぎません。それらを無意識から意識へと運び出せば、先ほど述べたとおり、無意識の機能は改善します。別の例としてですが、多少の分析の経験がある人がこんな風に言うのはお決まりのことです。「それについてはどうするか決めるのはやめておこう。夢が何と言うか、見てみよう」。けれども、意識からの決断を必要とする物事もたくさん存在しています。それらに関して言うと、決断を無意識に「任せる」のは馬鹿げたことです。

　古代のあらゆる秘儀の習慣は、本来は意識のものである要素をこのようにして無意識から解放する上で、大いなる助けとなります。正しい心構えでイニシエーションの祭礼を経験するものはみな、自らの内に魔術的な性質を見出しますが、それは単純に彼らが無意識に預けてきた効果によるものなのです。このようにして無意識に達する解放を通じて、驚くような洞察が展開されることになります。未来を見通す力を得ることさえあります。けれども、そのような才能が展開される場合、当の本人はありとあらゆる環境的条件に対してまったく無防備な状態になってしまいます。そうした環境的条件が悲劇をもたらすこともあるでしょう。生が耐え難いほど辛いものであるとき、人々はそのような力の拡張を得たいと願います。ところが、それらを手に入れたときには、結局のところ往々にして運命を呪うことになるのです。けれども、情熱を持つ人ならば洞察を歓迎します。みなさんの中で、以前にラディン博士[2]のレクチャーをお聞きになった方は、魔除けのダンスの途中、第四の小屋を通り過ぎたあとで遭遇するジグザグの道のことを覚えておいでですね。第四の小屋の最後、イニシエーションの志願者は名誉を与えられ、大いに力を増すことになります。するとそこで、道が恐ろしい障害で満ちたものとなるのです。理解されていない内容を無意識から取り除けば、それぞれのものの特別な機能のためにそうした内容を解放することになります。それは動物のように進んでいくでしょう。プリミティヴな人々が恐れるありとあらゆる物事を備えたジグザグの道と出くわすことになるでしょうが、プリミティヴな人々の経験の豊かさのすべてを得ることにもなるでしょう。実際に、プリミティヴな人々にとって、生とは私たちにとってのそれよりもはるかに大きなものであり、それはそこに物事だけではなく、その意味も存在しているからなのです。私たちは動物を見ては、それはあれこれの種だなどと言います。ところが、もしもその動物が自分の亡霊の兄弟だということを知っていたら、それは私たちにとってまったく異なる状況となるでしょう。あるいは、森の中に座っていて、誰かの頭の上にカブトムシが落ちてきたとします。「なんてこった」という言葉が引き出されてそれでおしまいとなりますが、プリミティヴな人々にとってはその出来事の中に意味があるのです。私の患者がこうしたプリミティヴな反応を見せることが時にありました――自然の中の一見したところ取るに足らないと思える何かに意味があるという、普通ではない感覚が得られるのです。結局のところ、動物とは単に毛皮のついた何かなどではありません。それは完全な存在なのです。コヨーテ医師、コヨーテはコヨーテにすぎないと言ってみても、マナと精神的な力を持つ動物を超えた動物が姿を現わすことになります。これがプリミティヴな人々の言い方です。

無意識は私たちにとって動物を超えた動物のように振る舞うでしょう。雄ウシについての夢を見るとき、それを単に人間以下の存在にすぎないものと考えてはいけません。それは人間以上の存在――神のような何か――でもあるのです。

*

ホートン氏　ここで質問させていただいてもよろしければ、なぜアメリカ人がヨーロッパ人よりも極東に近いのかを教えていただきたいのですが。

ユング博士　第一に地理的に近く、第二に東洋にはヨーロッパよりもアメリカとの、はるかに強い芸術のつながりがあります。それに、アメリカ人は東洋の人種の土地で生きていますね。

ホートン氏　民族学的にということでしょうか?

ユング博士　そうです。以前、プエブロ族の先住民の女性と、アペンツェル州のスイス人の女性との類似性に驚かされたことがあります。アペンツェル州にはモンゴルの侵略者たちの子孫がいるのです。アメリカ人の心理が多少なりとも東洋に傾いているという事実を説明する方法はこうしたことかもしれません。

デ・アングロ博士　それは意識から説明できるのではないでしょうか?

ユング博士　そうですね、そのようにして説明することも可能かもしれません。つまりアメリカ人は分裂した存在であり、無意識を表現するために東洋の方を向いているのだ、と。アメリカにおける中国人たちへの評価は絶大なものです。私が中国に関して知っていることは、すべてヨーロッパではなく、アングロ - サクソンの側からやってきています――イングランドからのものも確かにありましたが、アメリカはイングランドの延長ですね。

レクチャー

本日は前回お話しした像、すなわちアニマと老賢者を理解するための図式を示してみましょう。男性の分析の際、十分に深く進んでいけば、必ずと言っていいくらいこうした像と出会うことになります。最初のうちはそういった像を分離させるのではなく――私の場合は三つの像と出会いましたが――それらをひとつの動物の姿、あるいは女性の形に融合させるかもしれません。あるいは動物が分離されていて、両性具有の像が存在する場合もあります。その場合、年老いた男性とアニマがひとつになっているのです。

これらの像はすべて意識的自我とペルソナとの特定の関係に相当するものであり、象徴性は意識の条件に応じて変化します。図2からはじめてみましょう。

この部屋を意識だと考えてみてください。私は自分のことを、この視野の意識的な場の中の明るい地点だと感じます。みなさんが何を考えているのか、私にはわかりません。つまり、これは限りある場ということです――外側にあるのは実際に触れることができる現実の世界です。私にとって、この世界は客体を通じて表象されるものです。つまり、もしも私がAさんに何かを尋ねれば、彼はそのわずかなあいだ、世界に対する私の橋となってくれます。けれども、もしも私が自分に対して、世界との絶対的、あるいは無条件のつながりをどうやって確立するのかと尋ねるなら、私の答えはこうなります。私が同時に受身的かつ能動的になったとき、犠牲者であるのと同じくらい行為者であるとき、はじめてそうすることができるのだ、と。女性を通じてしか、男性にこのことは生じません。女性は男性を大地へとつなぐ要因なのです。結婚していなければ、好きな場所に行けばいい。けれども結婚すればすぐに、何らかの特定の場所の中にいなければならなくなります。地に足を下ろさなければならないのです。

私が話す視野の領域は私の行為の範囲であり、そして私の行為が広がるにつれて、私は影響の範囲を拡大していきます。このことは私の仮面を作ってくれますが、私

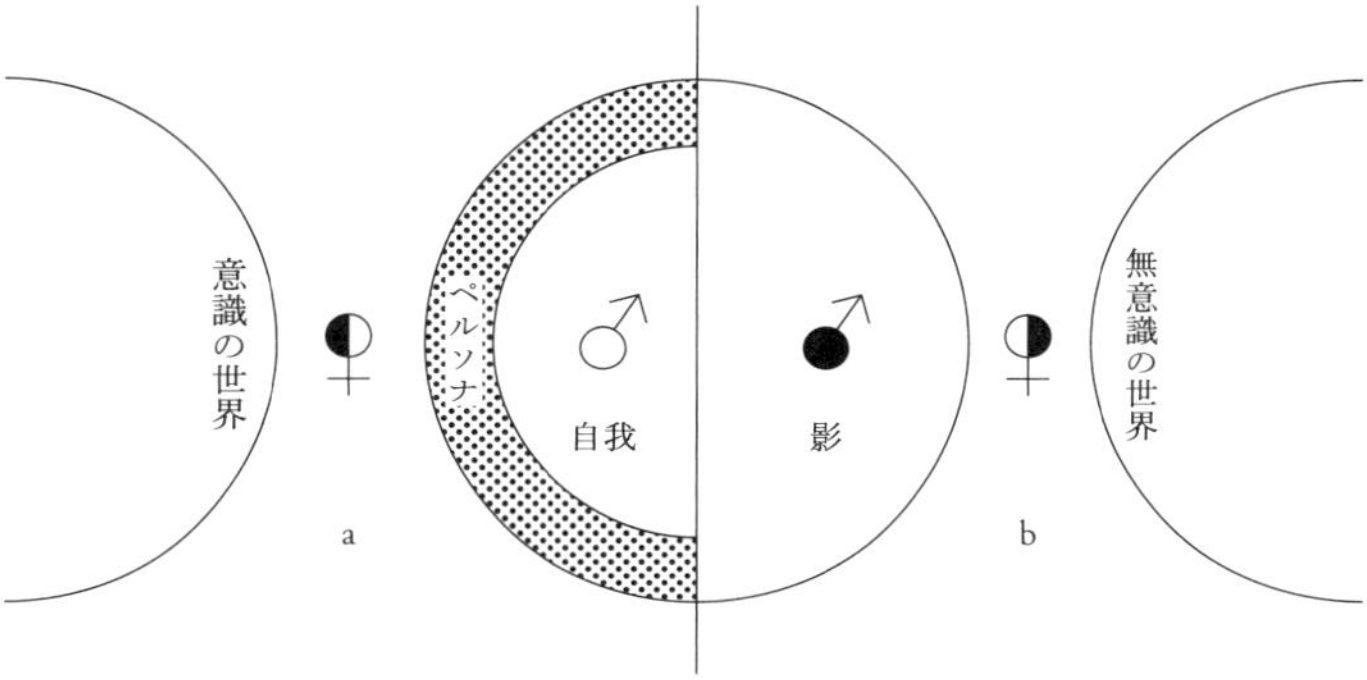

図2

が能動的であるとき、私の行為はみなさんがそれを受け入れてくれることによってはじめて、みなさんのもとに届きます。つまり、みなさんは私が姿を現わすことを助けてくれているのです——私一人でできることではありません。別の表現で言うと、私は私がみなさんに与える影響、そしてみなさんが私に与える影響によって、自分のまわりに殻を作っているということです。私たちはそれをペルソナと呼んでいます。殻があるという事実はけっして意図的な欺きなどではありません。それは単に関係性の仕組みがそこに存在していて、そのため客体がもたらす影響から私が離れることはありえないという事実によるものです。世界の中で生きているかぎり、ペルソナを作り上げることからは逃れられません。「そんなペルソナなんて持ちたくない」と言うことはできても、ひとつのペルソナを捨てれば、別のペルソナを手にすることになります——もちろん、エベレストの上で生きるのでもなければの話ですが。自分が何者であるかは他者への影響から学んでいくしかありません。このようにして、自分自身のパーソナリティを作っていくのです。意識については、これぐらいにしておきましょうか。

無意識の側に関して言うと、私たちは夢を通じた推論によって取り組む必要があります。夢の中で自分そのものとなるなどということはけっしてないので、何らかの形では同じでも、多少なりとも奇妙な視野の領域を想定しなければなりません。性別でさえ、無意識の中では明確に定められるとはかぎりません。無意識の中にも物事、すなわち集合的無意識のイメージが存在すると想定することは可能です。では、こうした物事との関係とは何なのでしょうか？　ここでも、それは女性なのです。もしも現実の中で女性を諦めてしまうと、アニマの犠牲となってしまいます。男性がもっとも嫌悪するのは、女性とのつながりに関わる、避けようがないというこの感情なのです。それを理解したまさにその瞬間、男性は女性から自分自身を切り離して解放し、自分自身のものである内的世界の中を歩き回るようになります。でも、どうでしょうか。彼は自分の母親の膝の上にいるではありませんか。

第14回

ユング博士　似たような図（図3を参照）を使って、前回はじめた議論を続けたいと思います。aとbの中の暗い色づけと明るい色づけによって示そうとしてみたのですが、男性には現実の女性およびアニマに対する、肯定的な関係と否定的な関係の両方があります。通常、現実の女性に対する男性の態度が肯定的であるならば、アニマに対する態度は否定的になります。逆もまた然りです。けれども、男性が女性に対して肯定的な態度と否定的な態度を同時に持ち、否定的な態度のみが埋葬されていて、無意識の深いところから探し出さなければならないということもよくあります。たとえば結婚において、この否定的な要因がまったく取るに足らない何かとしてはじまり、それが年を経るごとに両者の関係性に関わる明確な何かとなって、最後には破綻が訪れるのですが、その間ずっと二人はまったく円満な結婚という幻想を抱きつづけていたというのは、よくある話です。

xとx′という二重の象徴で示そうとしてみたのですが、男性の集合的意識の中には二重性の原理が見られます。一般に私たちの法と理想は善良であり、男性の意識的世界を探りはじめると、最初に出会うのはxという肯定的な象徴です。歴史をよく調べてみれば、教会と国家の中で発展した物事の範囲の広さと大きさに、大いに感銘を受けることがあります。プリミティヴな人間の言葉で語るなら、こうした物事を処理してきた老賢人会議があっ

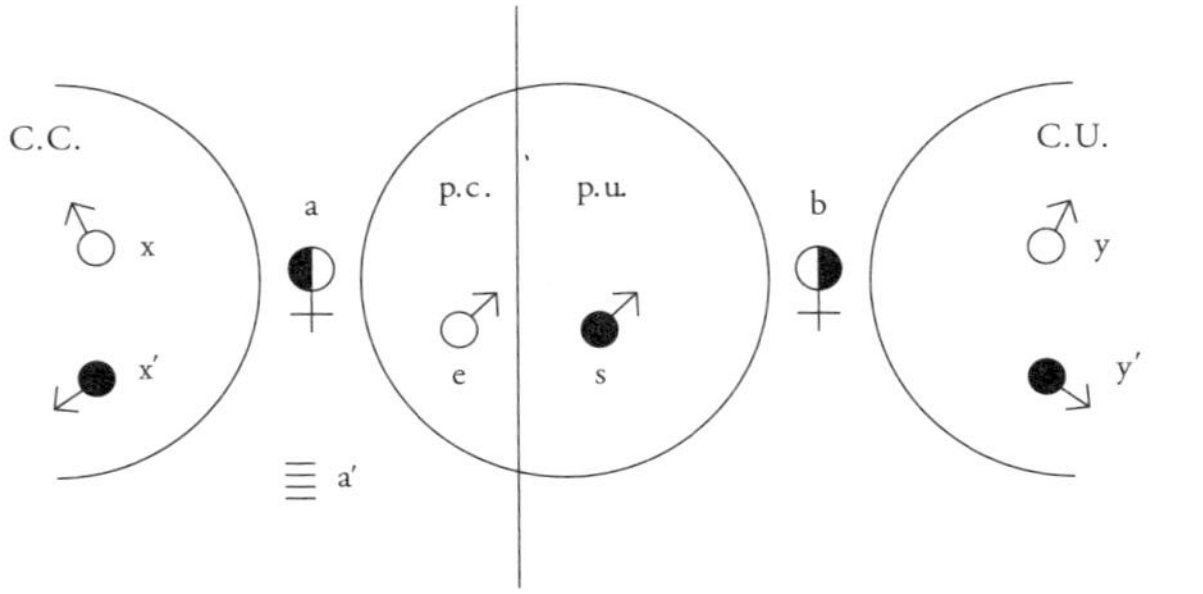

C.C. ＝ 集合的意識
p.c. ＝ 個人的意識
p.u. ＝ 個人的無意識
C.U. ＝ 集合的無意識
x ＝ 集合的意識の肯定的側面
x′ ＝ 集合的意識の否定的側面
y ＝ 集合的無意識の肯定的側面
y′ ＝ 集合的無意識の否定的側面
a ＝ 現実の女性，もしくは絶対的客体
a′ ＝ 絶対的客体の複数性
b ＝ アニマ
e ＝ 自我
s ＝ 影の自己

図3

たのだと言うところです。例として、カソリックのミサを取りあげてみましょう。ミサを調べてみれば、それが私たちが保有する中でもっとも完璧な物事のひとつだということを認識せずにはいられなくなります。私たちが有する法と同じように、それには敬意と賞賛を引き起こさずにはいられない側面がたくさんあります。けれども、それが事態のすべてというわけではありません。こうした物事がきわめて邪悪な側面も有するものだという事実からは逃れられないのです。例として、キリスト教において表現されている善性を取りあげてみましょう。善性は私たちにとっては明らかなものですが、もしも自分の皮膚から抜け出してポリネシアの原住民の皮膚の中に入ってみれば、キリスト教はまさしく真っ黒に見えます。あるいは神の栄光のために火あぶりにされたスペインの異端者たちに、キリスト教についてどう思うかを尋ねてみたらどうなるでしょうか。

　無意識の側面に目を向けてみると、アニマ像の二重性は明白です。男性が自分のアニマを知るとき、アニマは彼にとって夜でもあり、昼でもあります。ライダー・ハガードの「あのひと」は古典的なアニマ像ですが、それとの関連でこれまで何度も見てきたとおり、彼女がよい存在なのか、それとも悪い存在なのか、私たちにはわかりません。あるときには何かが、またあるときには別の何かが私たちの心をとらえます。「あのひと」の力の大部分は、彼女の本質の二重性にあるのです。先ほど述べたとおり、明るい性質でも暗い性質でもあるものとしての現実の女性を男性が知るということもあるでしょう。けれども、もしも男性が女性の中に「あのひと」の本質である魔術的な性質を見るならば、その人はすぐに彼女に無意識の途方もない投影を開始することになります。

　男性と集合的無意識との関係の中にも二重性があります。アニマを経て集合的無意識へと進んでいくと、人は老賢者、シャーマン、もしくは呪術医の人物像へと辿りつきます。一般に、呪術医にはじつに有益な側面があります。ウシがいなくなってしまっても、どうすれば見つかるか、どこで見つかるか、呪術医ならば知っているにちがいありません。もし雨が必要だとしても、呪術医には雨が作られるのがわかるはずです。呪術医は病気の治療も引き受けなければなりません。これらのすべての目的において、図の中でyで表現したとおり、呪術医は肯定的な像として姿を現わします。けれども、黒魔術のことも考えなければなりません。黒魔術は悪と密接に関係しています。人は往々にしてy′を持ち、それは黒魔術師と呼ぶことのできるものです。それはyから分離させられたものなのです。

　男性の集合的無意識はこのように二重の姿で現われる場合があります。こうした二重の姿が鮮やかな形で私の注意を引いたのは、以前に相談を受けた、神学部のある若い学生の夢を通じてのことでした。[1]彼は牧師になるという選択が正しかったのかとか、自分が思っていたほど信仰心を持っているのかなどといったことに関して、疑念からくる葛藤に陥っていました。ただ、みなさんの多くは以前にこの夢を聞いたことがあるはずなので、ここで繰り返し述べた方がよいのかわからないのですが。

（その夢についてもう一度話してほしいとの要請があった）

　わかりました。夢を見た本人は、黒い礼服を身にまとった、とても立派な老人の側にいました。この老人が白魔術師だということが彼にはわかります。老人はちょうどある種の講話を終えたところです。夢を見た本人には、その講話が素晴らしいものに満ちていたことはわかるのですが、何が話されたか思い出すことができません。はっきりとわかるのは、黒魔術師の力が必要となるだろうと老人が言ったということです。そのあとすぐ、白い服を身にまとったもう一人の立派な老人がやってきます。黒魔術師です。黒魔術師は白魔術師と話そうとするのですが、そこに若い男性がいることに気がついて躊躇します。すると白魔術師がすぐに、その若者は「純真」だと説明し、それで黒魔術師も彼の面前でまったく気兼ねなく話せるようになります。さて、黒魔術師は年老いた王が統治する国からやってきたと言います。死に近づいていることを考えて、この年老いた王は自らが埋葬されるにふさわしい、威厳ある墓地を探しはじめます。何本かの古代の記念碑のあいだに、王はとても美しい墓を見つけます。王は墓を開け、綺麗にさせます。彼らは墓の中に大昔に生きていた処女の墓を見つけます。彼らが骨を外に放り投げると、それらは太陽の光に照らされます。するとと骨はたちまち黒いウマになり、砂漠の中へと走っていって、いなくなってしまいます。このウマについて耳にし、そのウマを見つけることがとても大切だと思った黒魔術師は、すべてが起こった場所へと赴きます。そしてそこでウマの足跡を発見します。黒魔術師は足跡を辿って砂漠の中へと赴き、何日もかけてついには砂漠の反対側へと辿りつき、そこで黒いウマが草を食べているのを見つけます。黒いウマの傍らには、天国への鍵が置かれています。天国の鍵をどうすべきかわからなかったので、黒魔術師はそれらを持って、助けを求めて白魔術師のところまでやってきたのでした。

これは分析的な考えとはまったく無縁だった男性の夢でした。彼は自分自身で、自らの無意識をこのようにして活性化する問題の中へと入り込んでいったのです。彼には本人も気づいていない詩的才能があったので、無意識の内容はこのような形式をとったのでした。そうした才能なくしては、このような形式となることはありえなかったでしょう。明らかにこの夢は知恵に満ちています。そして私がこの若者の分析を行なっていたら、彼はその知恵に間違いなく心を打たれ、無意識に対する深い敬意を抱くようになっていたでしょう。

＊

さて、同じ図に多少の変更を加えたものを用いて、女性の心理に関することを提示してみようと思います（図4参照）。

女性が見ているのは現実の男性の明るい側面であり、女性の現実の男性との関係性は相対的に言って排他的なものだと言ってもいいでしょう――この点に関して言うと、男性の現実の女性との平均的な関係とちょうど反対だ、と。男性においては、この関係性は排他的ではありません。自分の妻と他の女性とを比べることができれば、平均的な男性はこんな風に言うでしょう。「多くの女性がいる中で、私の妻は彼女だ」。けれども女性にとっては、自分にとっての世界をパーソナリティ化する客体（図の中のａ）は、それほど面白くもない世界に囲まれたい、私の夫、私の子どもたちなのです。男性の現実の女性との関係の場合に見られるのとまったく同じように、この「唯一」の夫は妻にとって影の側面を有しています。

アニムスにも同じように明るい側面と暗い側面があります。ただし、意識の中に唯一の男性がいるのとバランスをとるように、女性の無意識の中には複数のアニムス像がいるのです。男性は自らのアニマとの関係をきわめ

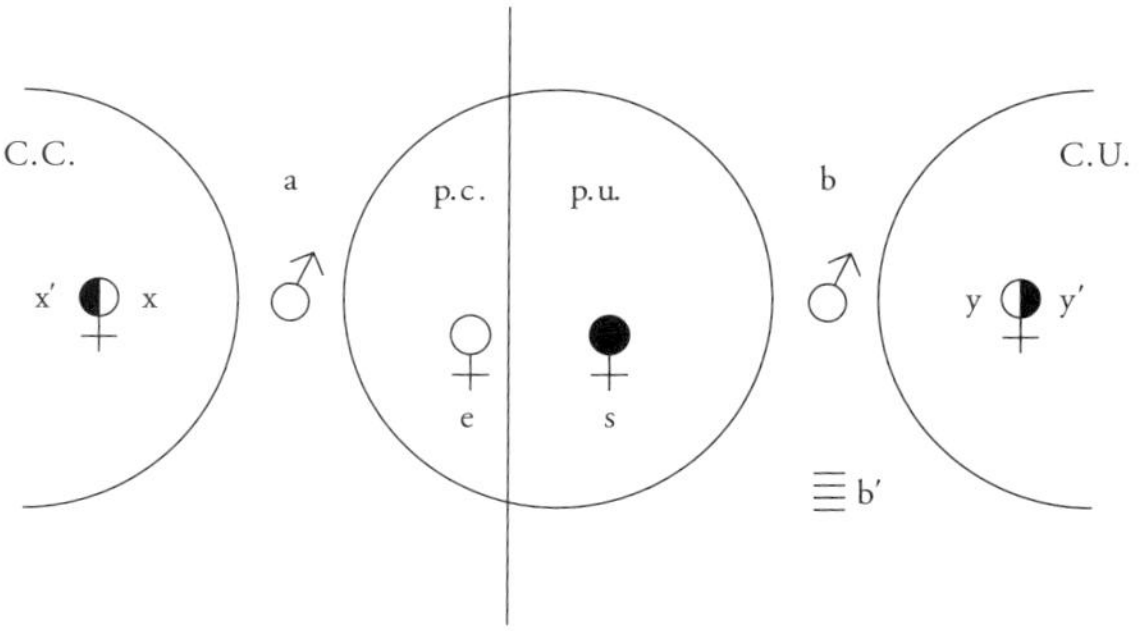

C.C., p.c., p.u., C.U. の象徴は図3と同じ.
x′x ＝ 集合的意識の融合した二重の側面
yy′ ＝ 集合的無意識の融合した二重の側面
a ＝ 現実の男性，もしくは絶対的客体
b ＝ アニムス
b′ ＝ アニムスの複数性

図4

て情動的な出来事だと理解しますが、女性と自らのアニムスとの関係はむしろロゴスの場の中にあります。男性がアニマに憑依されると、その人は奇妙な感情に支配され、自分の情動をコントロールできずに、情動にコントロールされるようになってしまいます。一方、自らのアニムスに支配されている女性は諸々の意見に憑依されています。そうした意見どうしを区別することもできません。そうした女性はきっとこんな風に言うでしょう。「一九××年にパパが私にこう言ってた」「何年か前に、白い髭を生やした男の人がそれは本当だって言ってくれた」。すると、彼女にとってそれは永遠に真実でありつづけるのです。女性の中のこうした現象と出くわす男性には、それが密かな偏見であるように感じられます。それは男性にとっては非常に曖昧な何かであり、その力と見えにくさの程度から言って、腹立たしいものなのです。

次は女性の集合的意識との関係についてです。私は女性の感情を持ち合わせていないので、その関係が何なのかを解明することはできないかもしれません。ただ、女性の生の現実的基盤は家族であるように思えますので、意識の世界に対する女性の態度は母の態度だと言っても差し支えないでしょう。女性は自然に対する独特な態度も有していて、それは男性のそれよりもはるかに信用できるものです。男性が不安を爆発させようとするまさにそのとき、女性はいつでもこんな風に言ってのけます。「きっとうまくいきますから」。女性よりも男性の方が自殺が三倍も多いという事実の説明となるのは、このようなことにちがいありません。男性の場合に生じるような集合的意識との関係における際立った分裂は、女性には存在しません。ただしそれでもなお、x′xのような象徴を作るのに十分な二重性が存在するのはいつでも見出されます。別の表現で言うと、あらゆる物事をうまく生じさせようとしている古の神にはそれ自体の気分があって、信用しすぎてはいけないということが、女性にはよくわかっているのです。これは懐疑主義の要素、影の側面です。男性はxとx′を分離しようとし、女性はxとx′を一緒に受け取ろうとします。男性どうしの口論に耳を傾けてみれば、彼らが主題に関する否定的な側面と肯定的な側面との区別をいつでも維持しているのがわかります。あることについて議論し、次にまた別のことについて議論するというように。ところが、この区別の原理を前提とした議論を女性と行なうとなると、ほんの二分もすれば、否定的側面の領域のど真ん中に肯定的な正しさを持ち込み、あるいはそれと逆のことをして、あなたの論理的構造全体を撃ち抜いてしまいます。そのようにして議論の論理をこれまでも破壊してきたのだということを、彼女に納得させるのも不可能です。彼女の考え方では、その二つは非常に密接な形でひとつになっているからです。こうした結合の原理の希求は女性の心理学的プロセス全体を貫いています。それとは反対の原理、すなわち区別の原理が男性の心理学的プロセスを貫いているのとちょうど同じことです。

　さて、女性の無意識の問題ですが、ここでは状況が相当わかりにくくなります。そこにもやはり母親像が見出され、その母親像にも二重の側面が、ただし独特のあり方で存在するのだと私は考えています。先ほど男性に関して論じたとおり、男性には善と悪、調和と混沌の明確な区別があります。けれども、女性の集合的無意識の中にあるのは人間と動物の融合です。女性の無意識が持つ動物としての特徴に、私はこれまで大いに心を打たれてきました。また、女性とディオニュソス的な要素との関係は非常に強力なものだと考えてよいでしょう。男性は女性よりも、動物からはるか遠く離れているように私には思えます――男性が自らの内に動物のような強力な何かを持たないということではありませんが、それが女性の場合ほど心理学的なものではないのです。まるで男性においては動物のような何かが脊髄のところで止まっているのに対して、女性においては大脳の下層にまで及んでいるかのような、あるいは男性が横隔膜の下に動物の領域を保っているのに対して、女性の中でそれは存在全体に及んでいるかのようなものなのです。男性が女性の中のこの事実に気づくと、すぐに女性の動物的な性質は自分のそれとまったく同じようなものであり、唯一の違いは女性の方がより多くそれを持っていることだと思ってしまいます。けれども、それはまったくの間違いなのです。女性の動物性には精神性が含まれているのに対し、男性の中のそれは単に暴力的なものだからです。女性の動物的側面とは、もしも私たちが動物、たとえばウマを、普段そうしているように外側からのみ見るのではなく、それそのものの内側から見ることができるならば、いかなる動物の中にも見つかるものと似た何かなのでしょう。

ウマが持つ心の生を内側から見てみれば、それは私たちにとっては非常に奇妙なものに思えることでしょう。けれども、男性は常に動物を外側から見ています――女性が自分自身の中に持っているような心の動物性を、男性が自らの無意識の中に持つことはありません。

ここでお示しできたのは、もちろん女性の心理の領域の概観だけです。それとの関連で生じる可能性のある疑問はたくさんあります。

＊

（その後、二つの全般的な流れのある議論が続いた。第一に、男性は対立するものどうしの組み合わせを分離しようと、そして女性はそれらの相対的結合を保持しようとするという事実について。そして第二に、女性が感情という特別な世界の中で獲得した意識の水準をユング博士が正当に評価していたかという点について。

第一の点との関連でシュミッツ氏が、男性と女性との本質的違いは、女性は本質に備わった両極性の感覚を有し、一方で男性は知性によってそれを得ることであるように思えるとの発言があった――別の表現で言うと、女性はいまだに無意識的だが男性は意識的であり、それが年老いた男性と一緒にいるヘレネ、あるいはアニマ像の存在の基本的な考えなのだと）

ユング博士　そうですね。男性にはそのように見えるでしょう。けれどもけっして忘れてはならないのは、女性は男性には理解できない類の意識を持っているのかもしれないということです。この事実から、男性が女性に関して犯す典型的な間違いが生じます。ヘレネは男性のものである女性にすぎません。ヘレネは男性が望む何かであって、女性が本物の女性と呼ぶような存在ではまったくありません――人工的な存在なのです。現実の女性はそれとはまったく異なる一人の人間であり、男性が現実の女性と出会って、彼女にヘレネを投影すると、ただ単にうまくいかず、惨事が避けられなくなるのです。

＊

シュミッツ氏は、女性の意識の類の中に奇妙なものなど何もなく、女性には分離しておくべき物事を混ぜてしまうという避けようもない傾向があるだけだと考えた。

ユング博士　ところが、それもまた男性の偏見なのですよ。男性が発達させてきた類の意識性は、分離や区別を志向します。けれども、女性が固守する結合の原理は、必ずしもあなたが暗に言ったような無意識性の状態とはかぎりません。もっとも、全般的に言うと意識的になることに女性が嫌悪感を示すことが多いというのもまったく事実なのですが。

*

（第二の点、すなわち女性が感情という世界で達成してきた意識性をユング博士が正当に評価していたかという点に関して、次のような発言があった。男性が集合的意識の場で達成してきた区別のことはじつに明確に示した一方で、同じ場における女性を論じた際、女性とは絶望的なまでにとらえどころのない生き物なのだという印象をユング博士が残した、と。クラスの中には次のように考える者もいた。女性は感情の価値の世界を築き上げてきたのであり、男性が知性の世界でそうするのと同じくらい、その中では見事に区別を行なっている。また、非思考的な女性に自らの知性の価値を「台無し」にされるのが、男性にとって動揺させられることだというのと同じくらい、往々にして起こりがちなことだが、非感情的な男性によってこうした感情の価値を足蹴にされるのは、女性にとっては困惑させられることである。理解を完全なものにするためには、そうした事実がよりいっそう強調されるべきだったのだ、と）

第15回

質問と議論

ユング博士　質問を取り上げる前に、クラスのみなさんに引き受けてもらいたい仕事を割り振りたいと思います。それはアニマのテーマについて書かれた三冊の本の分析です。ハガードの『あのひと』、ブノアの『アトランティード』、マイリンクの『緑の顔』の三冊です。[1] この三冊それぞれに関して、五人くらいからなる小委員会を作り、それぞれの委員会はグループが発見したことを発表する委員長を選出してください。そうしてもらえれば、このレクチャーからみなさんが何を得たのかがよくわかりますので、私としてはありがたく思います。もちろん、ふさわしいと思えるものならどのような方法で進めてもらってかまいませんが、以下の点を示唆しておきましょう。（一）クラスの中には議題となる本のどれかを読んでいない人もいるかもしれないので、その人たちのために内容のレジュメを作る。（二）次に、登場人物の性格の説明と解釈をする。（三）その後で、そこに含まれる心理学的プロセス、リビドーの変容、冒頭から最終部にかけての無意識的人物像の行動についての発表を行なう。もちろん、素材の発表には一時間くらいはかかるはずです。それから三〇分ほどかけて議論を行ないましょう。

（クラスから、三冊すべてアニマの問題に関するものにするのではなく、一冊はアニムスを扱ったものにすれば面白いのではないかという提案があった。ユング博士の推薦で、マリー・ヘイの『悪のぶどう園』[2]という小説が『緑の顔』と交代になった）

委員会は次のように選ばれた（委員長は§で示されている）。

『あのひと』
ハーディング博士§
ベインズ氏
ボンド博士
ラディン氏
ウォード博士

『アトランティード』
アルドリッチ氏§
ジーノ夫人
ホートン氏
サージェント氏
ベイコン氏

『悪のぶどう園』
マン博士§
ロバートソン氏
ヒンクス氏
ベイコン氏
デ・アングロ博士

レクチャー[3]

図5は現実にはけっして出会うことのない理想的な状態、つまりすべての機能を持つ完全な意識を想定したものです。そのため私は諸々の機能をひとつの平面上に表わしてみることにしました。中心には私が自己[4]と呼ぶ、仮想上の核があります。これは意識的プロセスと無意識的プロセスの全体性、もしくは総和を表わしています。それは心理学的プロセスの無意識の要素と接点を持つものとは見なされない自我や部分的自己とは対照的なものです。自我はパーソナリティの無意識的側面と接触点を持っていない——必ずしも接点を持っているとはかぎらない——ので、たとえ投影を差し引いてみたとしても、

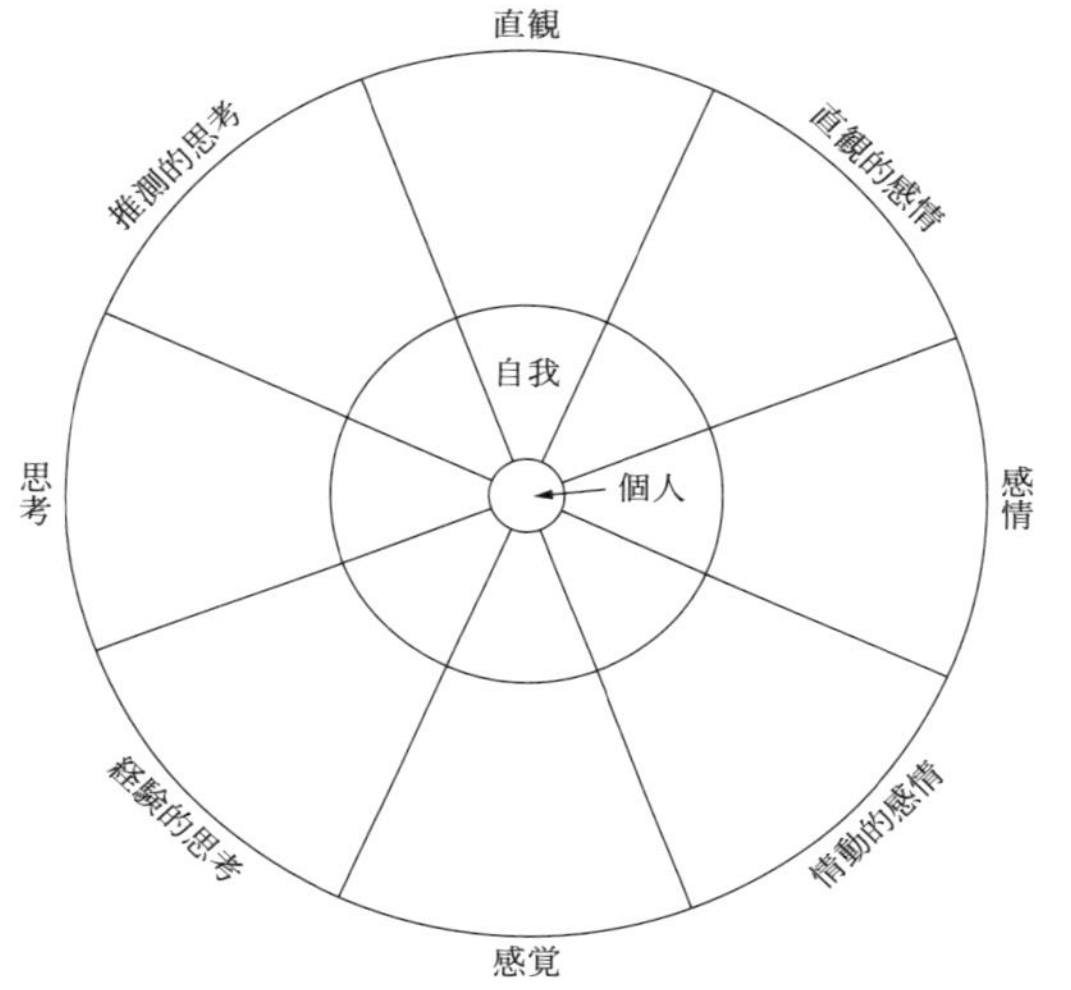

図5

私たちは往々にして自分自身について、他の人が抱くものとは相当異なった考えを抱くものなのです。私たちが自分自身にある無意識の痕跡に気づいていなかったとしても、無意識はたえずその役割を、時には強調されたそれを演じています。実際には非常に複雑な物事を、自分がそうしたことを知らずとも、行なうことができるのです——たとえば通りを歩いているとき、私は慎重に人混みの中や外を縫って進んでいくでしょう。ところが、もしも一ブロック先で誰かが「何人の人とすれちがった?」と聞いてきたら、私はまったく答えることができません。それでも、すれちがったどの人も私の精神の中に個別に刻み込まれています。ただ単に、自我と関連する結果をもたらさなかったというだけの話です。

それと同じように、私たちはめったに自分の顔の表情に対して意識的になろうとしません。外から見ている人にはまったく明らかな物事が、いつでも無意識から漏れ出ているのです。外から見ている人には、なぜ彼らにはこうもはっきり見える物事が私たちにはわからないのか、理解しがたいと思えることもあります。そして自我が考慮していないものが私たちの中にたくさん残っているかぎり、自我は精神的プロセスの全体性を代表するものとは言えないのです。

もちろん、私が存在すると考えたこの仮想上の中心が私たちに存在すると、確信することはできません。それは証明不可能な何かなのです。私たちにはひとつではなく、二つの中心があるのかもしれません。あるいは早発性痴呆の場合のように、多数の中心があるのかもしれません。ただし、それなりに正常な個人の場合であれば、物事に先立つ中心が常に存在し、何か重大なことが起こると、それはその中央政府からやってくるかのように感じられるものです。神から与えられたメッセージだとして、自分自身の中核から得られる反応を投影する人もいます。というわけで、この自己調節の中心は仮定上のものなのです。

私は図の中心点として自己を表わしましたが、それをすべてを包括するもの、あるいは世界中に広がっていくものと考えてみてもいいかもしれません。インドの哲学は私と同じように、小さなものより小さなもの、ただし大きなものよりも大きなものとして、自己を記述しています。

図を見ていただければ、私が諸々の機能を円の領域として配置しているのがおわかりになりますね。思考[5]、もしくは純粋な知性からはじめてみましょう。思考は理性的機能として、私たちが推測的思考と呼ぶもの、あるいは直観的思考によって、非理性的な機能である直観につながっています。次に、直観的感情をとおって思考とは正反対のもの、すなわち感情へと移ります。そしてそこから、感情の情動を経て直観とは正反対のもの、すなわち感覚へと移ります。情動とは生理学的条件としての感情のことで、それを感知するのは感覚です。感覚からは経験的思考と呼ばれる思考、すなわち事実に関する思考を経て、再び思考へと帰ってきます。思考から直観もしくは感覚への移行、あるいは直観もしくは感覚から思考への移行は簡単でも、思考は感情からはもっとも遠くに離れているということがおわかりいただけますね。

今度は感情の正確な観念への到達を目指すことにしましょう。ただし、以前のレクチャーで経験したとおり、これはじつに困難な課題なのです。感情の本質的性質に関して、クラスのみなさんの方から何か示唆はありませんか？

＊

（クラスからは若干の示唆があったが、答えの発見に成功することよりも、このテーマそのものへの関心の方が大きかったと言わなければならない。ある観点からは、他のすべての機能の中に存在すると必ず示されるものというやり方で、感情を定義しようとする試みがあった。また別の観点からは、定義は感情のみに適用される特徴のものでなければならないとの意見があった。分析心理学において現在受け入れられている感情の定義――その中で主体的価値が形作られる機能――では不十分であり、満足のいく定義には主体と客体のあいだの動的存在の模範が含まれていなければならないという点に関しては、全般的な同意が得られた。時間の終わりになっても、クラスはまだこの議論に没頭していた。ユング博士は彼自身の観点を簡単に要約するよう求められた）

ユング博士　感情とは一方では非思考的な理解の仕方であり、他方では動的関係だというのが私の考えです。

第16回

ユング博士　機能全般に関して、さらに明確にしなければならない点がいくつかあると思います。今回は、現実との関連の中での四つの機能についてお話しすることにしましょう。それぞれの機能は現実の特定の側面を主体にもたらすものだというのが私の考えだからです。さて、この図（図6）は仮想上の中心から生じ、そして全体で主体を構成する、四つの主機能を表わしています。

主体とは客体の世界に浮かんでいる存在であり、客体を抜きにして考えることなど不可能なものです。通常、私たちは外的世界に属する物事だけを客体と見なしますが、主体が接点を持つ心の中の客体も同じくらい重要です。意識から滑り落ちた、忘れられた、あるいはいわゆる抑圧された、すべての意識的内容、そしてすべての無意識的プロセスは、この心の中の客体という部類に含まれます。自分自身の意識の中にある機能の部分と、意識の外であっても心的活動の領域内にある部分とが、常に存在しているものなのです。

こうした心の中の客体の中には、実際に私が所有しているものもあります。私がそうした客体のことを忘れてしまうとき、それらを失くしてしまった家具にたとえることができるでしょう。けれども一方で、中には私の心的環境へ侵入してくるもの、集合的無意識からやってくるものもあります。あるいは侵入者は外的世界からやってくるかもしれません。その例として直観を挙げてみま

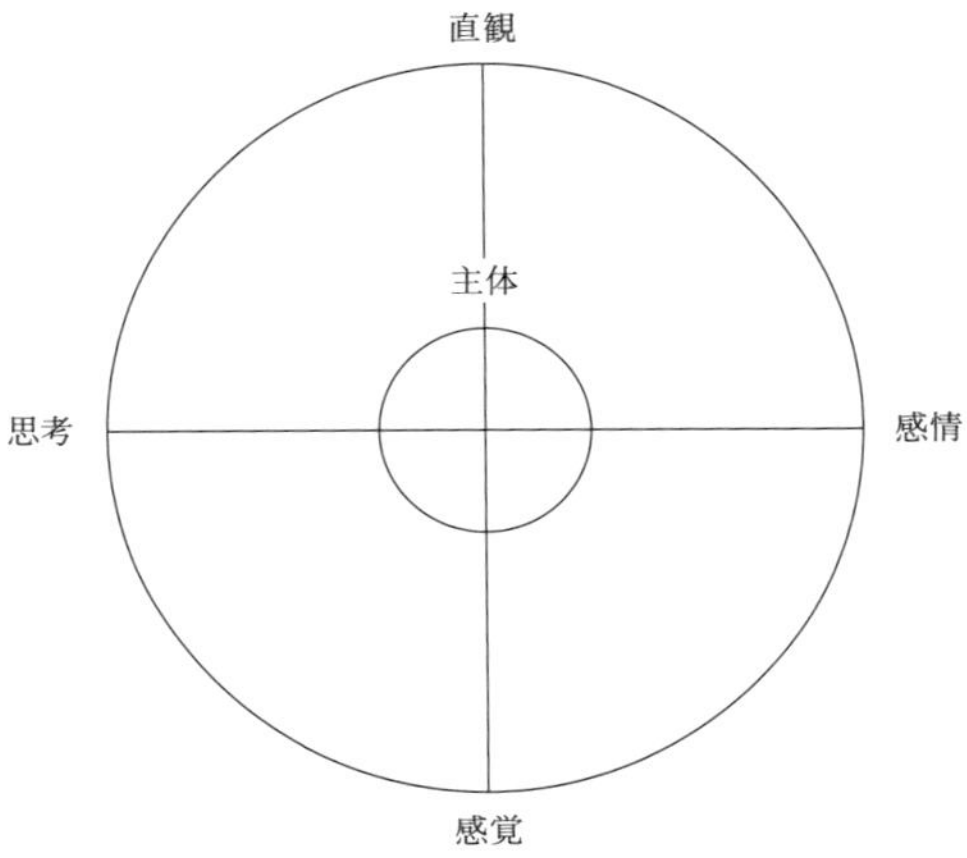

図6

しょう。これは無意識的なものであり、それゆえ私自身から生じる客体かもしれません。あるいはそれは周囲にある何かによって、外側ではじまったものかもしれません。

当然ながら、外的世界が諸々の機能に影響を及ぼさないままでいるなどということはありません。感覚には確信が伴うものですが、もしも感覚が主観的なだけで、現実に根づいていなければ、そのようになることはないでしょう。もちろん、確信という感覚のすべてが外的客体から生じる影響に左右されるわけではありません。病理学的な事例で見られる幻覚や妄想がその証拠となるように、そこに強力な主観的要素も存在しているという場合もあります。けれども、感覚によってもたらされる確信のうち、より大きな部分は現実の中の主観を超えた、あるいは客観的な事実と感覚とのつながりに由来するものです。感覚が語るのはあるがままの現実であって、そうであったかもしれない現実でもそうであるかもしれない現実でもなく、現にそうであるとおりの現実です。したがって、感覚とは現実についての静的なイメージのみを与えるものであり、それこそが感覚タイプの人の基本的な原理なのです。

次に、これと似た確信という感触は直観にも含まれています。ただし、これは現実に関する異なる種類の感触です。それが語るのは可能性の現実性であり、直観タイプの人にとってそれは、静的な事実が持つ現実性とまさに同じくらい、絶対的な現実性なのです。その可能性が実際に生じるか、それとも生じないのかを確かめることによって、私たちは直観の妥当性を確かめることができます。直観が到達した何百万もの可能性はこれまで実際に実現されてきました。ですので、直観タイプの人にとって、現実のある側面、すなわち動的な現実を理解するための手段として、自らの機能を評価するのは当然の話なのです。

理性的機能となると、事情が異なってきます。思考は間接的にしか現実に基づいていませんが、にもかかわらず同じくらいの確信を伝えることができます。考える人にとって、観念以上に現実的なものなど存在しないのです。思考タイプの人が自らの判断のもととする一般的、もしくは集合的な観念が存在していて、私たちはそれを論理的様式と呼んでいます。ただし、論理的様式とは根底にある何らかの観念から派生したものであり、別の表現で言うと元型的な起源へと遡るものなのです。この元型的起源の歴史を突き止めるのはじつに困難でしょう。けれどもいつの日か、人類が今日そうであるよりも知的になることがあれば、きっとそれが突き止められるはずです。ただし、私たちにも可能な大まかな方法で思考の歴史を辿ってみても、原初的イメージの存在がどの時代にも認識されていたことはすぐにわかります。カントにとっての原初的なイメージはヌーメノン、すなわち「物自体」でした。プラトンにとっての原初的イメージはエイドラ、すなわち世界が存在する前から存在し、世界の中のすべてがそこから派生するモデルのことでした。

だとすると、思考とはイメージの現実性から派生したものだということになります。ですが、イメージとは現実性を持つものなのでしょうか？　この問いに答えるために、自然科学の分野へと向かってみましょう。自然科学の分野では、イメージが持つ力に関する豊富な証拠が発見可能なのです。ミミズを二つに切断すると、頭部のついた側は新たな尾を生やし、尾のついた側は新たな頭部を生やすことになります。サンショウウオの目の水晶体を壊すと、新たな水晶体が発達することになります。どちらの場合も、有機体は何らかの方法でそれ自体の内部にその全体性のイメージを携えていて、その全体性は破壊されても再建される傾向を有しているのだと考えざるをえません。成長したオークの木がドングリの実の中に含まれているという事実も、それと同様に全体性のイメージの原理を示唆するものです。もちろん、一部が取り除かれたときに全体の統合性を再建する原理が作用する範囲には限界があります。置き換えられるのは、もともとのものよりもアルカイックな型のものです。そのため全般的に言うと、分化した形態が除去されると、その代理となる器官はよりプリミティヴな水準に逆行すると言っていいでしょう。心理学的にも、それと同じことが起こるのです。より分化した機能を脇に置くと、私たちはたちまちアルカイックな水準へと遡っていってしまいます。議論の過程のようなきわめて単純な物事の中にさえ、それが見られることがあります。論理的思考によって納得させることができなければ、私たちはそれを断念し、よりプリミティヴな手段に訴えるようになります。声を荒げたり、言葉じりを捕まえたり、皮肉になったり、辛辣になったりするのです。別の表現で言うと、上品な道具で上手くいかなかったら、私たちは情動というハンマーやトングを手に握るようになるということですね。

イメージという問題に戻ると、それらに含まれる原理に相当する何かは自然の中に見出されます。この考えを思考のみに適用すれば、イメージとは静的なものだと見なされることになります。偉大な哲学者たちは永遠なるものとして、そうしたイメージについて語ってきました。思考の根底にあるのは、このような静的なイメージなのです。お望みとあれば、それをロゴスと呼んでもいいでしょう。

すでに見てきたとおり、感情にも現実性の確信があります。つまり、感情とは主観を超えた事実に関連するものなのです。一定の側面から見れば、感情は思考と似ているかもしれません。ただし、それは単に見せかけ上のことで、本当のつながりではありません。たとえば自由という概念を取り上げて、それが非常に抽象的かつ静的な概念だということを示すことは可能です。つまり、それを観念のままにしておくことができます。けれども、自由とは強力な感情を伝えることも可能なものです。同じように「わが国」という言い回しは、抽象的に受け取られる場合も、情動的に受け取られる場合もあります。このように、私たちが抱く一般的な観念の大半は感情的価値でもあり、また知的イメージでもあります。ですので、感情の根底にある事実は動的なイメージだと言ってもいいでしょう。つまり、作用するのはイメージであり、それには動機づけの力があるのです。感情を抽象的に述べてみても、人の心は動きません。それは静的なものです。もしも私が神のことをあらゆる変化するプロセスの不変の全体性と定義したとしましょう。まったく静的な考え以外に、私は何を得たことになるでしょうか？　けれども、神のことをきわめて強力な動的イメージとして想像するのは簡単なことです。動的イメージの全体性はエロスを利用することができるからです。

要約してみましょう。以下の四つの種類の現実について考察してきました。（一）感覚を通じてやってくる静的な現実、（二）直観によって明らかにされる動的な現実、（三）思考によって与えられる静的なイメージ、（四）感情によって感じられる動的なイメージ。

四つの機能を発見するという事実は世界について述べることに等しい。つまり、世界には現実に関するこれら四つの側面がある。私はそう考えています。世界が調和なのか混沌なのか、私たちに知る術《すべ》などありません。私たちが世界について知っているかぎりにおいて、すべての秩序は私たち自身の手で世界の中に置かれているからです。もうひとつの、あるいは複数の異なる機能が存在することになるように世界が変化していく可能性について考えることは可能でしょう。ただ私自身は基本的な観点となる可能性のあるものとして、これらの考えを提示しているのです。

さて、感情について私がどう考えているかはわかっていただけましたね。

「感情をどのようなものと見なすのかに関して、クラスの中から意見の提出があれば、それについて議論したいと思うか」とのご質問がありました。もちろん、ぜひそうしたいと思います。それはこの主題の中へと踏み込んでいくための有益な方法となるでしょう。ただしこの場合、感情というものを過度に主観的に理解することのないようにと注意を促しておかなければなりません。いずれの機能タイプの人にも感情を見るための特別な方法が存在していて、感情に関して言うと、他のタイプの人にとっては間違っている何かを発見しがちになってしまうのです。機能に関してもっとも反論があった論点のひとつは、感情とは理性的なものだと私が主張したことです。私の本を読んでくれたのは主に知識人たちでしたが、もちろん彼らには感情をこのような側面から見ることは不可能でした。彼らの中にある感情は無意識からの要素に汚染されてしまっていて、それゆえに徹底的に非理性的なものだからです。同じように、かなり発達した感情を持っているが、その人の中に直観もあるという場合、感情は非理性的な機能だと見なされることになります。

　一番強力な機能を主に用いて生を解釈しようとするのは人の宿命です。それがどれほど強力な機能だったとしても、たったひとつの機能だけで主体を超えた世界を把握することなどできないのだということを、誰かに納得してもらうことがまったく不可能な場合もあります。思考タイプに関して、ある男性からこのことをじつに印象的な形で実感させられたことがあります。男性は強迫神経症[1]の問題に関して、私のところに相談にやってきました。彼は私にこう言います。「先生がぼくのことを治すことができるとは思わないんですが、なぜ治すことができないのかを知りたいんです。いずれおわかりになると思いますが、ぼくが自分自身に関して知らないことなんて、何ひとつないんですから」。そしてそれが本当だということがわかりました。自分自身という事例をじつに驚くべき知性で覆い隠してしまっていたのです。フロイト派的な観点で言うと、男性は完全に分析されていました。もっとも遠く離れた幼児期にまで遡っても、探索されないままの片隅など存在していなかったからです。しばらくのあいだ、なぜ彼が回復できないのか、私自身もわかりませんでした。そこで私は経済的状況について尋ねるようになったのです。それは彼がザンクト・モリッツからやってきて、ニースで冬を過ごした後のことでした。私は彼にこう尋ねました。「働かなくても生きていけるくらいのお金を得ることができたのですか?」。この点に迫られたことで彼は気を悪くしましたが、ついには真実を言わざるをえなくなりました。すなわち、彼は働くことができず、自分自身でお金を稼いだことなど一度もなく、一〇歳も年上の学校の教師から支援を受けていたのです。彼の言い分はこうです。それは自分の神経症には何の関係もない。自分はその女性を愛していて、彼女も自分のことを愛している。二人とも状況についてよく考えてきたのだし、問題などない、と。この女性に対してブタ同然に振る舞っているということを彼に理解させることも不可能でした。彼がヨーロッパ中で酒を飲んで大騒ぎしているあいだ、彼女の方はほとんど無一文の状態で過ごしていたのです。自ら喜んで言うとおり、物事全体をしっかり「考え抜いた」のだから事は済んだはずだとすっかり納得しきって、彼は私の部屋を去っていきました。

ただし、感覚タイプの人もこれと同じくらい簡単に現実を犠牲にしてしまう場合があります。姉の夫と恋に落ちてしまった女性がいると考えてみてください。彼は義兄であり、そして義兄とは恋に落ちてはならないものです。それゆえ、事実はけっして意識の中に受け入れられることはありません。話し合われるのは、あるがままの状況がコントロールしている、あるがままの事実だけです。背後にある可能性は慎重に排除されるにちがいありません。こうして二人は二〇年以上過ごした後に、分析によってようやく情事の真相へと達することになるのです。

直観タイプの人がいかにして現実を無視することができるのかについては、これまで何度もお話ししてきました。感情タイプの人がいかにしてそれと同じことができるか、同じくらいたくさんの例を挙げることも当然可能でしょう。もしも感情にとって物事が不愉快なものであるならば、感情タイプの人はいともたやすくその現実性を通り過ぎていくことになるのです。

女性は男性よりもエロスと結びついています。ですので男性が、たとえ知的な人ではなかったとしても、思考に関して何らかの見解を抱く傾向があるのとちょうど同じように、女性は感情に関して何らかの見解を抱く傾向があります。だからこそ、男性と女性がお互いを理解し合うことは難しい。女性には感情を現実と同一のものとみなす傾向があり、男性は論理的な供述にいつまでもしがみつくものなのです。

＊

ここまで、私たちは主体について、それが時間は経っても不変のものであるかのように話してきました。けれどもご存知のとおり、身体とは四次元の実体であり、第四の次元とは時間です。もし四次元の世界が空間的なものだったならば、私たちの体はミミズのようなものになってしまうでしょう――二つの点のあいだの空間の中で引き伸ばされるものに。図7では空間、すなわち三次元空間を移動する、ある個人の姿を示そうとしてみました。個人を単なる静的実体として理解することはできません。個人に関する完全な見解を得ようとするのであれば、時間という要素を追加しなければならないのです。時間は過去と未来とを意味します。ですので、過去の出来事の結果としての現在の構造、そしてそれと同時に新たな傾向の出発地点と理解される現在の構造を付け加えたときに、はじめて個人は完全なものとなるのです。この考えにしたがえば、過去の魔力によって現在に尻込みする個人と、自分自身の先を行きすぎる個人という、二つのタイプを理解できるようになります。後者は彼らの傾向によってのみ理解可能なものなのです。

ここまでの図表は無意識を無視したものになっていましたが、図8ではこの無意識の要素を考慮に含めてあります。この図は完全に発達した思考タイプを想定したものです。その人の中では感覚と直観が半ば意識的に、そして半ば無意識的になっています。そしてその人の中で、感情は無意識の中にあります。そうしたタイプの人が感情を欠いているということではありません。それが意味しているのは、思考に比べて感情がコントロールされておらず、性質的に爆発しがちだということ、そしてそれゆえに、普段はまったく目立たないが、突如として本人を完全に憑依してしまうということにすぎません。

図9では、一方では外的客体の世界と関係し、また一方では集合的無意識のイメージと関係する個人を描いてあります。第一の世界、すなわち外的客体の世界と彼をつなぐのがペルソナです。ペルソナは内側からの力と外側からの力がお互いに作用し合うことによって育くまれます。ペルソナを意識的なパーソナリティの樹皮と考えてもよいでしょう。別の機会に示唆しておいたとおり、自分のペルソナがどのようなものであるべきなのか、必ずしも自由に選択できるわけではありません。自分の意識的パーソナリティに作用する力を完全にコントロールすることなど不可能だからです。

この意識的パーソナリティの中心にあるのが自我です。

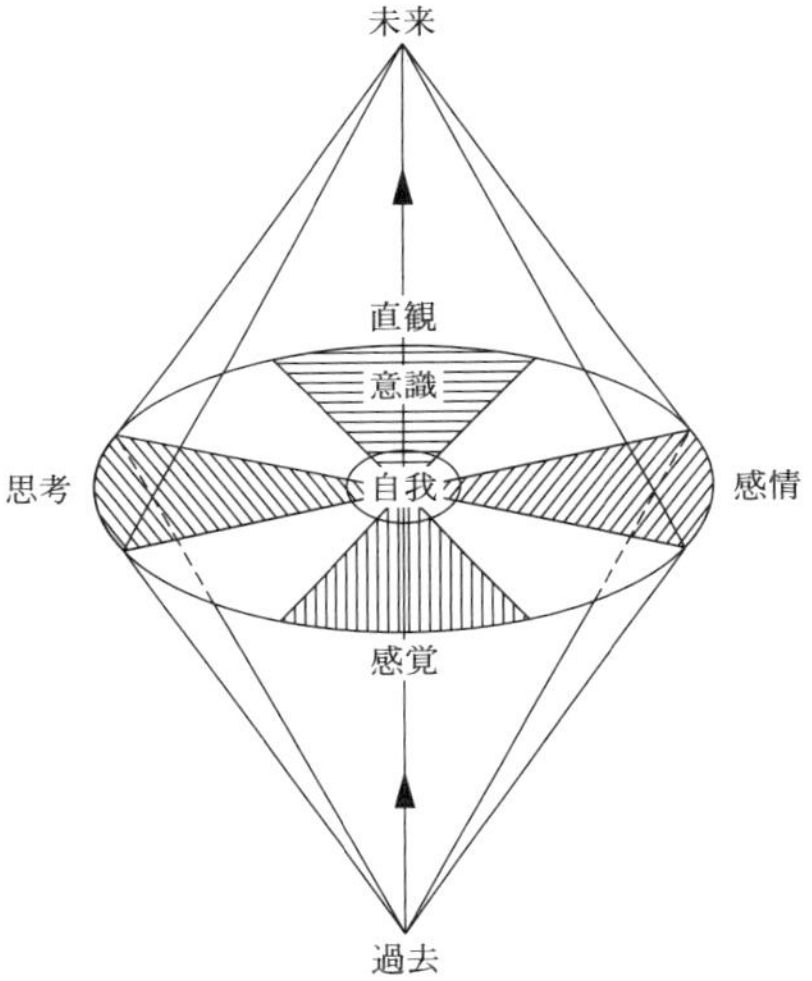

図 7

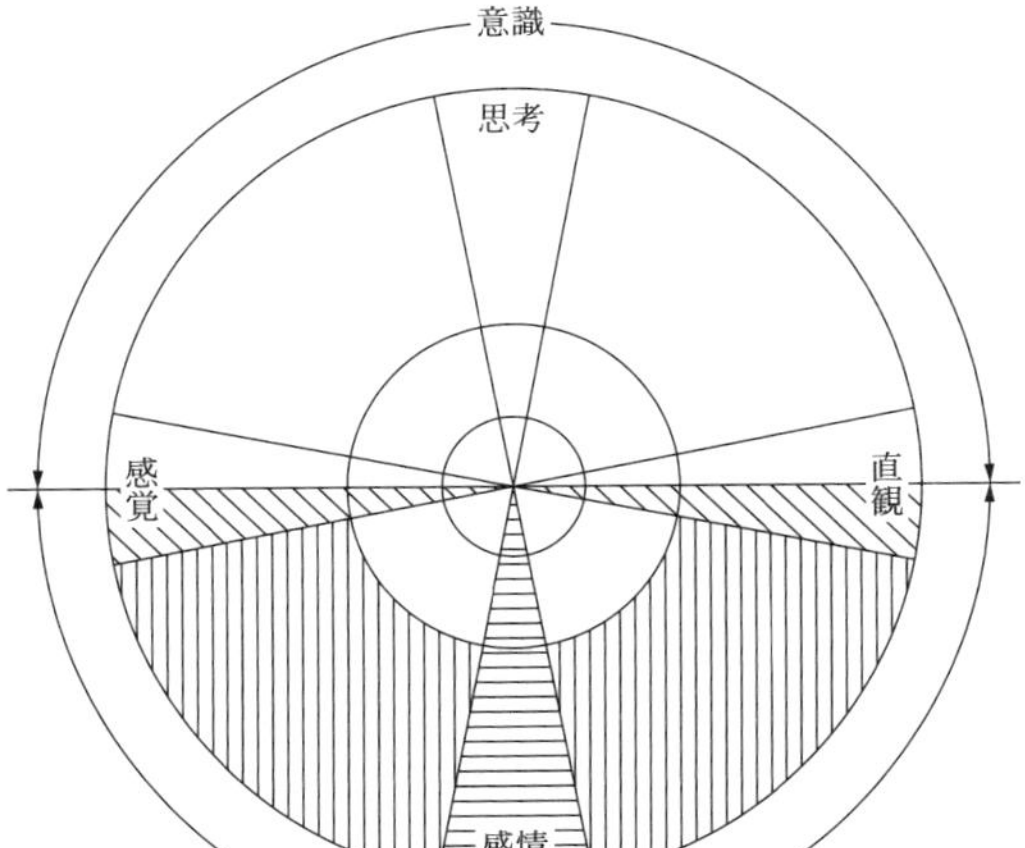

図 8

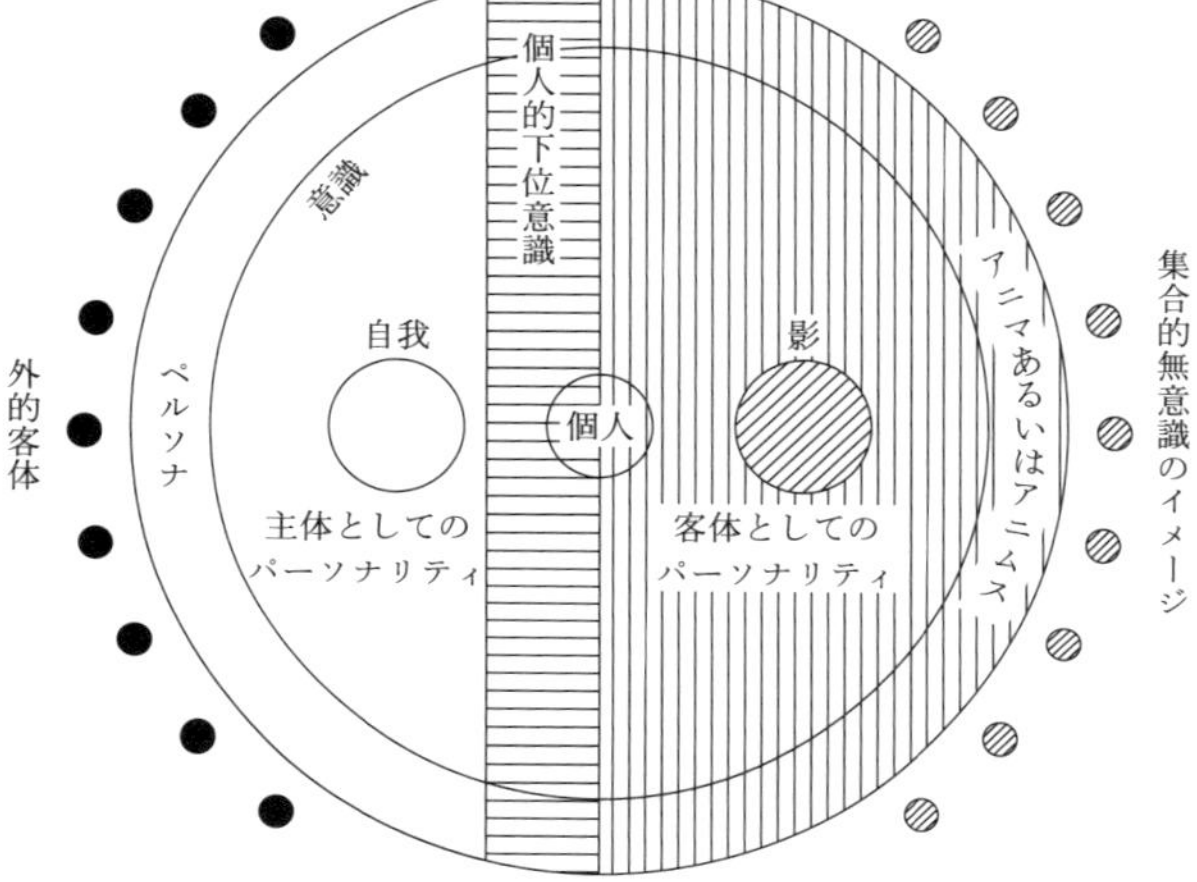

図 9

この自我の「背後」にある層をめくってみれば、個人的下位意識に達することになります。私たちが抱く、両立しえない願望やファンタジー、幼児期の影響、抑圧された性愛性、つまり端的に言えば、私たちが何らかの理由で意識の中に保持することを拒絶するすべてのもの、あるいは私たちが意識から失ってしまったすべてのものが、そこには含まれています。中心には仮想上の核、もしくは中央政府が存在していて、意識的自己と無意識的自己の全体性を表わしています。

次にあるのは私たちの中に存在するとおりの集合的無意識――私たちが自らのうちに携えている民族的経験の部分です。それはカベイロイやドワーフの住処であり、私たちには彼らの姿が見えません。姿を見られると、彼らは私たちに仕えることをやめてしまうのです。[2] 夢の中では、この領域におけるもうひとつの仮想上の中心がよく姿を現わします。それは通常、友人に投影される自分自身の目立たない像です。無意識とはこのような賛辞をたやすく送るものだからです。私はそれを影の自己と呼びました。プリミティヴな人々は影とのあいだに、一連の複雑な関係を展開させてきました。それは影の自己という私の考えをじつに見事に象徴化するものです。プリミティヴな人々にとって、他者の影を踏むというのはけっして許されることではありません。それと同じように、私たちも他者の弱点、すなわちその人が恥じ、それゆえに視界から外した物事にはけっして触れてはならないのです。プリミティヴな人々はこう言います。「正午に外に出てはならない。影が見えないのは危険なのだ」。私たちはこう言いましょう。「自分の弱点がわからないときは気をつけた方がいい」

意識的自我とは主体としてのパーソナリティであり、影の自己とは客体としてのパーソナリティだと言ってもいいでしょう。後者は私たちの中にある集合的無意識の部分から成り立っていて、何らかの影響力として私たちの中に姿を現わす物事を含んでいます。予測することも適切に説明することもできない影響を、私たちは人々に及ぼしているからです。本能は自分自身のこの民族的側面から離れるよう警告してきます。自分の中にある祖先から受け継いだ生を自覚すると、私たちはばらばらになってしまうかもしれません。祖先の人々が憑依し、死へと追いやられてしまうかもしれないのです。プリミティヴな人々は言います。「亡霊を自分の中に入れてはならない」。この言葉が伝えているのは次のような二重の考えです。「来訪者を自分の無意識の中へと入れてはならない。ただし、祖先から受け継いだ魂を失ってもいけない」

私たちが集合的無意識と呼ぶものに関して、プリミティヴな人々が抱く畏敬の感情はじつに大きなものです。彼らにとって、それは亡霊の世界なのです。エスキモーの探検家が語った次の逸話は、呪術医にさえ共有されていた、この畏敬の念の一例です。[3] 探検家は北極エスキモーの小屋にやってきます。小屋の中は、ある男性を病気にしている亡霊や悪霊を追い払うために、病人に呪術がかけられている最中でした。呪術医が狂ったように辺りを飛んだり走り回ったりして、大きな物音が続きます。ところが探検家の姿を見ると、呪術医はすぐに落ち着き払ってこう言ったのです。「こんなの全部でたらめさ」。呪術医以外の人間がそのような呪いが行なわれている小屋に近寄るはずなどないと思われていたので、彼は探検家のことを別の呪術医だと思い込んでしまったのでした。笑って、何もかもでたらめだと言い合うことは、亡霊と戦う呪術医にとっても習慣となっているのです。ただし、それは彼らが本当にそう考えているからではなく、一種の厄除けの冗談としてそれを利用しているからです。自分自身の恐れから彼らを守っているのは、婉曲語法の性質なのです。

　集合的無意識に対する私たちの中のこうした本能的な恐怖は大変なものです。集合的無意識から押し寄せるファンタジーの持続的な流れが存在する場合もあります。その流れが止められないときには危険信号がやってきます。これが生じるのをかつて経験したことがあるのなら、その人は深い恐れを感じることになります。一般的に言うと、私たちはこうした物事に関する想像をそれほど多く働かせることがありませんが、プリミティヴな人々はそれについてよく知っています。ほとんどの場合、私たちはその上をただ漂うだけとなるまでに、そこから切り離されてしまっているのです。

　次に、集合的無意識の位置づけという相当な慎重さを要する課題に関してですが、これは脳だけで理解可能なものではなく、交感神経系も含むものと考えなければなりません。脊椎動物として受け継いだ——つまり脊椎動物の祖先たちからやってきた——その部分だけが、中枢神経系の範囲内にあると理解可能です。それ以外の部分は心理学の領域の外側にあります。非常にプリミティヴな動物の層が交感神経系を通じて受け継がれたと考えられています。一連の脊椎動物のものである比較的後期の動物の層を表わすのが脳脊髄系です。もっとも新しい人間の層は現在の意識の基盤を形成しています。集合的無意識はこのようにして意識の中へと到達するのであり、集合的無意識を心理学的なものと呼ぶことができるのはここまでです。「心理学的」という用語がこのように用いられることを、少なくとも理論上は意識のコントロール下に置かれる可能性があるこうした要素のために、私たちは保持したいと思っています。これに基づけば、集合的無意識の本体は厳密には心理学的なものではなく、身体的[ii]なものと言うべき何かなのです。このような区別はあまり何度も繰り返してよいものではありません。集合的無意識を脳の「外側」にあるものとして語ったときに、私が思考停止に陥ったと見なされてしまうことがありましたからね。このように説明した後であれば、集合的無意識とはおそらく自分の内側でも外側でもある、主体を超えた事実を通じて、常に影響を及ぼしているものなのだということが明確になるでしょう。

集合的無意識は内側にある事実を通して、どうやってみなさんに影響を及ぼしていくのか。例として次のように述べてみましょう。ある男性が屋外のどこかに座っていて、その近くに一羽のトリが舞い降りてくると考えてみてください。また別の日に同じ場所にいると、似たようなトリがやってきます。このとき、トリはじつに奇妙な形で彼の心を揺さぶります。二羽目のトリには神秘的な何かがあるのです。素朴な人であれば、二羽目のトリが持つ普通ではない影響力は、一羽目のトリが作り出したありふれた影響力と同じように、外的な世界に属するものだと考えるはずです。プリミティヴな人であれば「一羽目のトリはただのトリだが、二羽目のトリは「医」のトリだ」と言って、二つの影響力を区別するでしょう。けれども私たちには、「医」のトリが有する普通ではない影響力とは集合的無意識から、つまりその男性の内側からそれへの投影によるものだということがわかります。

通常であれば、外的世界へのこうした投影を通じてしか、集合的無意識のイメージが意識化されることはありません。たとえば、外側からやってくる普通ではない影響力と出くわしたと考えてみてください。その影響力を分析すると、それが何らかの無意識的内容の投影に相当するものだということが明らかになり、したがって私たちはそうした内容を理解することになります。いま述べた事例は、主に自我、もしくは意識と一致している個人を想定するかぎり、ありふれたものです。けれども、個人が自らの影の側面の方により傾いていて、投影がなくとも無意識的内容の直接的な――つまり自律的な――動きを理解できるという場合もあります。ただし、もしも個人が自らの正常な自我と一致しているならば、無意識のそうした自律的な――つまり投影や外的な影響力によって解放されるものではなく、自分自身の内側に起源を持つ――現われでさえも、外的世界の中に存在するものであるかのように本人には思われるのです。別の表現で言うと、その神話的、もしくは精神的な経験は自分自身の中に存在するものであり、そうした経験の形式がどのようなものに見えたとしても、それらは実際には外的世界からやってくるものではないのだということを理解するには、無意識ときわめて密に接触し、それを理解することが必要なのです。

　ここまで議論してきた図、つまり図9を用いれば、分析のことを説明できるでしょう。分析家はペルソナを通じて接近します。特定の挨拶の仕草が行なわれ、挨拶の言葉が交わされます。こうして、意識の入り口へとやってくるのです。それから意識的内容を慎重に調べ、個人的下位意識へと達します。そこで発見される物事の多くが意識的なものではないということに、医師が驚かされる場合がよくあります。観察する側からしてみれば、あまりにも明確なもののように思えるからです。先ほど示唆しておいたとおり、個人的下位意識のところでフロイト派の分析は終了します。個人的下位意識で済ませたのなら、過去の因果論的影響の調査で済ませたということです。次に再構成の側面へとやってくる必要があります。集合的無意識がイメージで語るようになり、無意識的客体の意識化がはじまるでしょう。下位意識が隔てている壁を崩すことに成功すれば、影は自我と結合可能となり、個人は二つの世界の媒介となります。いまや自分自身のことを「こちら側」からも「あちら側」からも見ることができるようになるのです。ここでは影の自己の意識化は十分ではありません。[4] 無意識的なイメージを自由に使えるようになることも必要なのです。いまやアニムスやアニマが活発になりはじめ、アニマは年老いた男性の像を連れてくるでしょう。こうした像のすべてが意識的な外的世界へと投影され、無意識の客体は外的世界の中の客体に相当するようになり、それゆえ外的世界、つまり現実の客体は神話的性質を帯びてきます。このことが意味するのは、生が途方もなく豊かになるということです。

＊

　パーソナリティの「地質学」についての質問を受ける機会がこれまでたくさんあったので、私は何とかこれを絵にしようとしてきました。図10は、何らかの共通の水準から姿を現わす個人を描いています。海から姿を現わす山頂のようなものですね。何らかの個人どうしの最初の結びつきは家族の結びつきであり、次に数多くの家族を結合する部族、その次にさらに大きな集団を結合する国家がやってきます。そのあとに考えられるのは「ヨーロッパ人」という題目のもとに含まれるような、国家どうしが結びついた大集団です。さらに下に降りていくと、

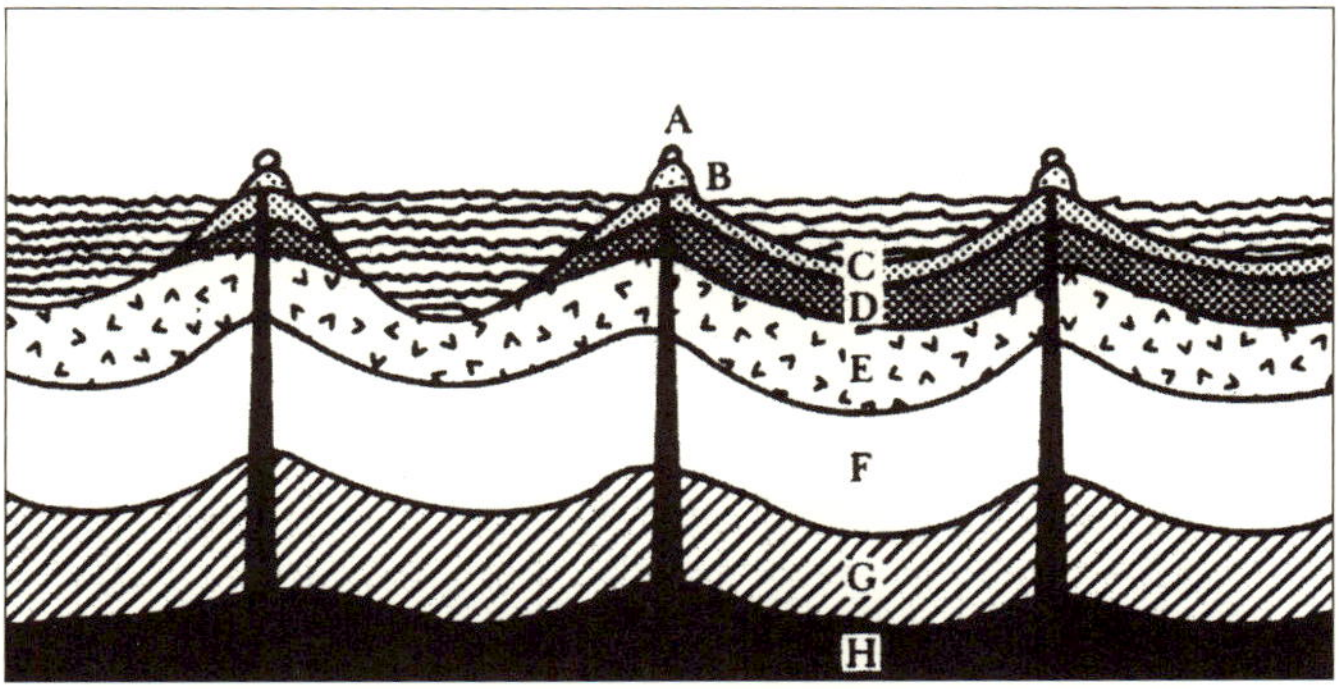

A ＝ 個人　E ＝ 大集団（たとえばヨーロッパ人）
B ＝ 家族　F ＝ 霊長類としての祖先
C ＝ 部族　G ＝ 動物一般としての祖先
D ＝ 国家

図 10

サルの集団、あるいは霊長類としての祖先の集団と呼んでもよいような何かへと達することになります。そしてその後には、動物一般の層がやってきます。最後にあるのは中心の火であり、図が示すとおり、私たちはいまでもそれとのつながりを保っているのです。[5]

第16回　補遺

主体と外的客体との関係についても、主体と無意識的イメージの世界との関係についても、私が述べたことに関する相当な誤解が存在してきたように思えます。レクチャーに追加する形でクラスに配布した補助的素材の中で、こうした点を明確にできていたら幸いです。ただ、それらはきわめて重要なものなので、たとえ遠く離れたところへと導くものであったとしても、さらに追求しておくのがよいと思います。主体と外的客体との関係という問題をさらに解明していくために、これを歴史的に見ていくことにしましょう。これは太古の昔から哲学者たちが議論してきたテーマです。古代世界が抱いていた観点は「事物の中の存在」という思想です。自分自身の外側に知覚する物事はすべて完全に「外側」であり、それをどのように知覚するかに左右されることはまったくありません。私たちの目から、客体を照らし、可視化する放射が存在するかのようなものであって、この見解は何かを見るということの主観的側面をほとんど認識していません。今日であれば教養のない人が抱く観念です。

この考えに続いたのが「理性のみの中の存在」、すなわち私たちが見ているのは頭の中のイメージであって、それ以外の何物でもないという考えです。事物を超える何かは存在するのかという問いは未解決のままにされています。これでは唯我論へとつながることになり、世界は巨大な幻覚となってしまいます。

私たちの考えは「魂《アニマ》の中の存在」です。[6] この考え方は私たち自身の外側の世界の客体性は認めますが、この世界に関して私たちが知覚できるのは自らの精神の中で形成されるイメージだけだと考えます。私たちは客体それ自体を見ることはありません。私たちが見ているのは、私たちが客体に投影するイメージなのです。このイメージは実際どおりの事物と必ずしも十分に似ているわけではないということを、私たちはよく知っています。たとえば、音が波でできていることに疑いの余地はありません。ただし、私たちがその波を音として知覚するのは、それが一定の速度、たとえば一秒につき約一六回までの場合のみです。振動が一六回、もしくはそれ以上に速い場合、私たちは波を知覚することなく、音を聞くことになります。その速度以下の場合、私たちには音は聞こえず、肌の上で空気の振動を感じることになります。同じことが光にも当てはまります。適切な装置を用いて調べると、光は波の性質を有しています。けれども、私たちの目に見える光とはそのようなものではまったくありません。このことが明らかにしているのは、私たちが知覚するとおりの世界が、いかに主観的なイメージ——私たちの中にあるイメージ——なのかということです。ただしそれと同時にこのイメージは、その絶対的性質は私たちの五感から独立していて、私たちには知覚することができない、ものそれ自体と関連しています。このイメージはものそれ自体と本質的に関連しているのです。私たちが知覚するものは何であれ、心の中のイメージです。その意味では外的現実でさえ私たちの頭の中にあるということになりますが、ただしそれはその意味に限った話です。主観的イメージとしての世界について語りすぎるような真似は避けなくてはなりません。そんな真似をすると、超越的観念論を支持しているという印象を伝えることになってしまいます。超越的観念論は実際には「理性のみの中の存在」なのです。

「魂の中の存在」は私たちが世界を知覚することの主観的性質を認めるものですが、それと同時に主観的イメージこそが、個人の実体、あるいは意識の実体と未知なる客体とのあいだにある不可欠な結び目なのだという前提は明確に保持しています。こうした場合の主観的イメージとは、意識の実体と未知の客体とのあいだの緊張から生まれる一種の超越機能の最初の現われなのだとさえ私は考えています。

いわゆる外的現実のイメージに関して述べたことは、集合的無意識のイメージに関しても言わなければなりません。すなわち、それらは絶対的に存在する外的客体の影響と関係するものであり、またそれらに対する心的反応なのだということです。外的現実のイメージと元型との唯一の違いは、前者が意識的なものであり、後者が無意識的なものだということです。もっとも、分析の手続きによって私たち自身の中から「掘り出される」ことができなくても、元型はいわゆる外的世界の中に姿を現わしてきます。ただし、同じ分析的プロセスは外的現実にも適用可能であり、それらがいかに主観的なものであるかがわかるのです。

外的現実のイメージと元型とのあいだには他にも違いが存在します。外的現実のイメージとは私たちの意識的記憶、および私たちの人工的な回想——本や記録など——の内容を作り上げるものであり、一方で元型とは主観的な感覚イメージへの反応の記録です。意識的な記憶において、私たちは物事を主観的にそうであるとおりに、つまり実際の事実の記憶として記録しますが、無意識の中では意識において事実を知覚した際の、それに対する主観的反応を記録しています。そのような反響にさえも層、つまり反応に対する反応が存在し、それらが精神の地層を形成しているのだと私は思っています。

例を挙げてみましょう。キリスト教が時代を超えて存続してきたという事実は、私たちの無意識的精神の中に何らかの反応を残してきました。これを反応bと呼ぶことにしましょう。これは反応aと呼ぶことのできるそれとは別の反応、すなわちキリスト教に対する私たちの時代を超えた意識的関係に対する反響です。無意識の地層に達し、元型として私たちの精神の中で生きつづけているのは、この反応b、すなわち意識的反応に対する反響です。

この反応bがすでに元型に基づいて形作られるものなのですが、その元型は単純な形で作られ、その後に新たに堆積されるものによって作り直されていきます。あるいは別の例を挙げてみましょう。この世界の中で、もっとも規則的に繰り返される出来事は日の出と日の入りです。私たちの意識はこの現象の現実的な事実のことを記憶していますが、私たちの無意識は英雄神話という形式で、数え切れないほどの日の出や日の入りのことを記録してきました。英雄神話とは、日の出と日の入りという意識的イメージに対する私たちの無意識の反応の仕方を表現したものなのです。反応aが外的世界のイメージを形成するにつれて、反応bは集合的無意識を形成していきます――それを蜃気楼の世界や、鏡の中の世界のようなものと呼んでもよいでしょう。

ただし、集合的無意識の価値を間接的な起源のひとつにすぎないものとしてしまったのでは、その価値を貶めることになってしまいます。集合的無意識を以下のように直接的現象として、つまり独自の何かとして描くことのできる、別の考え方もあるのです。外的世界のイメージの背後に絶対的実体が存在すると考えるのと同じように、知覚する主体の背後にも実体が存在すると私たちは考えざるをえません。そちら側から考えはじめると、私たちは集合的無意識こそが反応a、最初の反応、世界の最初のイメージであって、意識は間接的なものにすぎないと言わなければならないのです。

『あのひと』[7]

クラスの事前の会合で、ラディン氏が『あのひと』の物語を、登場人物の説明を添えて紹介した。分析は次回の会合に持ち越され、以下はその記録である。

分析はハーディング博士が行なった。ハーディング博士は、委員会はこの本を既往歴の供述の素材を提示したものとして扱い、そしてホリーを著者ハガードの意識的側面と見なし、物語の中で示される素材を通じてホリーを分析することにしたと述べた。行なわれた分析はじつに徹底的なものであり、以下はその概略にすぎない。

ホリーは学者としての生活に腰を据えて然るべき、人生の時期に達していた。すなわち、彼は知識人の絶対的な一面性に身を捧げようとしている。ちょうどそのとき、無意識からの呼びかけがやってくる。彼が放棄した生のその他すべての側面が、彼からの注意を得る最後の努力のために結集する。ドアをノックする音、無意識のこうした胎動は、その時点では触れることのできない謎の物体、および生きている何か、すなわちレオを連れてきた。レオは生の新たな方向性をホリーに強いる。謎の物体は二〇年にもわたって眠ったままとなり、それが再び取り上げられる。小箱が開かれる。ホリーは自らの無意識の内容を考慮することに同意し、ひとつの層、またひとつの層と、それらを通り抜け、ついには陶器の欠片とスカラベに達する。小箱はホリーの問題を明らかにしている。それは太古の昔から何度も追体験されてきたもの、すなわち生を意味する物事とは対照的な、慣習的なモラル性だからである。

ホリー、およびいま生まれつつあるホリーの若さに満ちた側面であるレオは、コール人の地へと旅立つ――ホリーは無意識の中へと深く、さらに深く進んでいき、ついにアニマ像「あのひと」と出会う。「あのひと」はホリーが自分の精神の中に入ることを認めてこなかったありとあらゆる物事を支配する存在である。「あのひと」が見つかり、ついにはホリーが彼女のことを愛したとき、ホリーはしばらくのあいだ狂気の縁に立つ。ホリーは自らの無意識の象徴を外的世界に負わせる可能性について考える。すなわち「あのひと」をイングランドへと連れていくことはできるだろうか、と。

コール人の地での数え切れないほどの冒険はすべて、ホリーの心理学的発達の道のりにおける重要な出来事である。冒険は炎の柱の中で焼かれるという試練で頂点に達する。二人、つまりホリーとレオは賢明にもその試練の危険を冒さないことに決める。ホリーには彼に必要な根本的な変化への準備が整っていない。しかし、ホリーが出発したときのありふれた自分に戻ることはけっしてない。ある程度、生の内的な意味を発見したからである。

＊

ユング博士　『あのひと』に関する発表をしてくれた委員会のみなさん、およびハーディング博士に感謝いたします。すばらしい考えを披露してくれました。みなさんの報告を、私はとても楽しく拝聴いたしました。

さて、若干の批判をしたいと思います。なぜ、みなさんはホリーを主人公だと考えたのですか? 少なくとも、この点に関してはその他の見方も可能です。著者は間違いなくレオを主人公として描いたのだと私は思います。この事実は第二巻できわめて明確に示されています。そこではレオはひとつのパーソナリティとしてはるかに発達した状態であり、中心的な人物となっています。ただしそれはもちろん、いま私たちが議論しているこの巻における著者の意図が成功したのかどうか、あるいはそれは単に著者の観点にすぎないのかという問題であり、ハーディング博士がホリーを主人公だと考えたという事実は、ハガードがそれに成功しなかったということを示唆しています。

ハーディング博士　大切なのは、レオが物語の主人公なのか、それとも心理学的に言って英雄なのかということなのではないでしょうか?

ユング博士　もちろんすべてはハガードのファンタジーです。そしておそらくハガードはレオよりもホリーの方に近い存在なので、主人公はホリーだと言っていいのかもしれません。ただしそれでも、ハガードはレオを物語の主人公にしようとしています。現実においてハガードはあまりにもホリーに近い存在であるがゆえに、レオは影のような存在、相対的に言ってあまり発達していない人物像に留まっています。別の表現で言うと、ハガードはレオを生きてこなかったのです。

残念ながら『あのひと』のタウフニッツ版[8]には、ある詩が含まれていません。この詩は英語版には掲載されていて、実のところハガードと物語との関係に関する手がかりを与えてくれるものなのです。「あのひと」に捧げられたこの詩の中で、ハガードはこう述べています。破れた恋の墓場が見つかるのは、そして「あのひと」が住んでいるのは、コール人の地でも洞窟の中でも、あるいはいかなる神秘の土地でもなく、心の中なのだ、と。この詩はハガードが「あのひと」をどういう存在にしようとしていたかを明らかにしています。これは恋愛の物語なのです。ハガード自身の恋愛の物語と言ってもいいでしょう。ただしそれは意識の側から与えられたものではなく、無意識の側から、何かしらの意識的経験から生じた反響として生じたものなのです。もちろん、これは内向的な作家の習慣です。だからこそ『あのひと』にはこうした無意識的反応を露わにするものとしての価値があります。明らかに著者は、満足のいく形で実ることのなかった、何らかの恋愛の経験をしていたのでしょう。その経験こそがハガードに『あのひと』の問題を残したのです。同じ問題は彼の著作の大半を通じて続いています。おそらく、それはハガードがアフリカにいたころに起こった出来事なのでしょう[9]。

　ホリーをある無意識の人物像、レオをそれとは別の無意識の人物像、ハガードの性格の別の側面と見なすこともできるでしょう。ホリーを主人公としても、先ほどのお話のとおり、この本の中のある感触からはそう離れていないことになります。さきほど述べたとおり、ハガードはホリーと同一化していたからです。ホリーと同じように、おそらくハガードは恋愛の重要性を理解していなかったのでしょう。実際にそのようなことが生じると、つまりある人物が情動的な経験をして、それを十分真剣に受け取ることを拒否すると、それは無意識の中に素材を積み重ねるということを意味します。明らかに、ハガードにはこれが当てはまっていたのでしょう。

　さて、議論してみたい細かな点がいくつかあります。なぜこうした古代の素材が浮かび上がってきたのか、何か考えのある方はおられますか？

コリー氏　それは集合的無意識からやってきたものです。

ユング博士　そうですね。でも、なぜそれが浮かび上がってくるのでしょうか？

コリー氏　内向的な人の場合、遅かれ早かれ必ずそれが問題となります。

ユング博士　いえ。必ずしもそうとはかぎりません。

シュミッツ氏　『あのひと』をヴィクトリア朝時代、とくにヴィクトリア朝的な女性に対するハガードの反発と見なすことは可能でしょうか？　ライダー・ハガードは何度も外国を旅した人でした。イングランドで発展した女性に関する馬鹿馬鹿しい考えを転覆させ、すべての女性は自分の中に何らかの「あのひと」を有しているのだという事実を展開させるのに、彼は特にうってつけの人物だったのです。

ユング博士　おっしゃることの中に、部分的にではありますが、要点につながるものが含まれています。もしもライダー・ハガードがプリミティヴな国々を旅していなければ、集合的無意識があのような特殊なあり方で活性化されることはなかったでしょう。その反応はそれほど活発なものではなかったはずです。もちろん、集合的無意識が強力に刺激される可能性のある方法は他にも存在します。精神病を患っていたのなら、その人の無意識の中にいわば穴が作られていたということであり、集合的無意識が突破してくる可能性はいつでもあります。ただし、これはハガードには当てはまりません。ハガードの無意識は彼のまわりにあったプリミティヴな生によって命を吹き込まれたものでした。プリミティヴな国々がそこにやってきた文明人に与える影響を見るのはたいへん興味深いことです。インドからイングランドへと帰国する行政官の多くは、脳に火傷を負って帰ってくるのだそうです。ただし、それはもちろん気候とは何の関係もありません。彼らの生命力がそうした異国の雰囲気の中へと吸い込まれてしまったというだけの話です。何もかもが反対の方向に置かれた国の中で、こうした人たちは自分が教育を受けた標準を維持しようとして、その緊張が彼らを破綻させてしまうのです。

現地の女性と長いあいだ交際した後で、植民地から帰国した男性の治療をいくつか担当したことがあります。こうした体験の後では、ヨーロッパの女性を愛せなくなってしまうのです。この男性たちはありとあらゆる症状、たとえば消化不良などでやってくるのですが、実際には現地の女性によって解離させられてしまっていたのです。プリミティヴな人々であれば、彼らは魂を失ってしまったのだと言うところでしょう。これを説明するのに非常に適切な物語があります。その他の点ではお粗末なアルジャーノン・ブラックウッドの作品の中の物語です。同書の表題は『途方もない冒険』[10]、その物語は「エジプトへの転落」というものです。男性はただ単に姿を消し、ヨーロッパ人としてはいなくなってしまいます。

ライダー・ハガードの中の集合的無意識が凄まじい勢いで噴出した理由はこうしたことだったのです。プリミティヴな人々と接点を持ったことによって生じるものだという事実は、恋愛の問題を複雑化します。ただ、アフリカで生活したという事実は彼の恋愛の問題をどのように複雑化した可能性があるでしょうか？

シュミッツ氏　おそらく「あのひと」は、たとえばディケンズが描く女性とは正反対の、願望充足と見なすことのできる存在なのでしょう。もちろんハガードが「あのひと」のような女性を欲していたわけではないでしょうが、それでも彼は部分的には「あのひと」が必要なのだということを理解していたはずです。つまり、女性が完全であるためには、プリミティヴな側面が必要なのだ、と。先ほどの男性の事例とまさに同じようなことです。

ユング博士　ただ、女性とはどのような存在であるべきかに関して、もしもハガードがそうした考えを持っていたのなら、それは自らの問題に関して彼の助けとなっていたはずです。

シュミッツ氏　それが何なのか、ハガードにははっきりとはわかっていなかったのです。だからこそ、無意識がこうした欲望を生み出した。

ユング博士　自らの無意識の中をそうして手探りすることから、『あのひと』は展開していったということですね。けれども、なぜアフリカにいる男性には恋愛の問題を扱うことがより困難になりがちなのでしょうか？

ロバートソン氏　アフリカの状況が古いやり方で自分の感情を扱うことを困難にするからではないでしょうか？

ユング博士　そうですね。過度に特殊な方法で眺めるのでもなければ、そうした言葉で言い表わせるでしょう。つまり恋愛の問題に対する男性の態度が変化し、そしてそれがその人にとって本当に恐ろしい問題となってしまうのです。

ベイコン氏　プリミティヴなアニマをプリミティヴではない女性に投影するということが問題なのではないでしょうか？

ユング博士　まさにそのとおり。そんなことが生じると、プリミティヴではない女性は完全にヒステリー的になってしまいます。

アニマの投影の問題は全体として非常に難しい主題です。もしも自らのアニマを投影できなければ、その男性は女性から切り離されてしまいます。すこぶる立派な結婚生活を送っていたとしても、そこには炎の閃光が存在せず、その人は自分の生の中に完全な現実を取り入れていないというのが真実なのです。

さて、物語へと戻りましょう。レオの父親については、どのように理解されますか?

ハーディング博士　伝説の中のかつての主人公の一人という点を除けば、私たちは彼についての解釈を行なおうとは思いませんでした。

ユング博士　確かに、レオの父親は存在感のある登場人物ではありません。実際のところ、物語がはじまるとき、彼はちょうど姿を消すところですね。ただし、それ自体が重要なのです。心理学的に言うと、英雄が登場するときには父親は去らねばならず、さもなくば英雄の発達が深刻に妨げられるとわかっているからです。私がこれに言及しているのは、ハガードのファンタジーはぞんざいに扱っていますが、エジプトの宗教の中ではそれがきわめて重要なものだからです。たとえばオシリスは死者を支配する亡霊となり、彼の息子のホルスが昇りゆく太陽となります。それは永遠の主題なのです。

シュミッツ氏　自分自身の道へと入ることができるようになる前に、息子は父親をその道から取り除かなければならないのだということの見事な例が、フリードリヒ大王の事例に見られます。父親が死ぬまさにその日まで、フリードリヒ大王はまったく女々しい性格の持ち主でした。クービン[11]もまた、父親が亡くなるまでは何も書くことができませんでした。

ユング博士　男性の生において、それはまさにきわめて重要な瞬間なのです。息子が父親の死によって自らの生へと解放されるのではなく、神経症になってしまう場合もよくあります。神話はそれがきわめて重要な瞬間だという事実に注目しているのです。実際のところ、生におけるこうした重要な瞬間はすべて、神話の中で具体的に描かれてきました。神話とはそうした問題の只中で人間が発見した平均的な解決を明らかにするものだからです。

小箱については、みなさんはじつに適切な解釈をなさったと思います。引き出しの中に小箱があるという事実は、複雑なプロセスを示唆していますね。

カリクラテス[12]の愛に関して言うと、物語全体が太古の昔に予見されていたということに気がつかされます。それはなぜでしょうか?

バーティン博士　それが個人的な物語ではなく、元型的なパターンの繰り返しだからです。

ユング博士　そのとおり。それは永遠の真実です。男性とは何度も何度もこうした役割を演じるものだと述べているのです。これは無意識の素材が浮かび上がってくることの、もうひとつの原因です。ただ、再びよみがえるのはどの元型でしょうか？

オシリス、イシス、ネフティスの神話です。オシリスは昼の女王イシス、および夜の女王ネフティスと共に、母親ヌトの子宮の中にいて、子宮にいるあいだに彼は二人の妹と性的に交わったと神話は述べます。ここには永遠に繰り返されるモティーフ、すなわち英雄の愛をめぐる二人の葛藤があるのです。ですので「あのひと」とアメナテスのあいだには葛藤が存在するということになります。『あの人の帰還』[13]でもこの葛藤が再び浮かび上がっています。このときは「あのひと」と、レオとの結婚を望むタタール人の女王とのあいだの葛藤です。これもまた昼と夜のあいだの葛藤ですが、このときになってはじめて「あのひと」がイシスの役を演じることになり、タタール人の女王はネフティスの役を演じています。これはアフリカがハガードの中に呼び覚ました元型なのです。ハガードはきわめて「上品」な男であり、彼の結婚生活はきわめて慣習的なものであったにちがいありません。けれども『あのひと』の行間からは、彼がほぼ確実に別の女性を愛しているということが読みとれます。

著者の中のレオとはどのような存在でしょうか？　ホリーは相対的に言えば年老いた男性であり、実際のところ彼は年を重ねすぎていて、問題に含まれるリスクを冒すことのできない、知の年齢に達しています。だからこそ、ハガードは若さに満ちたレオという人物像を創り出したのです。レオは愚かな若者にすぎない存在ですが、まったくの紳士でもあります。その若さによって、レオは年老いたホリーを補償し、ホリーが用心深くなることを可能にしています。危険を冒すのは常にレオであり、あやうく熱い壺をかぶせられそうになる場面でさえもそうです。

熱い壺をかぶせられることの意味が何か、おわかりですか？

シュミッツ氏　頭脳をとらえる情熱の熱を意味しているのではないかと思うのですが。

ユング博士　では、それは何を意味するのでしょうか？　狂気です――一般に言うとおり、支離滅裂な状態に陥いることです。集合的無意識に対してそうした反応をしなかった人を、私はほとんど知りません。最初のうち、過去は死者のように見えます。けれども近づくにつれて、過去は私たちをとらえるようになるのです。古い家を例としてみましょう。最初のうちはその古さに感激させられても、少しずつ神秘の雰囲気がそのまわりに集まるようになり、それから知らないうちに「亡霊」を手元に置いてしまうことになります。その家の何かが私たちの中の無意識を活性化させてしまったのです。ほんの少しのリビドーが与えられれば、集合的無意識は私たちにとって途方もない魅力を帯びるようになります。別の例として、歴史が私たちの精神に対して有する力のことも考えてみてください。

ラディン氏　ウォルター・スコットは過去が人の意識的な適応を飲み込んでしまった事例です。アボッツフォードに引っ越して、言わば歴史に夢中になりながら生きるようになったとき、すべての財産と、生を方向づける力を失ってしまったのですから。[14]

コリー氏　「あのひと」は自分の王国はイマジネーションによるものだと述べています。

ユング博士　そうです。イマジネーションに身を委ねると、事実上、周囲のことを完全に忘れてしまいます。すぐに自分自身の考えを述べることができなくなり、そうなると精神病院への道がはっきりと見えてきます。集合的無意識が近くにあるときには、現実への架け橋を作り出すために、何らかの表現の形式を学ばなければならないのはそのためです。さもないと、しがみつくことのできるものが何もなくなり、個人は解放された力の餌食となってしまいます。人々が集合的な何かに夢中になっていても、自分の考えを投げ入れることのできる形式を提供することができれば、彼らは正気に戻ってくることができるのです。

そしてそれこそが熱い壺をかぶせられることの危険なのです。それはプリミティヴな人々の振る舞いです。プリミティヴな層はあまりにも薄いので、簡単にあなたを打ち負かしてしまうのです。

ジョブについてのみなさんの解釈は妥当だと思います――ありふれた、真っ当な男性とは喜んで道に迷うものなのです。これはホリーが二度と大学教員にはなれないと言うのに等しいことです。ジョブを失うことの埋め合わせとなっているのが、レオが「あのひと」の上着を受け取ることです。レオは上手い具合に「あのひと」から何かを受け取りますが、その前にホリーは自らの慣習的側面、つまりジョブを手放さなければなりません。

　みなさんはアステーンについては、何も述べておられませんね。

ハーディング博士　それはすでに話すべきことが多すぎたのと、アステーンは比較的重要ではないように思えたからです。

ユング博士　そうですね。彼女は実際のところ死んでしまいました。

　ノート、ビラリ、そしてホリーについては適切に、つまり老賢者の像として位置づけられていたと思います。ホリーは彼らの中でもっとも人間的な存在です。ハガードにはホリーを通じて自分自身を老賢者と同一化する傾向が見られます。ただし、ホリーの人物像の中にあるのは現実の知恵よりも、むしろ衒学趣味です。レオが死にかけていたあいだ、ホリーが墓を探索しなければならなかったのはかなり典型的なことですね。

　ユニコーンとガチョウについての一節についてもお話しになっていましたが、それはどの箇所ですか？

ハーディング博士　いいえ、ライオンとワニとの戦いのすぐ後に撃たれたのは、ユニコーンではなく、ガチョウです。ガチョウの頭部には骨棘があり、私はそれをユニコーンと関連づけたのです。

ユング博士　ご指摘のとおり、ガチョウの殺害は間違いなく聖杯物語のそれと同じモティーフです。それは来たるべき出来事に関する予兆、あるいは前触れです。来たるべき出来事は自らの前方に影を落とすと古代の人々は常に考えていました。ここで動物が殺されます。実際のところ、それは神話的な動物なのです――つまり本能のことです。それが殺されると、誰かが目を覚まします。パーシヴァルの物語[15]では、白鳥を撃つことによって、無意識的英雄であるパーシヴァルが目を覚まします。『あのひと』の中では、主人公たちが目を覚まし、自分たちの目の前にある尋常ならざる物事に気づきます。象徴的に言うとトリは精神の動物であり、それゆえ無意識性は精神の中に存在するのです。

　不死という主題について、もう一言。これはアニマの問題と密接につながっています。アニマとの関係を通じて、人はより大きな意識性を獲得する機会を得ます。それは意識と無意識の機能の全体性としての、自己の理解へとつながるものなのです。この理解には自己を構成しはじめる新たな単位に加えて、受け継がれた単位の認識が伴います。つまり、ひとたび意識と無意識の意味をともに理解すれば、私たち自身の生を作るために費やされてきた、祖先から受け継がれた生を自覚するようになるのです。

そうなると自分の人間としての前段階だけではなく、動物としての前段階のことも理解するようになるでしょう。集合的無意識に関するこうした感触には、終わりなき生の刷新という感覚が伴います。それは世界の薄暗い夜明けからやってきて、そして続いていくものなのです。ですので、私たちが自己を完全に理解できるようになると、それに伴って不死という感情がやってきます。分析の中でさえ、そうした瞬間がやってくるかもしれません。時代を超えた自らの生の持続という感覚に到達することが個性化の目標です。それは現世における永遠という感情を与えてくれるものなのです。

ハーディング博士の指摘のとおり、この男性たちには炎の柱への準備ができていません。「あのひと」の現象全体は同化されておらず、課題は彼らの前にあります。彼らは無意識と新たに接触し直さなければならないのです。

『悪のぶどう園』

委員会を代表してマン博士が『悪のぶどう園』の報告を行なった。ここに提示するのは、物語の心理学的側面に関して彼女が述べたことの概要だけである。現実に基づいて言うと、物語は現実の関係性が存在する可能性のない結婚について語っている。メアリーは女性としての自らの本能を抑圧し、ラティマーと結婚する。ラティマーは彼女を完全に魅了してしまった知的な世界を表わす人物だからだ。メアリーは彼を愛してなどいない。恐れてさえいる。彼女よりも二〇歳年上のラティマーは彼女の中に若さの復活を求める。彼が彼女にもたらすのは感情ではなく、性愛である。結婚以前からあったと思われる彼の奇妙な特徴は、シェル・ショックを経て、神経症へと進行していく。その神経症において、ラティマーはイタリアの伝説的傭兵隊長の罪を再体験しなければならなくなる。

ラティマーは投影されたメアリーの無意識を表わし、簡単に言うと彼女にとってのアニムス像である。そのためメアリーはまったく無力で、本当のあり方で他の男性を愛するようになるまで、ラティマーから自分を解放することができない。

象徴的に考えると、これはアニムスの邪悪な側面に屈してしまうが、最終的には肯定的側面の登場によって救われる女性の物語である。全体を通じて、メアリーは心理学的には著者と同一の存在だと見なされた。

委員会は同書のより深い心理学的意味に達することに失敗し、彼らが失敗してしまった理由はメアリーと出会ったときのラティマーが正常ではなかったと見なした点にあるというのがユング博士の意見だった。そのような見方を支持する十分な証拠は存在せず、そのように物語を理解すればあまりにも多くの制限を作ってしまうことになるとユング博士は考えた。より深い水準で、物語を理解しなければならない、と。

ユング博士　委員会の中の男性の方から話を聞きたいと思います。ベイコンさん、いかがですか？

ベイコン氏　私にとって興味深かったのは、もしも私が象徴を正しく読みとることができていたら、いえ、自分にそれが可能だとは思わなかったのですが、もしもそれが可能だったら、著者について何かとても興味深いことを知ることができたのではないかと思ったことなのです。私が思ったのは、著者である彼女は何かひどい経験をしたことがあったにちがいない、この本は彼女の私的な問題を反映したものなのだということでした。

ユング博士　この本を著者本人の物語そのものだと理解するのは間違いだろうと私は思います。著者がどの程度まで内的な動機づけからこの物語に達したのか、彼女がどれくらいカーサ・ディ・フェーロ[16]の伝説を引き継いだのか、本当のところはわからないのです。著者はスイスに居住したことがあって、スイス人の生活についてはよく知っていたようです。著者が既製のあらすじを引き継いでいたのだとすると、それを症状的なものと言うのは公平ではないでしょう。ですので、著者本人の葛藤に関する直観は退けてよいと思います。『あのひと』の方はそうした観点から理解してよいものでしたが、今回はつながりが非常に曖昧なのです。ホリーに関してハーディング博士がそうしたとおり、この物語を主人公の観点から理解した方がよいでしょう。ですので、まずはこの若い女性の観点から、そして次にラティマーの観点から、この物語を分析していきたいと思います。二つの側面から見ることで、まったく異なる物事が明らかになります。私が知るかぎり、著者とアニムス像とのあいだの直接的関係を立証することが可能な本というものは存在しません。ただし、この点にこそ問題の重要な部分が示されているのです。著者は女性の心理を主人公の女性の中に込めたのだと考えてよいでしょう。この女性が経験したことをアニムスの発達を再現してみることも可能です。

マン博士、ラティマーは適切なアニムス像だと思われますか？

マン博士　そう思います。ラティマーは力にまつわる人物像だからです。

ユング博士　ラティマーは力にまつわる人物像になったのだと言う方が事実に近い。私はそう思います。最初、ラティマーは知の源として彼女を惹きつける教養ある男性、知を表わす男性として登場します。アニムスは必ずしも力にまつわる人物像とはかぎりません。一方で、アニマは通常、力にまつわる人物像です。アニマは最初からそのようにして姿を現わすものなのです。

ところが、委員会のみなさんもそう提示なさったと思いますが、知に対する女性の反応は必ずしも力にまつわる反応ではありません。それはじつにもっともな渇望なのです。精神的な側面に飢え、もっともな形でそれを求めて年上の男性のもとへとやってきた若い女性の姿を、著者はここで示そうとしたのだと私は思っています。もちろん、世界とはそうした状況を常に選んで、そこから恋愛の物語を作るものであり、若い女性が愛以外の何かを求めて男性のもとにやってくることなど許しません。こうしたことが現実に男性の身に生じると、その男性は往々にして間違った想定をしがちになります。もちろん、その想定が間違っている場合よりも、正しい場合の方が多いでしょう。ただしそれでも、若い女性が何かを学ぶということに関心を抱く真剣な例が数多く存在するということは認めなければなりません。つまり私は、メアリーはラティマーから知識を得ようとしていたのだと思うのです。

そのとき、悲劇的な状況がはじまります。ラティマーはメアリーが知識に関心を抱いているとは考えませんでした。彼女が男性としての彼を欲していて、彼を罠にかけるためにそうした関心を偽っているのだと思ってしまったのです。ここには悲劇的な葛藤があります。ラティマーにはメアリーが本当に知識に関心を抱いているのだということがわからず、それゆえ彼は彼女を罠にはめてしまいます。次に生じるのはメアリーの間違いです。彼女は自らの本能に気づいておらず、彼のことを少しも愛してなどいません。誤解しているとラティマーに伝えるのが彼女の義務だったのかもしれませんが、彼女は彼を自分と結婚させてしまいました。彼のことを愛してなどいないと伝えることもありません。

メアリーは自らの本能を無視してきました。そのため、本能が暗闇の中で成長しはじめます。するとアニムスが働きはじめ、この瞬間からアニムスは彼女の無意識のプロセスに有害な捻れを加えるようになります。それまで彼女は何の問題もなく、最初からラティマーに自分のアニムスを投影してきました。それはただ単に生じた何かだったのです。もしも状況が真剣に受け取られていたならば、うまくいっていたかもしれません。けれども、メアリーに対するラティマーの態度は何もかも間違ったものでした。盲目的なものだったからです。メアリーが本当は彼のことをどう思っているのか、ラティマーはまったく気づくことなく、彼女が恋人として彼のことを求めているのだと誤解してしまいました。自分自身の本能についてしっかりと自覚している男性であれば、そのような誤解をすることはありません。けれども、明らかにラティマーはアニマを完全に抑圧しつつ、自らの精神の中で生きる、非常に知的な男性でした。メアリーと会うと、ラティマーの中のそうしたものがすべて彼女の中に流れ込んでいきます。彼は立ち止まって、状況の現実を理解しようとはしませんでした。ところが、メアリーはラティマーの投影を引き受けようとしなくなり、ほどなく彼は彼女の中で自分には理解できない何かが育っていることを感じはじめます。そしてそこで、アニマとアニムスの戦いがはじまるのです。

葛藤に関して、まずはメアリーの側から取り上げることにしましょう。メアリーは自分の本能に無自覚だという点で、無知という罪を犯しました。自然は無知を言い訳としてまったく考慮しません。単純に、それを罪として罰するのです。自然とはあるがままに状況を扱うものであり、その人が予謀をもって間違った道を選んだのか、それとも単にそれに陥ってしまったのかなどということには関心を払いません。メアリーの側の本能に関する無知は、受け継がれた罪のようなものだと言ってもいいでしょう。彼女が受けた教育はすべて、生きる上での知識を排除する線に沿ったものだったからです。メアリーの家族は彼女を無意識のままにしておくためにできることはすべて行ないました。彼女は女性が果たすべき役割のことを、何もわかっていませんでした。メアリーは男性に対してまったく無邪気に嘘をつき、まるで妻になったかのように振る舞っていますが、実際には妻になどなっていないのです。

このような結婚においては、まず最初に男性の側に性愛性の激しい噴出が生じることになるでしょう。男性の中のプリミティヴな人間が目を覚まし、自分の本能に従わせるために女性のことを打ちのめしてしまうのです。当然ながら、それはまったくの間違いです。絶望的なまでに間違っています。けれども、男性はそのように突き動かされるのであり、自然な男性であれば誰しもそのようにするでしょう。女性はアルカイックな女性の立場になり、そうなると男性の動物的な情欲が駆り立てられることになります。アフリカのある地域の黒人の女性たちは、男性との性的な諍いの中で受けた傷跡を、誇らしげに露わにします。すると男性は残忍な方向へとはっきりと突き動かされてしまいます。けれども、教養のある男性にはそれを永遠に続けることなどできません。それに打ち負かされ、性的不能になってしまうのです。

抑え込むことが可能なかぎり、その女性は動物として生きているということになります。女性は獣性の犠牲者となり、そこから動物としての何らかの満足を得ます。けれども男性と同じく、女性にとってもそのような低い水準に留まることは不可能であり、それが破綻へとつながるのです。

すると何が起こるでしょうか？　出口のなくなったリビドーがいっせいに無意識の中に入ってくると言ってもいいかもしれません。無意識は彼女が温め、孵化させる卵となります。では、この卵の中にあるのは何でしょうか？　女性的な本能性です。この暴君から女性を解放するためにやってくる若い男性の人物像をめぐるファンタジーが生じるようになります。自分が冷酷な暴君に捕らわれた身なのだという主題を伴うファンタジーが先へ先へと続いていきます。若い男性、および黄金の籠に小さなトリを押し込んだ年老いた男性をめぐるこのようなファンタジーを、私は何度も目撃したことがあります。

メアリーはこうしたファンタジーに耽り、それを温めつづけているのですが、自分がなぜそうするのかをわかっていません。このような状態にある女性が意識的であることは滅多にないのです。目を覚まし、自分の精神の中で何が起きているのかわかるようになるのは、おそらく四〇歳、もしくは四五歳以降になってからでしょう。ただし、あらゆることに関して深刻なまでに無知でありつづけるのが通常です。こうした無意識的な性愛的ファンタジーが形成されるのはそのためです。それらは無意識のコンプレクスが発生するのにもってこいの素材を用意するものなのです。これは個人的無意識の中ではじまることです。最初の性的経験の際に、メアリーは気がついていたかもしれません。多くの女性はこの形で意識的になります。ただし、暴力的な性愛性が生じた場合、パーソナリティのより深い層が開かれることになります。これはまさしくサルの時代にまで遡るものです。リビドーは表面を後にして、深いところへと降りていきます。

この地点に達すると、女性はファンタジーを包み込むために歴史的素材を用いるようになるでしょう。「夫に無理やりさせられたのです」と言う代わりに、そうした悲劇が生じた古い時代の物語を作るようになるのです。この歴史的要素は集合的無意識を表わしています。そうなると、そうした歴史的要素がその特定の時代を選んだ理由を見極めなければなりません。そして今回の場合、それは問題となっている特殊な心理が中世の観点の中にあるからなのです。一方、アニマの抑圧がはじまった歴史上の場所を探し求めて遡っていくと、中世をはるかに超えて、キリスト教の背後にある非キリスト教性にまで導かれることになります。ここで立ち入るには複雑すぎる主題ですが、アニマの抑圧は男性の集合的家畜化の問題と関係しているというのが私の考えです。そうした状態を作るためには、アニマが抑圧されなければならなかったのだ、と。『あのひと』におけるカリクラテスの物語が冒頭で古代に設定されている理由がこれです。もっとも、それはバビロニアやエジプトほど古い時代ではありません。

どちらの国も、厳密に言うと国家というものを知らなかったからです。バビロニアの神殿がその証拠となるように、王は神の水準に位置していました。一方の端には王が、もう一方の端には神がいたのです。エジプトの彫刻の中には、王が神々に命を下している姿が描かれているものもあります。当然ながら、このような状態では国家は成り立ちません。それはただ単に、マナの恐怖による群衆の統治にすぎないものです。ギリシャのポリスにはそのようなものは存在しませんでした。国家のはじまりが見出されるのはこの場所です。ただし、もしもアニマが支配していたなら、国家の形成は不可能だったでしょう。ですが、抑圧とはどのようにして徐々に進行していくものなのでしょうか？　契約を結ぶ。あれこれの条件では戦わないことを誓う。武器を下ろす。大声でしゃべることを止める。非常に礼儀正しくなる。他人の影を踏まない。プリミティヴな人々のあいだでは、このような形で進行していくのです。こうして忍耐力が成長する機会が得られます。これらを遵守することを通じて、男性のアニマは抑圧されることになったのです。

今回の場合、本能の抑圧の要因は中世の心理にありますので、それがなぜなのかを探るためには中世まで振り返らなくてはなりません。この主題に関して、何か考えのある方はおられますか？

シュミッツ氏　女性における本能の抑圧は、自分が戦争に行っているあいだ女性を純潔なままに保ちたいという、男性の欲望から育ったものなのではないでしょうか？

ユング博士　そうですね。ですが、この時代における純潔性という大袈裟な理想についての説明が必要です。

シュミッツ氏　母権制にまで遡れば、女性における純潔性などという理想は存在しません。けれども徐々に父権制が登場してきたとき、男性は自分が子どもたちの父親だと証明することに関心を抱くようになりました。そのために純潔なる妻という考えが育ち、そしてそこからたとえばアテナのような、純潔性によって大きな力を得た処女という考えへと推移していったのです。

ユング博士　処女崇拝と純潔性という大袈裟な考えとが関連しているということですね。私もまったく同感です。こうした崇拝には純潔性を強制するきわめて暴力的な手段が含まれています。プリミティヴな部族に遡ってみると、たとえある程度厳密なモノガミーが標準となっている場合でさえ、男性が目を離している際の女性は信用ならないものだと当然のように見なされています。ただし、男性が妻を強く愛するようになるまでは、そのことにあまり注意が払われません。女性は必ずしも誠実ではないと見なされていますが、プリミティヴな民族の夫はそのことを特に気にしません。女性の方も、夫を奪われることにならなければ、夫が他の女性と寝ることを気にしません。別の表現で言うと、嫉妬というものがそれほど存在していないのです。嫉妬は純潔性という理想とともにやってくるものなのです。

ベイコン氏　ニカラグアの原住民[17]のあいだでは、夫は尋常ではないほど妻に関して嫉妬深いものなのですが。実際のところ、夫はこれに関して非常に獰猛になります。

ユング博士　そうですね。特殊な事例の説明となるような特定の部族の考えも存在します。ただ、平均的な事例について研究してみると、私が言ったことが正しいとおわかりになると思います。不貞行為の後に恐ろしい刑罰が続くその他の例もあります。純潔性に関する私たちの大袈裟な感情にも、それと同様の残虐性が含まれていました。プリミティヴな民族における刑罰は、魔女狩りに関する習慣において示されるとおり、独特の残忍さを帯びていることが多いのです。ただこの点に関して、私たち自身の法はどうでしょうか？　紀元七〇〇年の時代、魔女を火炙りにすることは認められていませんでした。ところがそれから七〇〇年後から一七九六年にかけて、魔女たちは火炙りにされました。それが最高潮を迎えたのと同時期に登場したのがローレタ―ナの連禱[18]で、これは聖母マリア崇拝の頂点を示すものです。魔女の火炙りのような残虐性が社会の中に姿を現わすとき、心理学的側面から言うとそれは本能が苦しめられているということを意味しています。実際のところ、純潔性を過剰に評価することによって、本能が苦しめられているのです。純潔性が目覚めた後に続くのは、じつにおぞましい苦痛です。

ですので、この本の中のこうした中世的ファンタジーは本能の完全な抑圧という事実によって説明されるべきものなのです。ヘンリコ・フォン・ブルーネンのような行為が一般に受け入れられていた時代のイメージが再びよみがえってきます。妻とその愛人を殺害した人物である彼は、メアリーの無意識のファンタジーの素材にうってつけの人物像を形づくっています。メアリーは自分のことを人食い鬼に囚われた存在だと考えているのです。さて、このようなファンタジーが発生すると、それらは精神の中に浸透し、集合的無意識には命が吹き込まれ、それに人が反応するようになります――本人と親しい関係にある人は誰しも反応するということです。それはまるで、命を吹き込まれた集合的無意識が他者に影響を及ぼす波を送っているかのようなものなのです。この物語では、妻の中の集合的無意識の活性化に夫が反応します。彼は自分には理解できない何かにとらわれてしまいます。そして落ち着きを失うにつれて、妻の集合的なファンタジーにつきまとわれてしまうのです。それらが本当は誰のものなのか、ラティマーにはわかりません。悩みながら、彼はあの場所、カーサ・ディ・フェーロへとやってきます。私はこの地のことを知っているのですが、それは実際にまったく驚くべき場所です。ここはいったい何だったのかと思いを巡らし、またそれにまつわる伝説の真実を感じるような場所なのです。

その場所を見たとき、ラティマーの身に何かが起こりました。彼はこう考えます。「ここがその場所だ。私はあの男、ヘンリコ・フォン・ブルーネンなのだ」と。元型に突き当たったとき、必ずその後に続く直接的な確信があります。それは驚くべき体験です。配偶者のファンタジーが自分の中に入り込んでくると、それに対して何かをしなくてはならないと感じるようになります。そしてファンタジーを組み立てている現実に思い当たったならば、「私はヘンリコ・フォン・ブルーネンだ――それは私の姿だ」と言ったときのラティマーと、まったく同じことを思いついたということです。このことはラティマーに平穏をもたらしましたが、それと同時に彼はこのファンタジーを生きなければならなくなりました。ラティマーはファンタジーの魔力に取り憑かれ、それに屈してしまいました。ラティマーはもはや彼自身ではなく、彼の無意識となってしまったのです。それゆえに、殺人を犯した際、ラティマーは死んでしまいます。ラティマーが自らそうしたのではありません。自然がそれをもたらしたのです。

要約してみると、この物語の中には男性の中への女性の無意識の完全な投影、アニムスの働きが見られます。

次にやってくるのは恋愛の悲劇的な拒絶です。抑圧された本能的リビドーのすべてが無意識のより深い層を活性化し、その結果として私たちが見てきたようなファンタジーの網を残します。そしてついには、投影を受けた男性がその魔力に取り憑かれ、それを生きることになってしまうのです。これはその中の女性の側から確認した場合の物語です。男性の側から見れば、物語は異なったものとなります。

結婚するまで、ラティマーは学識者としての人生を送っていました。アニマを完全に抑圧してきたのです。それからラティマーは「あのひと」を追い求め、それを可愛らしい若い女性の中に発見します。彼の中で、若さの感情が呼び覚まされました。ラティマーはこの若い女性のことを不思議なほど無意識的で、奇妙な曖昧さに満ちていて、実際にそのとおりだったのですが本能に無自覚な存在だと見なします。メアリーは彼にとって、アニマを投影する絶対の機会となったのです。このように曖昧で不明瞭な枠組みの中であれば、ファンタジーをいくらでも押し込むことができます。だからこそ、ラティマーは彼女をおもちゃにしてしまったのです。黙っていることによって、メアリーは彼の願望を満たしました。メアリーが曖昧であればあるほど、アニマが自らの役割を果たす機会を得ていったのです。メアリーがアニマの役割に嵌れば嵌るほど、ラティマーは現実の中の彼女に近づけなくなっていきます。それからラティマーは現実の代わりとなる想定を作り出していきました。ラティマーはメアリーにまつわる完全なる霧の中に入り込み、メアリーは月明かりよりもとらえどころのないものになっていきます。メアリーは愛を拒絶していました。そのためラティマーは見つけることのできない愛を追い求めるようになってしまいます。この未知なる何かを探して、ラティマーはヨーロッパ中を旅するようになります。ラティマーからすべてのリビドーを撤収し、自分を彼から解放してくれる愛人たちに関するファンタジーを織りなすようになっていたのですから、妻は彼に対して実際に不実でした。ラティマーはメアリーが実際に自分に対して不実なのだということを確信するように、また夜になると愛人たちの訪問を警戒するようになります。こうしてアニマの疑念の後を辿っていくことによって、ラティマーは罠の中へますます深く嵌っていってしまいました。そしてついには妻を監禁するという手に出てしまいます。これらはすべて、自分をばらばらに引き裂いている苦痛を取り除くためにそうするよう、駆り立てられたことだったのです。

デ・アングロ博士　ラティマーがメアリーと結婚した際に正常であったとするなら、先生がおっしゃったことはすべてそのとおりだと思います。ただ、委員会のみなさんのやり方でそれを理解することは間違いなのでしょうか？　つまり、はじめてメアリーと出会ったとき、ラティマーはすでに引き裂かれていて、自らの一面性による異常な状態だったということです。戦争中の体験が彼を完全に圧倒してしまって、その後の彼は自らの無意識を生きるようになり、それがついにはヘンリコ・フォン・ブルーネンとの同一化にまで至ったのだ、と。だとすると、メアリーはただ単に彼の人生に偶然生じた出来事ということになります。彼を狂気へと駆り立てているのは、自分の感情へと辿りつく力がないということです。メアリーと出会ったときのラティマーはこうも非現実的な存在であり、まさにそれが理由で彼は彼女にとってのアニムス像なのだ、と。

ユング博士　いいえ。ラティマーが最初から異常だったと考える正当な理由はないと思います。さらに言うと、そのように言ってみても、それはただ単に言葉の背後に隠れるということにすぎません。何の説明にもなっていないからです。

『アトランティード』

ベイコン氏が『アトランティード』の委員会の報告を読み上げた。適切な心理学的解釈に関して、委員会の中で意見が割れた。一方の見解は、同書はブノワの心における精神的側面と物質的報酬へと向かう傾向とのあいだの葛藤を示しているというものだった。たとえば、「ベストセラー」の執筆のために無意識のメッセージを悪用していることを、ブノワは自覚していたと感じる者がいた。この観点から見ると、アンティネアはアニマ像——つまり無意識的ファンタジーが創造したもの——ではなく、半分以上、文学的効果を狙って組み立てられたものと見なされることになる。

委員会で示されたもう一方の見解は、同書は精神的な観点と物質主義的な観点ではなく、ブノワの心理における理性的な何かと非理性的な何かとのあいだの葛藤を表わしているというものだった。

アルドリッチ氏の考えはどちらの観点とも異なり、同氏は反対意見書を提出した。その中でアルドリッチ氏は、アンティネアは真のアニマ像であるだけでなく、肯定的な重要性を持つ象徴でもあるとする弁護を行なった。彼の観点によれば、アンティネアはよい女性でも悪い女性でもなく、あらゆる面で完全な女性だとのことだった。アルドリッチ氏は報告書を以下のように要約している。

「完全な女性を自然な形で補完するのは完全な男性である。自分自身の発達が不完全であったり、自らの本質の一面以上のものを女性に与えることを拒否しているかぎり、男性はその女性が自分を罰することになると予想してよい。ブノワの恋愛小説において、主人公は二人に分裂している。サンタヴィはブノワの官能的側面をパーソナリティ化したものであり、もう一方のモランジュは幼児的で慣習的な類の精神性を表わしている。実際のところ、主人公はアンティネアのところにやってきて、こう述べている。「私はきみに自分の官能的な側面を差し出そう。自然がそのように私を駆り立てているのだから。でも、私はきみが自分の精神的な側面に関わることは拒否しようと思っている。私の慣習的なモラル性によれば、女性の愛と精神性は対立するものであり、両立しえないものだからだ」。もちろん、このことはアンティネアの中の悪魔の目を覚ます――個としての性質を持つ人であれば、どの女性においてもそうなるとおりのことだ。ある男性にとって適切な女性とは、明らかにその男性自身の発達段階を補完する女性である。母親は赤子に適している。自立した男性には妻が適している。そしてヘタイラ――完全に発達した女性、同志――は個としての完全な性質を獲得した男性、賢者に適している。アンティネアは賢者にとっては喜ばしい同志であったはずだ。しかし、戦士の段階をまだ通過していない男性にとって、彼女は赤子にとっての妻と同じくらい不適切であり、また致命的な存在である」

＊

ユング博士　この本に関してもっとも興味深いのは『あのひと』との違いです。ベイコンさん、そう思われませんか？

ベイコン氏　そのとおりです。その違いを理解しようとして多少の混乱を覚えたと言わざるをえませんが、ひとつの違いとして、ブノワの本において大いに強調されている贅沢という主題があります。

レフスキー氏　それだけではありません。ブノワの本には官能主義が存在していて、それが大いに展開されています。アンティネアにおいてさえ。

ユング博士　そうですね。外側にある細かな点について考えてみると、膨大な違いがあります。ご指摘のとおり『アトランティード』には贅沢という雰囲気が存在していて、その場所の美しさが長々と描かれ、人々がどのように歓迎されたか、細かな点が明らかになるまで描写されています。一方で『あのひと』においては、それに相当する特徴はちらほらと扱われているだけです。率直に言って、ブノワは耽美的なのです。アングロ‐サクソン系の作家がこうした物質的な細かな点にこれほどまで注意を払うというのは想像しにくいことです。実際にはハガード自身は、たとえばまったく馬鹿げた状況下での午後の茶会の様子を描く際などがそうですが、そういった物事にも大いに注意を払っています。ただし、ハガードがそうする場合、ある種の質素さが伴われます。それはスポーツマンに属する類の官能性であって、一方でブノワのそれはサロンの官能性なのです。

『アトランティード』における官能性に言及なさったのはもっともなことです。ただし、より大きな違いが他にもあります。ブノワが性愛性の場を完全に容認しているのに対して、ハガードにおけるそれは常に悪の要素として登場していますね。ブノワの作品において性愛性の場は大きな役割を果たしていますが、ハガードの著作すべてにおいて、明らかにそれは背景にあります。ここにあるのは相入れないフランスの観点とアングロ‐サクソンの観点だと言ってもいいでしょう。アングロ‐サクソンの観点が天国と調和する唯一のものだと考えることはできません。フランスの観点もまた正当なものだと考えるべきです。ですので、この態度の問題に関する細かな点まで詳しく探っていくのがよいでしょう。そしてそうするためには、アンティネアに注意を払わなければなりません。アンティネアがどのような人物なのかに関して、クラスのみなさんは明確な理解を得ておいででしょうか。ベイコンさん、アンティネアが「あのひと」とどう異なるのか、説明していただけますか？

ベイコン氏　アンティネアは非常に漠然とした存在である「あのひと」よりも、はるかに生理学的な客体です。アンティネアは動物的な欲望に満ちた存在として描かれています。

アルドリッチ氏　「あのひと」は私には何も語りかけてきません。一方、アンティネアの方は私にとって現実的な女性です。委員会のメンバーの中で、アンティネアのことを毒だと考えなかったのは私だけだったと思います。もしも著者が落ち着きを取り戻し、分裂したパーソナリティとして彼女に近づくような真似をせずにすんでいたなら、それだけで彼はアンティネアのことをとても素敵な女性だと考えたはずです。

ユング博士　ですが、サロンを死者でいっぱいにするというのは、少々たちの悪い冗談だというのは認めなくてはなりませんね。

アルドリッチ氏　でも、彼女は彼らに不死性を与えたのです。

ユング博士　その見方は少し楽観的過ぎると言わざるをえません。ただ、アンティネア[19]が通常その価値を貶められているというのは本当ですね。彼女の環境を考慮するならば、必要以上に貶められていると言えます。アンティネアは自分の気分も気まぐれもすべて満足させることのできる、万能の女王です。こうしたオリエントの女王には悪意がなくともじつに残酷になることが可能なのです。アンティネアを似たような型の他の女性と比べてみれば、彼女はそう悪い方ではありません。さらに言うと、彼女は難しい状況にあります。アンティネアは教育の干渉による妨害を受けたことのない女性です。彼女は持てる力を完全に発揮することができましたが、それが起こりうる物事の中で最良とは考えられません。アンティネアは自然の価値を理解し、それを評価します。知性があり、知的な意味で教養のある女性なのです。ただし、彼女にはより高度な価値の教育を受けた経験がありませんでした。そうしたより高度な価値が有用なものなのかどうかに関しては、もちろん疑いの余地があります。けれども、それらを完全に無視してよいと考えるのは間違いでしょう。「あのひと」とアンティネアを比べてみると、悲劇とはこの価値の問題に左右されるものだということがわかります。「あのひと」は何千年にもわたって苦しみつづけ、ついにその価値を認めました。アンティネアはそこまで進んでさえいないので、それらの存在を認め、あるいは理解します。ゆえに、それらと戦うこともありません。アンティネアは「あのひと」よりも低い水準にいるのだとわかります。だからこそ、私たちの共感は「あのひと」の方に向かうのです。けれども、アンティネアには原住民の女性が持つ魅力のすべて、こうした女性の一部としての、エロス的な力と本能性のすべてがあります。「あのひと」の中からはこれが若干失われています。「あのひと」はすでに物事の影響下にあるからです。

ただし、アンティネアが現実の女性ではなく、フランス人男性のアニマだということを忘れてはなりません。ここにはフランス人とアングロ-サクソン系のあいだの典型的な違いがあるのです。両者の違いを明らかにする書物がもしも存在するとすれば、それはこの本です。この点について、みなさんの意見を聞いてみたいと思います。みなさんでしたら、この特殊な違いをどのように説明なさいますか？

シュミッツ氏　フランス人とアングロ-サクソン系との違い、さらに言うとフランス人とその他のヨーロッパ人との違いは、非キリスト教世界に対する関係の違いから生じるものだと思います。フランス人は非キリスト教世界と直接的なつながりを持つ唯一の民族です。ガリア征服の際、ローマ人はその地をローマの文化で取り囲みました。ですので、キリスト教がやってきたときに判明したのは、ドイツとは対照的に、フランスが文明化された状態にあるということだったのです。ゲルマン民族はローマ文化に抵抗したので、非キリスト教の世界の伝統との継続は存在しません。キリスト教は私たちのことを野蛮だと考え、私たちの非キリスト教性はその中に野蛮な要素を含んだまま残りました。この違いはフランス文化全体のあらゆるところに見られます。

ユング博士　シュミッツさんがおっしゃることはまったく正しい。フランス人の観点とアングロ-サクソン系の観点との違いの原因はその点にあります。ガリアは早い時代に文明化しました。ドイツやアングロ-サクソンが非常にプリミティヴな発展状態にあった時代に、ガリアは豊かなローマ文化を包含していたのです。文明化された場所としてのパリさえ、当時すでに存在していました。ガリアの原住民出身の詩人や、あるいは皇帝までもがいたのです。別の表現で言うと、それは豊かな文明化であり、古代ガリア人はローマ民族の中に同化されていったのです。ケルト語は消失し、やってきたゲルマン民族はローマ化された人口に吸収され、彼らもそうしてローマ文明を受け入れました。ドイツの場合のような野蛮な人々の上にではなく、そうした基盤の上にキリスト教の種が蒔かれたのです。ですので、ローマの精神性と中世の精神性とのあいだには確実な連続性が存在しています。そこに断絶はありません。初期キリスト教会の神父の中にさえフランス人がいました。

ローマからの影響に加え、ローヌ川まで達するギリシャからの強い影響も存在しました。地中海からの文化的影響は非常に早い時期にやってきたものです。非キリスト教世界からのこうした影響のすべてが独特な効果をもたらしました。それらはキリスト教が打ち消すことができないほどに、古代の層を要塞化したのです。程度の差こそあれ、地中海の人々にもそれと同じことが当てはまります。彼らはキリスト教徒である以上に非キリスト教的なままでありつづけました。それと同じことをフランスの人に対して言うのは困難でしょう。フランス人は自分たちのことを善きカソリック教徒だと考えているのですから。ある意味ではそのとおりです。最大限の疑いの目で見たとしても、彼らはなお善きカソリック教徒です。そうでなければヴォルテールやディドロが今日そうあるように受け入れられることなどなかったでしょう。否定的な方法でカソリック教徒になり、それまではもっとも敬われていた物事に対する敵意を楽しむことも可能だということです。

キリスト教教会の内部にいる人たちは非常に楽観的な態度を抱きます。彼らはカソリックの教義を中心に置きます。生を包含するものだと感じるからです。その範囲の中で非キリスト教性が存続していて、だからこそ非常に敬虔なフランス人のあいだでも性愛性が完全に承認されているのです。性愛性に関する今日の彼らの観点はモラルに反した[20]ものです。性愛性が受け入れられるというのはまったく自明であり、モラル性はほとんど問題になりません。ある男性が欠かさず教会に通い、かつ自分にぴったりだと思うものならどんな性的習慣でも続けるということがありえます。当の本人の目から見れば、性愛性はモラル性とは何の関係もないからです。これがフランスで性愛性が特別な扱いを受けている理由なのです。

この独特な違いが「あのひと」とアンティネアとのあらゆる違いを説明してくれると思います。アンティネアには非常に明確な特徴があるので、著者の意識の一部を再構成し、また現代のフランス人男性を理解することが可能なのです。

フランス人の心理を明らかにしてくれる人物像は他にも登場します。例としてル・メジュを取り上げてみましょう。彼はまったく非理性的なあり方で生きている純粋な理性主義者であり、これはフランス人に典型的なことです。行動において非理性を限界まで許容するというのがフランスの精神の特徴なのです。現実において滑稽な人物とあれほど多く出会うというのは、フランス以外の場所ではありえません。ただし、それでもフランス人は彼らの観点からすると理性的な存在なのです。

次にビエロフスキー伯爵です。彼はポーランド人ですが、第三帝政[iv]の典型的フランス的人物、パリの常連客です。ビエロフスキー伯爵の人物像は必然的にモランジュの人物像に対応するものとなっています。「高尚な生」に対するビエロフスキー伯爵の浮わついた態度が、教会に対するモランジュの浮わついた態度を補償するものとなっているのです。この二人を媒介する人物像がル・メジュです。このような矛盾は常に妥協を必要とし、理性的な媒介要素によってそれがもたらされます。ところが、ここにはほとんど生が存在していません。そのため、気性と情熱とを提供するためにサンタヴィが連れてこられます。

フランス人男性は「かっとなる」ことをいつでも自らに許し、そこではレトリックの蓄えすべてを用いることが可能になります。完璧な様式で統一されたおびただしい言葉が延々と続き、それからすっかり平気になってしまうのです。

アルドリッチ氏　私の見方では、モランジュには精神性というものがほとんど存在しません。彼が宗教的情動を抱いたことがあるとは、私には思えないのですが。

ユング博士　ただ、あなたはアングロ - サクソン系ですが、モランジュはカソリック教徒でしたね。サクレ・クール[21]がカソリック教徒にとってどのような意味を持つのか、聖母マリアのイメージをめぐって彼らがどれほど心を動かされる可能性があるのか、私たちにはけっしてわかりません。

だとすると私たちに言えるのは『アトランティード』には独特の雰囲気があり、その雰囲気は『あのひと』のそれとはまったく異なるものだということです。私が深く感じたのはそのことでした。みなさんもそうお感じになったでしょうか。このような本を読むと「これはいったい何に向かおうとしているのか?」と思わされます。みなさんにとって、この本はどのような意味を持つものでしょうか?

ジーノ夫人　生ではなく、死へ向かうということのように私には思えます。

ベイコン氏　私にとっては、この本には何とも言いようのない安っぽさの感覚があります。まるで続編を準備するかのようにして終わっていますから。

ジーノ夫人　「あのひと」の人物像は非現実を現実とつなげる試みですが、アンティネアは非現実に、つまり無意識に嵌ったままなのだと私は思います。

ユング博士　重要な点に触れられましたね。アンティネアは逃げようとしません。世界に手を届かそうとも、世界の方に彼女に手を届けさせようともしません。そしてある意味でそれ[「あ]のひと」は世界を支配しようとしています。それがアングロ‐サクソン系の特徴なのです。世界に達し、そして支配しようとするこの欲望が。イングランドではこのことがよく意識されています。おそらく五〇年以内にアメリカでも同じようになるでしょう。けれども、フランスの観点とは自分たちがいるその場所に留まるということなのです。本当はフランス人は世界の支配などということには関心を持ってません。そんなものは――つまり、ヨーロッパの征服などという考えのことですが――真のフランス人男性ではないナポレオンが持ち込んだ単なる見せかけです。フランス人が関心を抱くのは自国のことなのです。

ですので、アンティネアが自分がいる場所にしがみついているのは何の不思議でもありません。結末に関して私がつくづく感じるのは、まったく希望がないということです。その結末は一〇〇回繰り返されることになるのでしょう。それで何もかもがおしまいになります。アンティネアは死に、それから彼女にふさわしい装飾を身につけ、女王の美のままに玉座につくことになるのでしょう。それは一種の神格化、映画の終わりに見られるような何か、「栄光」という観念です。亡くなった英雄たちのパンテオンがあり、虚しい野心の中ですべての物事がそこで終わりを迎えます。

一方、『あのひと』には最後に大いなる予感という感情が存在しています。それが何なのかはわかりませんが、未来が求められているのです。フランス人男性のアニマとアングロ‐サクソン系のアニマとのあいだに大きな違いを生んでいるのは、後者が予兆という神秘的側面を含んでいることです。だからこそ、「あのひと」の中にはアンティネアよりも多くの精神的な力の感情が存在しているのです。

生誕に関する推測によって、そうした要素はすべてアンティネアからは取り去られています。当然ながら、理性によってそのように疑うというのは元型の機能を著しく貶めることです。これもまた「〜にすぎない」[22]の精神ですね。元型から価値が消え去ってしまうのです。この精神はこんな風に言ってきます。「元型を自分の基盤になんてしちゃいけない。だったら何も築かない方がいい。地面は安全じゃない」。これはフランス人男性の分析をする際に考慮すべき特殊な事実です。彼らに元型のことを十分真剣に受け止めてもらうのは、じつに困難なのです。彼らの理性主義はあらゆる地点で彼らを妨害しています。彼らはあらゆる物事に関して的確な見方を有し、最後のしみにいたるまでそれが何なのか知っています。彼らはこうした戦いに疲れ切っています。あらゆる物事がどう作用するのかを知っているがゆえに、彼らは魂の直接的事実を貶め、あらゆる物事を過去の文明化の結果だと考える傾向があるのです。これは中世において、古代の力に対する補償として彼らがとらざるをえなかった態度だったのです。キリスト教は最初から彼らを支えることができるほど強力なものではありませんでした。この理性主義の方が教会に支持を与えたのです。理性主義と教会とのこうした関係はアングロ‐サクソン系の人々には理解しがたいものですね。

デ・アングロ博士　委員会のみなさんの報告の中で取り上げられていた、アンティネアは無意識の像ではなく、意図的に無意識的設定の中に押し込まれたものだという趣旨の観点について、お話しいただけませんか？

ユング博士　アンティネアは部分的には意識的であり、

部分的には無意識的なのだと思います。アンティネアは個人的無意識によって歪曲されているとアングロ‐サクソン系の人が言うとき、その人が言っているのはアンティネアの特殊な人種的特徴のことなのです。

エンマ・ユング夫人　アニマと不死性の関係についてお話しになったのと同じように、アニムスと不死性の関係についても何か話してもらえないでしょうか？[23]

ユング博士　アニムスが遡るのはせいぜい一四世紀までのように思えますが、アニマははるか古代にまで遡るものであるように思えます。ただ、アニムスに関しては私にもよくわからないと言わざるをえません。

エンマ・ユング夫人　私にはずっと、アニムスは不死性の象徴ではなく、動きと生の象徴なのではないかと思えていたのです。そしてアニマにそうした異なる表情を与えているのは男性の態度なのだ、とも。

ユング博士　アニムスが動きのある像によって表わされることが多いというのは事実です――飛行士や交通管理官のことですね。おそらく女性がより静的な存在であったという歴史的事実の中に何かがあって、だからこそ無意識の中にはより多くの動きがあるのでしょう。

シュミッツ氏　母権性の時代にはアニムスの抑圧はきっと存在しなかったでしょうね。

ユング博士　そうとは言い切れません。

ジーノ夫人　神々の像には不死性という観念が含まれていますよね。それらがアニムス像でもあり、女性の夢の中に入ってくるのですから、アニムスは不死性という意味も含んでいると言っていいのではないかと思います。

ユング博士　そのとおりです。ただ、アニムスとアニマとのあいだには大きな違いが残ります。

シュミッツ氏　不死性とは個人の中にあるものなのでしょうか？

ユング博士　そうではありません。イメージとしてそうだというだけのことです。不死性はアニマの子どものものです。子どもを生まないかぎり、アニマは不死性を帯びています。子どもを生むと、アニマは死んでしまうのです。ただ、アニマとアニムスのこうした問題はあまりにも複雑なので、ここで論じることはできません。

終

解題

大塚紳一郎

本書のもととなったセミナーが開催されたのは一九二五年の春、ユングが五〇歳になる直前のことである。ユングが（ドイツ語ではなく）英語で行なったセミナーだということ。ユングが自分のアイディアをできるだけわかりやすく伝えようとしているということ。参加者の中に後に著名な分析家になった者や、他領域で名を馳せることになった者が少なくないということ。ユング自身が校正を施したという点で、数あるセミナー記録の中でも特に信頼度が高いものだということ。アニエラ・ヤッフェ編集の『ユング自伝』やバーバラ・ハナーによる伝記など、ユングに関連する重要文献の原資料だということ[i]。『赤の書』のもととなった体験が別の側面から論じられているということ。本書に注目すべき理由ならば他にもたくさんある。しかし、真に重要なのはこの「一九二五年」というタイミングだ。いまを生きる私たちには、この時代のユングに注目すべき特別な理由がある。それを見ていくために、少しだけ歴史を紐解いてみることにしよう。

一　ジークムント・フロイト

「ですので私は、私たちの個人的な関係を全面的に放棄することを提案いたします。それによって私が失うものは何もありません」[ii]（フロイトからユングへ、一九一三年一月三日付、抜粋）

「誰に対してであれ、自分の友情を無理強いしようとは思いません。ですので、私たちの個人的な関係を放棄したいとのお気持ちに従います」[iii]（ユングからフロイトへ、一九一三年一月六日付、抜粋）

ユングとフロイト。ともに近代心理療法のパイオニアであり、二〇世紀を代表する思想家でもあった二人の関係は、このような手紙のやりとりで終わりを迎えることになった。人間的と言えば人間的な内容の文章だが、その後二人が実際にほぼすべての交流を絶ったことを思えば、呆気ないという印象さえ受けるような、そんな別れだった。ただしそれはもちろん、濃密な交流とそれゆえの激しい情動の嵐を両者がともに経験した後でのことだったのである。

「ユングはフロイトの弟子だったか？」。この問いにはノーと答えることも、イエスと答えることも可能だ。本書の冒頭でユングが自ら語っているとおり、ユングはフロイトと出会う前からすでに自立した臨床家・研究者だった。スイスの名門ブルクヘルツリ病院の新進気鋭の精神科医としても、あるいは言語連想実験という独創的な方法論を駆使する心理学研究者としても、ユングの名前はすでに知れ渡っていたのである。あるいは、ユングの博士論文における霊媒能力者の少女の心理学的分析[iv]の中に後のユング独自の視点（目的論、補償など）の萌芽を見つけるのも、それほど難しいことではない。フロイトと出会う前から、ユングはすでに「ユング」だった。そうした意味では、ユングがフロイトの弟子だったとは言いがたい。

ただし「それまで出会った中で、本当の意味で重要性を持つ最初の人物」（本書二二頁）との濃密な交流から、ユングが何も学ばなかったはずがない。

すでに述べたとおり、ユングは精神科医として順風満帆と言えるスタートを切っていた。ところが、ユング自身はこれにまったく満足していなかったのである。精神疾患の患者を診察し、もっともらしく響く診断名というラベルを貼りつけていくこと以外に、できることが何もなかったからだ。独自の工夫を施した言語連想実験は患者の病理、および心理を理解するための有用なツールとしてユングの名を世に知らしめたが、それでも彼は無力感に苛まれていた。得られた理解をもとにどのように患者に働きかけていけばいいのかに関して、不明な点があまりにも多かったからだった。

そうしたときに、ユングはフロイトと出会った。ユングの言語連想実験は被験者本人も意識していない心の内容を明らかにする、画期的な方法論だった。ところがフロイトの理論は心の深みを理解し、それを患者に伝えるという治療者の営みそのものがもっとも重要な治療要因なのだという視点、すなわち治療論を含んでいるという点で、さらに包括的なものだった。このフロイトの「精神分析」との出会いは当時のユングにとってどれほど衝撃的なものだっただろうか。心の深みそのものに深い確信をもってアプローチを試みる医師に、ユングははじめて出会ったのだ。この心の深みのことを、フロイトは「無意識」と呼んだ。

一九〇七年三月三日、ユングはヴィーンを訪問し、フロイトとの初対面を果たす。二人はそのとき一三時間にもわたって休むことなく、互いに夢中になって語りつづけたのだという。以後のユングとフロイトとの関係はまさに師弟関係そのものである。直接顔を合わせる機会はじつはそれほど多くなかったとは言え、[v] 両者はほとんど数日おきに手紙を送り合い、さまざまな点について語り合っている。その中には、担当している症例に関してユングがフロイトからの助言を乞うものや、ユングの「自己分析」の内容にフロイトが解釈を施すものなども含まれている。現代の心理療法の訓練におけるスーパーヴィジョンや教育分析の雛形とも言えるこうしたやりとりを通じて、ユングはこの偉大な人物から必死で学ぼうとしていったのだった。

ただし、じつは当初からユングはフロイトの神経症理論がもっぱら「性」だけを重視する点に疑問を感じていた。「性が決定的要因とは言えない神経症・精神病もあるのではないか?」。ユングはこの疑問を、最初に送った手紙の中ですでにフロイトに投げかけている。[vi] ただし「経験不足」を諭されたユングは、この疑問をいったん封印する形で、フロイトの「相続者」「息子」としての役割を引き受けていく。そしてもちろん、そのような形での関係には無理があったのだ。両者のあいだに緊張が高まる瞬間は少なくなかった。中でも八週間もの行程をともにしたアメリカの講演旅行の最中、互いの夢分析をする中でフロイトが私的な内容に関わる連想を拒んだことで、ユングはフロイトに深く幻滅させられたのだった（本書二六―七頁）。

一九一二年、ユングは「リビドーの変容と象徴」と名づけられた論文の長大な第二部を発表した。同論はユングが独自の、したがってフロイトのものとは相容れない心的エネルギー（リビドー）論を提唱したものである。この論文の発表後、両者の往復書簡は急激に不穏なものに変化していく。明けて一九一三年の年始早々に届いたフロイトからの絶縁状をユングが受け入れることで、両者は関係を断つことになる。ユングがヴィーンのフロイト邸を訪問し、休むことなく二人が語り明かしたあの日から、六年あまりしか経っていなかった。

二　ユング　一九一二―一九二五年

フロイトとの決別が決定的となった一九一二年後半から本書のセミナーが開催された一九二五年ごろまでの期間は、ユングの生涯、およびその心理療法論や思想におけるもっとも重要な時期である。「ユング心理学」のすべてがこの時期に生まれ、ユングの以後の生涯はそれらの発展のために費やされたと言ってもいい。

まずは理論に関して。「集合的無意識」「元型」「アニマ／アニムス」「内向タイプ／外向タイプ」「超越機能」。いずれもユング心理学の重要概念だが、これらはすべてこの一九一〇年代の中ごろから一九二〇年ごろにかけての時期に、論文や書籍の中でユングが明らかにしたものである。こうしたオリジナルな概念や理論がどのようにして生まれていったか。そしてなぜこういった独自の用語が生まれる必要があったのか。本書の中でユングはそれを自らの言葉で語っている。その意味で、本書はまさに「ユング心理学誕生」のドキュメンタリだと言ってもいい。

「ユング派分析家」という職業文化が誕生したという点でも、この一九一二―一九二五年という期間は特別な注目に値する。フロイトとの決別後、それまでの仲間であったスイス国内の分析家や精神科医たちは、そのほとんどがユングと袂を分かった。ただし、例外的にユングとの協力関係を維持した分析家や臨床家たち、そしてユングの分析を経験したアナリザンド（患者）たちを中心に、フロイトの精神分析とは異なる、独自の心理療法文化が少しずつ形成されつつあった。それが結実したのが一九一六年にチューリッヒ市内で誕生した「心理学クラブ」である。分析家を志望する人々の交流・議論の場としても、ユングが独自のアイディアを披露する場としても、この場所は長いあいだユング派の拠点でありつづけた。一方、一九二〇年ごろからユングの分析を求めて、あるいはユング派の分析家となるべく、スイスに滞在する英語圏の出身者の数も増えていく。ところが、そうした彼らにとって、このクラブは敷居の高い場だった。クラブの公用語がドイツ語と定められていて、ドイツ語での会話が不可能な者には入会が許されていなかったからだ。本書のセミナーはそうした英語圏の人々のために用意されたイベントであり、以後もユングは英語でのセミナーを継続的に開催していくことになる。そうしたセミナーに参加していた黎明期の分析家たち（ピーター・ベインズ、ジョセフ・ヘンダーソン、ジェイムズ・カーシュ、メアリー・エスター・ハーディングなど）は、後に英語圏全体へのユング心理学の普及の原動力となった。

そしてこの時期はユング独自の心理療法論、すなわち今日「ユング派の分析」「ユング派の心理療法」と呼ばれるものが誕生した、まさにその時代でもある。その原点となったのが、フロイトとの決別前後にユングが自ら経験した「無意識との対決」[vii]のプロセスだった。ユングが好んで用いるこの「対決」の原語はAuseinandersetzungというドイツ語であり、これは他にも「説明」「分析」「折衝」「話し合い」「示談」などのニュアンスを持つ。無意識の言い分に真剣に耳を傾け、かつそれに圧倒されて我を失うことはせず、葛藤に耐えながらその過程で新たな何かが生まれるのを待つ姿勢のことであり、ユング派の心理療法の根底にある考えだと言ってもいいだろう。ユング派の分析・心理療法がなぜ夢、あるいはファンタジーを重視するのか。そのすべてのはじまりは、この時期のユング自身の経験にあるのだ。ユングはこの「無意識との対決」を生き抜き、途方もない時間とエネルギーを投じて、その経験を『新たなる書』（『赤の書』[viii]）に記していった。したがって本書を――本書の序文、および注の中で編者のシャムダサーニがこれでもかというくらい強調しているとおり――『赤の書』の内容をユング自身が別の角度から論じた記録として読むこともできる。ただし、本書で語られているユングの経験、および『赤の書』を理解するために、どうしても欠くことのできない重要な要素がある。それをユング派の心理療法の最重要技法だと言う分析家も少なくない。「アクティヴ・イマジネーション」という技法のことである。

三　アクティヴ・イマジネーション

アクティヴ・イマジネーションという技法について、じつはユングは著作の中でほとんど何も述べていない。唯一の例外と言えるのが「超越機能」という論文だが、同論においてさえ「アクティヴ・イマジネーション」という言葉そのものは本文の中に登場せず、英訳版著作集に収録された際に付された序文の中にわずかに二度登場するだけである。[ix]ユング以降のユング心理学の文献の中にも、このアクティヴ・イマジネーションを主題としたものは驚くほど少ない。[x]夢分析をテーマにした書物の膨大な量と比べれば、その差は一目瞭然である。

ところが、心理療法の実践においてユング自身がもっとも重視していたのがこのアクティヴ・イマジネーションだったということは、さまざまな記録や証言からして明らかなのだ。一例として、アメリカにおけるユング派分析家のパイオニアの一人、ジョセフ・ヘンダーソンが残した逸話を紹介しておこう。[xi]一九〇九年にブルクヘルツリ病院を退職して以降、ユングの（主な）臨床実践の場となったのはキュスナハトの自宅二階の書斎の隣に設けられた相談室だった。そしてユングの分析を希望して海外からやってきたアナリザンドたちの定宿となっていたのが、ユングの自宅からほど近い、湖岸にある「ゾネ」という高級ホテルだった。ヘンダーソンによると、テラスで日夜アクティヴ・イマジネーションに励むユングのアナリザンドたちの姿は同ホテルの一種のお馴染みの光景となっていたのだという。ユングのもとで学ぶためにヘンダーソンがスイスに滞在したのは一九二〇年代後半以降、つまり本書のもととなったセミナー開催されてからわずか数年後の時期である。本書のセミナー開催の時点でも、アクティヴ・イマジネーションがすでにユングの実践の中心になっていたことはほぼ間違いない。

そしてこのアクティヴ・イマジネーションの起源となったのが、一九一二年以降の「無意識との対決」のために、ユングが自らに課した「訓練」だったのである。本書でユングはこの「訓練」がいかに過酷なものであったか、そしてそこから得られたものがどれほど大きかったかについて、生々しいまでにリアルに語っている。本書の最大の価値は、このアクティヴ・イマジネーションという技法のリアリティをユング自身が語り尽くしている、おそらく唯一の機会だという点にあると言ってもいいだろう。ただし、本書においてユングが語りかけている相手は、アクティヴ・イマジネーションをアナリザンドとしてすでに経験している人がほとんどだった。そのため、アクティヴ・イマジネーションが実際にどのように進められていくものなのかについては、説明がほぼ省かれている。本書、特にその中盤以降を読み進める上で必要不可欠な前提と考えられるため、ここで補足として、アクティヴ・イマジネーションの技法について初歩的な説明をしておこう。

　アクティヴ・イマジネーションの要点は、その名が示すとおり「アクティヴ」(能動的・積極的)に行なわれるイマジネーションの営みだということである。ただし、ただひたすらに「アクティヴ」に空想や想像を続けていくのではない。それでは自分に都合のいい空想を展開するだけになってしまうだろう。そうではなく「パッシヴ」(受動的・受身的)にイメージに身を委ねることと、それに対して「アクティヴ」に応答することを交互に繰り返していくのが、アクティヴ・イマジネーションの特徴である。

　アクティヴ・イマジネーションを行なうためには、まずはファンタジーの出発点を定めなければならない。落ち着くことのできる静かな環境で、心の中に何かのイメージが浮かび上がってくるのを待ち、やがて自ずと浮かび上がってきたものをファンタジーの出発点とする。印象深い夢や既存の絵画などを出発点とする場合もあるが、いずれにせよひとたび出発点が定まったならば、そこからは離れない。たとえば「ヘビ」の姿が心に浮かんできたとしよう。そのヘビが何をするのか、どこに行こうとしているのか、あるいは何を語りかけるのか。それがわかるまで、ヘビとともにファンタジーの中に留まりつづけるのである。この段階では「パッシヴ」な姿勢を保つことがむしろ大切だ。たとえヘビの姿が不気味なものであったとしても、あるいはそもそもヘビが苦手だったとしても、まずはそのイメージから離れない。生じるものが何であれ、それを受け入れる。そうすると——もしもそれが「生きた」イメージであるならば——ヘビは自ずと動きはじめるだろう。ヘビは鎌首を持ち上げるかもしれないし、そこから去ろうとするかもしれない。あるいは、何かを語りはじめるかもしれない。ヘビが示す動きがどのようなものであれ、まずはそれをしっかりと見極める。それが動いたならば、追う。このようにしてまずは無意識に主導権を委ねるのである。

アクティヴ・イマジネーションが「アクティヴ」になるのは次の局面だ。ヘビが予想外の何かを語りかけてきたとしよう。今度はそれに対してこちらが「アクティヴ」に応答する番だ。納得できない点があれば反論する。疑問があるのなら尋ねる。さらなる言葉を欲するのならそう頼む。あるいは、ただ黙って次の言葉を待つ。自らの意思と責任をもって、ヘビの言葉にどう反応するかを決断するのだ。したがって、この段階では主導権は無意識から意識へ、もしくは自我へと移っている。そして再び、それを受けてヘビが次の動きを示すまで待つのである。

このようにファンタジーに「パッシヴ」に身を委ねることと「アクティヴ」に関わることを繰り返し、そうすることでアクティヴ・イマジネーションは進行していく。ユング派の分析と言えば夢分析が有名だが、心の深み、あるいは無意識へのアプローチという点では、アクティヴ・イマジネーションは夢分析と同じである。ただし、アクティヴ・イマジネーションには夢分析にはない利点がある。意識の側の「アクティヴ」な関与が明確である分、そのイメージに留まりつづけることができるという点だ。どれほど印象深い夢であっても、私たちがその夢の「続き」を見ることのできる機会はめったに訪れない。一方、アクティヴ・イマジネーションの場合、一度で完結することの方が珍しく、前日のファンタジーが終わった地点から、また再開することができる。このようにひとつのテーマに持続的に取り組むことができるというのが、アクティヴ・イマジネーションの大いなる強みなのである。ユングは超越機能、すなわち無意識との対決と同化のプロセスに関していうと夢は不向きであり、アクティヴ・イマジネーションの技法が必要となるとさえ述べている。[xii]

このアクティヴ・イマジネーションという技法の原点となった、ある重要な経験について、ユングは本書の中で詳しく述べている。ユングが書き綴っていることが

「芸術」だと伝えてきた、ある女性の声との内的な対話の経験のことだ（五一頁）。当初ユングは「彼女」の言葉に嫌悪感を示し、それを否定して、耳を傾けようとはしなかった。するとこの内的対話、すなわちファンタジーは途絶えてしまう。ファンタジーに沿った表現で言うと、「彼女」は何も言わず、去って行ってしまったということだ。しかし、次に同じ声がファンタジーの中に生じたとき、ユングは「彼女」の言葉をやはり否定しつつも、「彼女」からの言葉の続きを聞くために自分の言語中枢を貸してもよいと自ら申し出る。ユングからのこの「アクティヴ」な働きかけにより、彼女との対話は継続されることになった。そしてこの「彼女」との内的対話こそがアニマという彼独自の概念の形成へとユングを向かせた原体験となったのだった[xiii]。

　そして最後のこの点にこそ、アクティヴ・イマジネーション、あるいはユング派の心理療法のもっとも肝心な要素がある。どれほど豊かなファンタジーであっても、そしてどれほどそれに心を動かされたとしても、それだけで終わったのでは無意味なのだ。ファンタジーの経験を自らが生きる現実の生活の中に反映させていくという、はるかに困難な課題に取り組まなければならないのである。ユングの場合、それは彼独自の心理学理論の構築という途方もない難題に乗り出すということに他ならなかった。あるいは再びヘビの例に戻って、ヘビが自分の生き方に重大な疑念を投げかけてきたとしよう。その言葉にショックを受けつつも、そこに一理あると納得させられたり、深く心を動かされるということが時にはあるかもしれない。ただし、それだけでは何の意味もない。そこで得られた理解をもとに、自分の人生や生き方そのものを実際に変化させるための、真剣な取り組みがそれに続かなければならないのだ。ここでも必要となっているのは意識の側の「アクティヴ」な仕事だと言えるだろう。アクティヴ・イマジネーション、ひいては心理療法全般におけるこのような要素を、ユングは「モラル」という言葉で表現することが多い。ここで言う「モラル」とはもちろん世間一般の道徳観念のことではない。心の深みとの対話を通じて、どのように生きるべきなのかを自らに厳しく問いかけ、そしてそれを実際に生きていくための決断と努力を惜しまない姿勢のことを、ユングは「モラル」と呼んでいるのである。当然ながら、そこには常に危険が伴う。十分な吟味を欠いては、アクティヴ・イマジネーションはただ単にその人の人間関係や職業生活を破壊するだけのものになりかねないのだ。信頼できる専門家との関係を抜きにしてアクティヴ・イマジネーションに安易に手を出すことの危険性は、どれほど強調しても足りないほどである。[xiv]

四　あしたのユングへ

フロイトとの出逢いと別れを通じて、ユングは精神医学・心理学の臨床実践において心の深みを理解することの重要性を学んだ。「無意識との対決」のプロセスを経て、ユングは自らの心の深みに触れ、その経験は彼のその後の人生に決定的な変化をもたらした。そして夢分析やアクティヴ・イマジネーションという技法を創造することによって、ユングは心の深みに触れるための心理療法の方法論を構築していった。これらのことはすべて、一九一二年からわずか一〇年あまりのあいだに集中して、ユングの人生に生じた出来事だった。本書のもととなったセミナーは、ユング独自の心理学理論、および心理療法論が産声をあげた、まさにその直後の時期に開催されたものだったのだ。「ユング心理学」という新たな学問と臨床実践が生まれる瞬間の熱量を伝えることのできるテクストとして、本書以上のものは存在しないと言っていい。

そしていま、私たちはそれから一〇〇年近く経った現代を生きている。

いま「心理療法」が社会から求められている役割は、ユングが生きた時代、あるいはユング心理学が日本に導入されたかつての時代とは大きく異なっている。心の深みそのものにアプローチしていく心理療法のことをユングは「変容」の段階と呼び、それ以前の段階として「告白」「解明」「教育」の心理療法があるとした。[xv]現在、心理療法の世界の主流となっているのは明らかに後者、特に「教育」の役割を担うことのできる心理療法だ。社会の中で普通に適応していくことを手助けするこの「教育」の心理療法がこれほどまでに切実に求められているのは、もちろんこの「普通に適応していく」ことがさまざまな理由で困難な世界を私たちが生きているからである。そのような世界の中で、夢分析やアクティヴ・イマジネーションを通じて心の深みにアプローチし、そうすることで生きることそのものを変容させていくことを目指す、ユング派の分析・心理療法が果たすことのできる役割とはいったい何だろうか？　あるいは、そのような役割はそもそも本当に存在しているのだろうか？

この困難な問いに向き合うためにこそ、本書のユングの語りには価値がある。

ここでのユングの語りは恐ろしく切実である。無意識という心の深みへと降りていく経験がどれほど意義深いものになりうるのか？　一方で、そこにどれほどの危険が待ち受けているのか？　なぜ、その当時のユングにとってそれが必要だったのか？　あるいは、なぜ彼にはそれが可能だったのか？　このような問いを頭によぎらせることなく本書を読み進めるのは、むしろ困難だろう。そして私たちがこうした問いと向き合うということは、ユングが生きた時代よりもさらに複雑になってしまったこの世界の中で、いま、心の深みへとアプローチする心理療法が存在することの必然性を問う作業そのものであるはずだ。狭義の「ユング派の分析」に限らず、意味を問う営みをその本質とする、さまざまな形での心理学や心理療法が現代社会の中で果たす役割について考え、広く議論していくための媒介となる力を、本書は間違いなく秘めている。その点にこそ、本書の最大の価値がある。訳者はそう確信している。

i　『ユング自伝――思い出・夢・思想』（河合隼雄ほか訳、みすず書房）、『評伝ユング――その生涯と業績』（後藤佳珠ほか訳、人文書院）。いずれの伝記の出版時にも、本書の内容は一般公開されておらず、ごく一部の関係者のみに「写本版」の閲覧が可能という状態だった。

ii　McGuire, Sauerländer hg. (1974). *Sigmund Freud/C.G.Jung Briefwechsel.* Frankfurt am Mein: S.Fischer. pp.598-9.

iii　ibid., p.600.

iv　『心霊現象の心理と病理』（宇野昌人ほか訳、法政大学出版局）

v　記録で確認できる範囲では計一〇回。後述するアメリカへの講演旅行を除けば、そのいずれも数日間、もしくは数時間を共に過ごしただけである。

vi　McGuire, Sauerländer hg. (1974). *Sigmund Freud/C.G.Jung Briefwechsel.* Frankfurt am Mein: S.Fischer. pp.3-5.

vii　『ユング自伝――思い出・夢・思想』（河合隼雄ほか訳、みすず書房、二四四頁）

viii　『赤の書』（河合俊雄監訳、創元社）

ix　「超越機能」『心理療法の実践』（横山博監訳、大塚紳一郎訳、みすず書房）

x　もちろん例外はある。B・ハナー『アクティヴ・イマジネーションの世界――内なるたましいとの出逢い』（老松克博・角野善宏訳、創元社）J・M・シュピーゲルマン『能動的想像法――内なる魂との対話』（河合隼雄ほか訳、創元社）など。

xi　マリー・スタイン先生のご教授による。

xii　「超越機能」『心理療法の実践』（横山博監訳、大塚紳一郎訳、みすず書房、一八二頁）

xiii　この声の主がブルクヘルツリ病院の元看護師であり、心理学クラブの初期の主要メンバーとして当時のユングのいわば「側近」の一人だったマリア・モルツァーだということが、本書の編者であるソヌ・シャムダサーニの調査により判明している。*Jung and the Making of Modern Psychology: The Dream of a Science* (Cambridge: Cambridge university Press, 2003).「第5回」の注10も参照のこと。

アクティヴ・イマジネーションには「実在の人物、特に身の回りの近しい人を登場させてはならない」という禁忌があるので、ここでユングはその禁忌を破っていることになる（もちろん、そのような「禁忌」が定まる前の話だが）。それが禁忌とされているのは、相手との関係性、あるいは相手自身への何らかの悪影響が生じかねないという懸念からである。モルツァーが後にユングと決別していることは、この「アクティヴ・イマジネーション」の経験とはたして無関係だっただろうか？

xiv　ユングが英語版著作集の「超越機能」論文の序文に寄せた文章は、ほぼ全文にわたってこのアクティヴ・イマジネーションの危険性について述べたものである。「超越機能」『心理療法の実践』（横山博監訳、大塚紳一郎訳、みすず書房、一六六―七頁）

xv　「現代における心理療法の問題」『心理療法の実践』（横山博監訳、大塚紳一郎訳、みすず書房）

訳者あとがき

ここにお届けするのは *Introduction to Jungian Psychology: Notes of the Seminar on Analytical Psychology Given in 1925* を訳出したものです。同書のもととなったのはユングが一九二五年に開催したセミナーの記録ですが、他のセミナー記録同様、長きにわたってごく限られた人にしか閲覧が許されていませんでした。それが一般に入手可能な形で出版されたのが一九八九年、『赤の書』の公開を経て新たに編集し直されたものが出版されたのが二〇一二年のことで、本書はこの最新版を底本としました。

はじめて原書を手にしたときの感動は忘れることができません。精神科医になる以前のこと、フロイトとの出会いと決別、アクティヴ・イマジネーションの経験と『赤の書』、タイプ論の起源と発展。いずれも重要なこうした話題をユング自身が生き生きと語っていくその様に、私はすっかり魅了されてしまいました。「……これってひょっとして『ユング自伝』よりも面白いんじゃないか!」。そんな予感に導かれるままに前半部分の訳文を一気に作ってしまったのが、本書の訳出作業のそもそものはじまりでした。

いますべての作業を終えて、この予感は確信に変わりました。これは「ユング心理学」がどのように誕生し、発展していったかをユング本人が語るという、唯一無二のドキュメンタリです。また本書は五〇歳になる直前、まだ現役の臨床家として日々活動していた時代のユングの肉声を伝えるものでもあります。時に辛辣で、時にユーモラスな、そして何よりも心理療法の実践や同時代の社会政治的状況に対する深い洞察を含んだ彼の言葉は、いまを生きる私たちにとっても切実な内容となっています。ユングから学ぶべきことが、私たちにはまだまだ残されているようです。

ただしもちろん、ここでのユングの語りが一〇〇年近い時を経たものであることを忘れるわけにはいきません。一九二五年当時の、しかもごく近しい人々の集まりだったとは言え、現代の観点から見ればユングや参加者たちの発言の中にはやや危ういもの、場合によっては明らかに問題のあるものも少なからず含まれています。女性や人種、小規模社会（「プリミティヴ」）、そして性的マイノリティ。これらに関連するユングの語りを人権という観点をもとに批判的に乗り越えていくことは、現代を生きる私たちの責任です。それは現代に即した形でユング心理学をもう一度誕生させる、大切な仕事でもあると私は考えています。

*

本書には原書の二人の編者、シャムダサーニとマガイアーのそれぞれによる「序文」が付されていますが、これらは先に読まなければ本編が理解できないというものではありません。どちらもそれなりに分量がありますし、「序文」は後回しにして、最初からユングの語りに耳を傾けてみることを訳者としてはお勧めしたいと思います。とは言え、どちらも充実した、たいへん勉強になる内容であることも確かなので、本編を味わったあとでぜひそちらもお楽しみいただけたら幸いです。

*

じつは本書とは別に、同じ原書の翻訳書がすでに出版されています（『分析心理学セミナー１９２５

——ユング心理学のはじまり』河合俊雄監訳、猪俣剛・小木曽由佳・宮澤淳滋・鹿野友章訳、創元社）。双方の翻訳チームにとってまったく予想外だったトラブルにより、同じ内容の本の翻訳書がほとんど同じ時期に出版されるという異例の事態となってしまったのですが、協議を重ねた結果、私たちは後発での出版を決断することになりました。この間、創元社版の筆頭翻訳者である猪股剛先生からは私たちの出版にご理解を示していただいたばかりか、終始思いやりのこもったお言葉まで頂戴いたしました。ここに御礼を申し上げます。また監訳者の河合俊雄先生、ならびに四人の翻訳者の先生方の大切なお仕事に、心から敬意を表する次第です。

＊

本書の訳出にあたって多くの方からのご支援を受けました。訳者を代表して、ここに御礼を申し上げます。

本書の意義を理解し、一貫して出版を支持してくださったみすず書房に感謝いたします。中でも編集部の田所俊介氏には訳出作業のすべてに関して、これまでどおり的確かつ力強いサポートをしていただきました。田所氏との仕事はこれで六冊目となります。意義のある書物を世に届けようという氏の情熱に、私はいつも支えられています。

本書の訳出作業中、私はスイスのチューリッヒにある、ユング派分析家の訓練機関ＩＳＡＰ（International School of Analytical Psychology）にて学んでいる真っ最中でした。原書をめぐって分析家の先生方や仲間たちと幾度も交わした楽しくも真剣な議論は、私たちの訳文をよりよいものにしてくれたと思います。中でも Murray Stein 先生には訳出作業、ならびに「解題」の執筆にあたってたくさんの示唆と助言をいただいたばかりか、訳出の参考にと、一九二五年にごく少部数発行された本書の貴重な

「写本版」をご提供いただきました。ここに心からの感謝を記す次第です。

家族にも感謝を。妻の晴美は今回も校正作業を手伝ってくれました。いつもありがとう。また、奇しくも本書の訳出中、訳者の二人（小林と河合）にそれぞれ第一子が誕生しました。大変な時期に訳出作業を支えてくれたご家族、特に二人のパートナーの理解と忍耐に感謝します。俐里ちゃん、侑生くん、そして紗南。この本が生まれたときのことをきみたちと話せる日が、どうか早くやってきますように。

二〇一九年夏、敗戦の日に

大塚紳一郎

C. G. ユング
分析心理学セミナー
1925年、チューリッヒ
ソヌ・シャムダサーニ／ウィリアム・マガイアー編
横山 博 監訳
大塚紳一郎・河合麻衣子・小林泰斗 訳

2019 年 10 月 16 日　第 1 刷発行

発行所 株式会社 みすず書房
〒113-0033 東京都文京区本郷 2 丁目 20-7
電話 03-3814-0131（営業） 03-3815-9181（編集）
www.msz.co.jp

本文・口絵組版 キャップス
本文・口絵印刷所 萩原印刷
扉・表紙・カバー印刷所 リヒトプランニング
製本所 誠製本

ISBN 978-4-622-08843-1
［ぶんせきしんりがくセミナー］

著者略歴

（Carl Gustav Jung, 1875-1961）

1875年，スイス北部のケスヴィルにて生まれる．バーゼル大学卒業後，ブルクヘルツリ病院のブロイラーのもとで言語連想実験の研究に従事．その後，フロイトの精神分析運動に参加し，フロイトの後継者と目されるほど，その中心人物として精力的に活動した．1913年にフロイトと決別．その後は独自の心理学の構築に専心し，「コンプレクス」「元型」「集合的無意識」「無意識の補償機能」「内向／外向」「個性化」などの独創的な理論を提唱していった．1961年死去．20世紀最大の心理学者の一人．著作はドイツ語ではヴァルター社から，英語ではプリンストン大学出版から，それぞれ全集が刊行されている．邦訳は以下の通り（一部）．『ユング自伝』『分析心理学』『タイプ論』『ヨブへの答え』『心理療法論』『個性化とマンダラ』『パラケルスス論』『連想実験』『転移の心理学』『ユング 夢分析論』（以上みすず書房）『無意識の心理』『自我と無意識の関係』『心理学と宗教』『アイオーン』『子どもの夢』『診断学的連想研究』『結合の神秘』『夢分析』（以上人文書院）『変容の象徴』（筑摩書房）『分裂病の心理』（青土社）『元型論』（紀伊國屋書店）．

編者略歴

（Sonu Shamdasani, 1962-）

歴史学者，著述家．ユニバーシティ・カレッジ・ロンドン教授．フィレモン・ファウンデーションの統括責任者として，これまで未発表だったユング関連の資料（『赤の書』など）の公刊に尽力．心理学や精神医学，特にユング心理学の歴史に関する著作や論文を数多く発表している．邦訳書に『ユング伝記のフィクションと真相』（創元社）がある．

（William McGuire, 1917-2009）

ジャーナリスト，編集者．『ニューヨーカー』等で勤務したのち，「ボーリンゲン財団」の出版事業の編集責任者としてユングの著作集，フロイトとユングの往復書簡集，さらには『千の顔を持つ英雄』『易経』『グレートマザー』『神曲』などの出版を実現した．邦訳書に『ボーリンゲン 過去を集める冒険』（白水社）がある．

監訳者略歴

横山博〈よこやま・ひろし〉1945年，石川県に生まれる．精神科医，臨床心理士．1970年京都大学医学部卒業．1984-5年，1988-9年，二度に分けてチューリッヒのユング研究所に留学，ユング派分析家の資格を取得．甲南大学名誉教授（在職は1995-2011年）．日本ユング派分析家協会会長（2001年-）．著書『神話のなかの女たち』（人文書院）『心理療法とこころの深層』（新曜社）『心理臨床の治療関係』（共著 金子書房）『心理療法』（編著 新曜社）『心理療法と超越性』（編著 人文書院）『物語の語るこころ』（創元社）．訳書 サールズ『逆転移 分裂病精神療法論集3』ユング『ユング 夢分析論』『心理療法の実践』（以上みすず書房）ローゼン『うつ病を生き抜くために』（人文書院）．

訳者略歴

大塚紳一郎〈おおつか・しんいちろう〉1980年，東京都に生まれる．臨床心理士．2002年慶應義塾大学文学部卒．2009年甲南大学大学院人文科学研究科博士後期課程単位取得退学．現在，ISAP（チューリッヒ）在学．訳書 ランク『出生外傷』メツル／カークランド編『不健康は悪なのか』ユング『ユング 夢分析論』『心理療法の実践』（いずれも共訳）チェインバーズ『心理学の７つの大罪』（以上 みすず書房）フェレンツィ『精神分析への最後の貢献』（共訳 岩崎学術出版社）．

河合麻衣子〈かわい・まいこ〉1981年，大阪府に生まれる．臨床心理士．公認心理師．2008年甲南大学大学院人文科学研究科修士課程修了．加古川市教育委員会青少年育成課教育相談センター，兵庫県立ひょうごこころの医療センターなどで勤務．

小林泰斗〈こばやし・たいと〉1987年，兵庫県に生まれる．臨床心理士．公認心理師．2012年甲南大学大学院人文科学研究科修士課程修了．現在，兵庫県立ひょうごこころの医療センター，加古川市教育相談センター，小林心理療法オフィス．

索　引

あ

か

さ

た・な

は

ま

や

ら

事例索引

登場順．事例はユングが言及したものだが，必ずしもユング自身が治療したものとはかぎらない．

夢・ファンタジー・ヴィジョン索引

登場順．以下のうち特に記述がないものは夢で，ユングが経験したもの．

文献索引（年代順）

オリジナル版の出版年，あるいは（そちらの方が適切な場合）執筆した年.

1896–99 *The Zofingia Lectures* (CW A) *16*

1902 “Zur Psychologie und Pathologie sogenannter Occulter Phänomene” (“On the Psychology and Pathology of So-called occult Phenomena”), trans. M. D. Eder, 1916 (later CW 1)〔『心霊現象の心理と病理』宇野昌人ほか訳，法政大学出版局〕 *16*

1904–9 “Studies in Word Association” (CW 2)〔『連想実験』林道義訳，みすず書房〕 *17*

1906 “Psychoanalysis and Association Experiments” (CW 2)〔「精神分析と連想実験」『連想実験』林道義訳，みすず書房〕 *17*

1906 *Studies on Hysteria* (CW 4) *19*

1907 “The Psychology of Dementia Praecox” (CW 4)〔「早発性痴呆」『分裂病の心理』安田一郎訳，青土社〕 *20, 19*

1908 “The Content of the Psychoses” (CW 4)〔「精神病の内容」『分裂病の心理』安田一郎訳，青土社〕 *19*

1908 *Studies on Hysteria* (CW 4) *19*

1912 *Wandlungen und Symbole der Libido* (*Psychology of the Unconscious*) (tr. B. M. hinkle, 1916) xi, xv, xix, 26, 28–9, 32, 36, 41, 47, 49, 97

1912 “The Theory of Psychoanalysis” (CW 4) *12*

1913 “A Contribution to the Study of Psychological Types” (CW 6)〔『タイプ論』林道義訳，みすず書房〕 *23, 31, 38*

1916 La Structure de l’inconscient = the Structure of the Unconscious (CW 7) *xvii*

1916 *Psychology of the Unconscious*. 1912, *Wandlungen* を参照

1916–17 *Collected Papers on Analytical Psychology* *13–6*

1917 *Die Psychologie der unbewussten Prozesse* (“*The Psychology of the Unconscious Processes*”) (tr., 1917) xvii

1918 “On the Psychology of the Unconscious” (CW 7)〔『無意識の心理』高橋義孝訳，人文書院〕 *30*

1921 *Psychological Types* (tr. H. G. Baynes, 1923) (later CW 6)〔『タイプ論』林道義訳，みすず書房〕 iv–vi, x, xiii, xix, xxvii, 15, 34, 41, 46, 59, 72, 97, 110, *11–2, 16, 18, 23–4, 29–31, 33, 36–8*

1923 Polzeath Seminar ix–x, xxvii

1925 Swanage Seminar i, xiv–xv, *13*

1925 “Marriage as a Psychological relationship” (CW 17) vi, *15*

1927 “Mind and earth” (CW 10) *15, 23, 32, 36*

1928 *Two Essays in Analytical Psychology: The Unconscious in the Normal and Pathological Mind I The Relations between the Ego and the unconscious* (tr. C. F. and H. G. Baynes) (later CW 7)

〔『自我と無意識の関係』野田倬訳，人文書院〕 xvii, xx, *13, 23*
1928 "Analytical Psychology and Education" (CW 17) *35-6*
1928 *Contributions to Analytical Psychology* (tr. C. F. and H. G. Baynes) xix, xxvii, *2, 35*
1928–30 *Seminar on Dream Analysis* (pub. 1983)〔『夢分析』入江良平訳，人文書院〕 xxi, xxx, *28, 30, 33, 36*
1929 *The Secret of the Golden Flower* (tr. C. F. Baynes, 1931) (later CW 13)〔『黄金の華の秘密』湯浅泰雄訳，人文書院〕 xvii
1931 "Basic Postulates of Analytical Psychology" (CW 8) *36*
1932 "Picasso," *27*
1933 *Modern Man in Search of a Soul* (tr. Baynes/Dell) xxviii
1934 "Archetypes of the Collective Unconscious" (CW 9 i)〔「集合的無意識の諸元型」『元型論』林道義訳，紀伊國屋書店〕 *28, 35*
1934–39 *Seminar: Nietzsche's Zarathustra* (pub. 1988) *16*
1934 "The Tavistock Lectures" (CW 18)〔『分析心理学』小川捷之訳，みすず書房〕 *36*
1937 "The Visions of Zosimos" (CW 13)〔「ゾシモスのヴィジョン」『心理学と宗教』村本詔司訳，人文書院〕 *26*
1939 Foreword to Suzuki's *Introduction to Zen Buddhism* (CW11)〔『東洋的瞑想の心理学』湯浅泰雄・黒木幹夫訳，創元社〕 *31*
1946 "The Psychology of the Transference" (CW 16)〔『転移の心理学』林道義訳，みすず書房〕 *26*
1950 Foreword to the *I Ching* (CW 11)〔『東洋的瞑想の心理学』湯浅泰雄・黒木幹夫訳，創元社〕 *29*
1950 "Concerning Mandala Symbolism" (CW 9 i)〔「マンダラ・シンボルについて」『個性化とマンダラ』林道義訳，みすず書房〕 *33*
1952 *Symbole der Wandlung* (*Symbols of Transformation*) (CW 5)〔『変容と象徴 精神分裂病の前駆症状』野村美紀子訳，筑摩書房〕 *20, 34*
1962 *Memories, Dreams, Reflections* [*MDR*] (ed. Jaffé)〔『ユング自伝』河合隼雄・藤縄昭・出井淑子訳，みすず書房〕 *12-3, 17-29, 31-2*
1973 *Letters* (ed. Adler/Jaffé), vol. 1 *14-5, 21, 37*
1974 *The Freud/Jung Letters* (ed. Mcguire)〔『フロイト／ユング往復書簡集』平田武靖訳，誠信書房〕 *14, 17, 19-21, 23, 25, 27*
1977 *C.G. Jung Speaking* (ed. Mcguire/Hull) *14, 18*
1979 *Jung: Word and Image* (ed. A. Jaffé)〔『ユング そのイメージと言葉』氏原寛訳，誠信書房〕 *21, 35*

注

2012年フィレモン・シリーズ版への序文

1 以下を参照のこと．John Beebe, “Obituary, William McGuire,” *Journal of Analytical Psychology* 55 (2010): pp. 157–8.

2 1988年，私はこの巻の準備の研究の補助に従事した．これは当時，学ぶところの多い経験だった．

序　論

1 1922年，ジョーン・コリーは「海の下での夜の海の航海の個人的経験」（A Personal Experience of the Night Sea Journey under the Sea）というタイトルの小論を発表し，ユングとの分析のあいだに見た夢を詳しく記述し，分析した．*British Journal of Analytical Psychology* (*Medical Section*)2: pp. 303–12.

2 ユングの予定表も会が月曜日と木曜日に開催されていたことを確証している．3月中旬から5月上旬にかけて3週間の中断期間もあった（アンドレアス・ユングからの情報による）〔ゲマインデ・シュトラーセ Gemeidestrasse は「心理学クラブ」の住所．アンドレアス・ユングはユングの孫〕．

3 サージェント，マン，ゴードンに関しては，それぞれ xxii 頁，xxi 頁，第2回注6を参照のこと．

4 イースターのころ，（ヘンリー・）マリーはユングとの分析セッションのためにチューリッヒで3週間過ごしている．以下を参照のこと．Forrest Robinson, *Love's Story Told: A Life of Henry A. Murray* (Cambridge, MA: Harvard University Press), pp. 120f.

5 ここで言及されているのはユングのポルツェスでのセミナーである（フィレモン・シリーズで出版が準備されている）．

6 以下を参照のこと．Jung, *Psychological Types*, CW 6, § 150〔『タイプ論』林道義訳，みすず書房，76頁〕．ユングは以下のように述べている．「エナンティオドロミアは「逆流」を意味する．ヘラクレイトスの哲学においては，対立するものどうしの一般的な働きを示すために，この言葉が用いられる――存在するすべてのものはそれと対立するものへと変化するという見方である」（§708）

7 Cary Baynes Papers, Contemporary Medical Archives, Wellcome Library（以後は *CFB* と表記する）．ケアリー・ベインズのノートはシメナ・ロエリ・デ・アングロの許可のもとで再現されている．

8 1923年6月10日．同書への反応に関しては以下の拙著を参照のこと．*Jung and the Making of Modern Psychology: The dream of a Science* (Cambridge: Cambridge University Press, 2003), pp. 83f. and 334f.

9 CW 16〔「除反応の治療的価値」『心理療法の実践』横山博監訳・大塚紳一郎訳，みすず書房〕．

10 CW 15.

11 CW 6.

12 CW 17.

13 Jung, *The Red Book, Liber Novus*, edited and introduced by Sonu Shamdasani, translated by Mark Kyburz, John Peck, and Sonu Shamdasani (New York: W.W. Norton, 2009)〔『赤の書』河合俊雄監訳，創元社．以下，『新たなる書』で統一する〕．

14 『記憶，夢，内省』〔『ユング自伝』〕のために行なわれた，アニエラ・ヤッフェによるユングへのインタビューの原文．Library of Congress, Washington, DC (original in German), p. 142.

15 1924年1月26日付．以下の拙論に記載されている．"*Liber Novus*: the 'Red Book' of C.G. Jung," in *Liber Novus*, p. 213〔『赤の書』河合俊雄監訳，創元社，219-20頁〕．

16 Ibid., pp. 241f〔『赤の書』河合俊雄監訳，創元社，221頁〕．

17 エンマ・ユングのこと（シメナ・ロエリ・デ・アングロからの情報）．

18 1924年6月5日（*CFB*）．

19 以下の拙著を参照のこと．*Cult Fictions: C.G. Jung and the Founding of Analytical Psychology* (London: Routledge, 1998).

20 Friedel Muser, "Zur geschichte des Psychologischen Clubs Zürich von den anfängen bis 1928," Sonderdruck aus dem *Jahresbericht des Psychologischen Clubs Zürich*, 1984, p. 8.

21 以下に基づく情報．Barbara Hannah, *Jung, His Life and Work: A Biographical Memoir* (new york: Putnam, 1976), p. 149.

22 Goodrich Papers, Bancroft library, university of California at San Francisco.

23 このパラグラフにおける情報は以下からのものである．Muser, "Zur geschichte des Psychologischen Clubs Zürich von den anfängen bis 1928," / Minutes of the Psychological Club, Zurich. クラブのアーカイヴを参照する際に手助けをしてくれたアンドレアス・シュヴァイツァー〔心理学クラブの現会長〕に感謝する．

24 *Jahresbericht des Psychologischen Clubs Zürich*, 1925.

25 Jung, *Psychological Types*, CW 6, § 9〔『タイプ論』林道義訳，みすず書房，16頁〕．この問題に関しては以下の拙著第一部も参照のこと．*Jung and the Making of Modern Psychology: The dream of a Science*.

26 たとえば以下を参照のこと．Jung, *Jung contra Freud: The 1912 New York Lectures on the Theory of Psychoanalysis*, with a new introduction by Sonu Shamdasani (Princeton, nJ: Princeton university Press, 2012).

27 SE14〔『フロイト全集 第13巻』道籏泰三訳，岩波書店〕．

28 本書41頁．

29 本書41頁．

30 マイリンクに対するユングの関心の度合いを考えれば，後の祭りとは言え，この作品に対するユングの言葉が記録されていないことを残念に思う人もいるだろう．以下の拙論を参照のこと．"*Liber Novus*: the 'Red Book' of C.G. Jung," in *Liber Novus*, p. 207 and p. 212〔『赤の書』河合俊雄監訳，創元社，218頁〕．

31 本書146頁．

32 *Psychological Types*, CW 6, chapter five〔『タイプ論』林道義訳，みすず書房，第五章〕．

33 このセミナーもフィレモン・シリーズでの出版が準備されている．

34 情報は以下による．Hannah, *Jung, his Life and Work*, p. 166〔B・ハナー『評伝ユン

グ Ⅰ』鳥山平三ほか訳，人文書院，273頁〕/ Esther Harding's notes of the seminar, Kristine Mann library, new york.

35 1942年4月10日，ユングはメアリー・メロンに次の手紙を送っている．「『リビドーの変容と象徴』はもう一度翻訳する必要があります．どうしてもそれが必要なのです」(Jung archives, Swiss Federal institute of technology, Zurich)（原文英語）．ジョセフ・ヘンダーソンによると，ユングはテクストの再翻訳を希望していたが，版権の問題に遭遇したとのことである（私信）.

36 *CFB.*

37 *CFB.*

38 同年2月，彼女はリヒャルト・ヴィルヘルム編集の『易経』の翻訳に着手している——数十年にわたって彼女を忙殺させることになった課題だ（Cary Baynes to Chauncey Goodrich, Goodrich Papers, Bancroft library, university of California at San Francisco, February 15, 1925）.

39 *Liber Novus*, pp. 157f〔『赤の書』河合俊雄監訳，創元社，206頁〕.

40 *Das Unbewusste im normalen und kranken Seelenleben. Ein Überblick über die moderne Theorie und Methode der analytischen Psychologie* (Zurich: Rascher Verlag, 1926). 後の改訂版（1943年）が著作集7巻（CW 7）に収録されている.

41 以下で英語で読むことができる．Jung, *Collected Papers on Analytical Psychology*, ed. and trans. Constance Long (London: Baillière, Tindall and Cox, 1917).

42 CW 7.

43 Ibid.

44 CW 7, § 296f〔『自我と無意識の関係』野田倬訳，人文書院，111頁以降〕.

45 CW 13, pp. 56f.

46 C.G. Jung, *Memories, Dreams, Reflections*, recorded and ed., Aniela Jaffé, trans. Richard and Clara Winston (1962; london: Flamingo, 1983)〔『ユング自伝 1・2』河合隼雄ほか訳，みすず書房〕.

訳注

i 『マタイ伝福音書』の一節.「また，彼は大いなるラッパの音と共に御使たちをつかわして，天のはてからはてに至るまで，四方からその選民を呼び集めるであろう」（24：31）

ii 原題 *She*. 既訳（『洞窟の女王』大久保康雄訳，東京創元社）があるが以後の議論との関係で，本書では『あのひと』と表記する.

1989年版の序論

1 1912-1913年（？），1920年，1923年にユングが行った非公式のセミナー，および1928-1941年に行なったより公式のセミナー（およびETHレクチャー）に関しては，以下を参照のこと．*Dream Analysis*, introduction, pp. vii-xiii（各種の略称については文献略号一覧を参照されたい）．別の非公式のセミナーが本書のセミナーの約2週間後，ユングの50歳の誕生日の前日の6月25日，スワネージではじまっている．このセミナー，および1923年のセミナーに関しては，M・エスタ

ー・ハーディングによる手書きの記録が現存している.

2 同書の起源となったのは「心理学の新たなる道」(Neue Bahnen der Psychologie, *Raschers Jahrbuch für schweizer Art und Kunst*, Zurich, 1912) という 36 ページの論文だった. 英訳 (New Paths in Psychology) が以下に収録されている. *Collected papers on Analytical Psychology* (1916), 1st ed.

3 もともとは 1916 年にチューリッヒ分析心理学学派のために行われた 27 頁のレクチャーの記録だった. 以下のフランス語訳が初出. "La structure de l'inconscient," *Archives de psychologie* (Geneva), XVi (1916). 英訳は以下. Collected Papers, 2nd ed. (1917). 大幅に改訂, 拡張されたドイツ語の初出は以下. Die Beziehungen zwischen dem Ich and dem Unbewussten (1928).(これが『分析心理学基礎二論』〔ユング著作集第 7 巻〕の翻訳の原本)

4 William Mcguire, "Jung in america, 1924–1925," *Spring*, 1978, pp. 37–53.

5 Barbara Hannah, *Jung, his Life and Work: A Biographical Memoir* (New York, 1976), p. 176.〔『評伝ユング I』後藤佳珠ほか訳, 人文書院, 262 頁〕

6 [2012] ケアリー・ベインズのリストにさらに 6 人が足されている——そのうち 1 人はイギリス人だが, もう一方の背景は不明である.

7 [2012] アドルフ・ケラーとティナ・ケラーに関しては以下を参照のこと. Marianne Jehle-Wildberger, *Adolf Keller, 1872–1963: Pionier der ökumenischen Bewegung* (Zurich: theologischer Verlag, 2009); Wendy Swan, ed., *Memoir of Tina Keller-Jenny: A Lifelong Confrontation with the Psychology of C.G. Jung* (new orleans: Spring Journal Books, 2011).

8 Doreen B. Lee, "The C.G. Jung Foundation: the First twenty-one years," *Quad rant*, 16: 2 (Fall 1983), pp. 57–61.

9 John C. Burnham and William Mcguire, *Jelliffe: American Psychoanalyst and Physician, & his Correspondence with Sigmund Freud and C.G. Jung* (Chicago, 1983), index, s.v. Evans. 以下も参照のこと. Jung's foreword to Evans's *The Problem of the Nervous Child*, CW 18, pars. 1793–4.

10 ジョセフ・ヘンダーソン博士からの情報. 以下も参照のこと. *Dream Analysis*, index, s.v. Shaw.

11 Jung to Aldrich, 5 Jan. 1931, in *Jung: Letters*, vol. 1, p. 80; Elizabeth Shepley Sergeant, "Doctor Jung: a Portrait in 1931," *Jung Speaking*, pp. 51–2.

12 CW 18, pars. 1296–9.

13 *The New York Times*, 9 April 1933, iV, 7: 5.

14 Bacon, *Semi-centennial: Some of the Life and Part of the opinions of Leonard Bacon* (New York, 1939), p. 182.

15 Linda H. Davis, *Onward and Upward: A Biography of Katherine S. White* (New York, 1987), pp. 27–8.『ニューヨーカー』誌の編集者キャサリン・S・ホワイトはサージェントの妹だった.

16 Jung to Freud, 23 oct. 1906, *Freud/Jung*; Carotenuto, A *Secret Symmetry: Sabina Spielrein between Jung and Freud* (New York, 2nd ed., 1984), pp. 139ff. [2012] シュピールラインの入院記録については以下を参照のこと. "Burghölzli hospital records of Sabina Spielrein," *Journal of Analytical Psychology* 46 (2001): 15–42.

17 Sergeant, *Shadow Shapes: The Journal of a Wounded Woman* (Boston, 1920).

18 "Doctor Jung: a Portrait," *Harper's*, May, 1931; in *Jung Speaking*, pp. 52–3.

19 Cora du Bois, "Paul Radin: An Appreciation," in *Culture in history: Essays in honor of Paul Radin* (new york, 1960), p. xiii.

20 Ibid.

21 シドニー・コーウェル（ヘンリー・コーウェル夫人）からの私信．ロバートソンとの離婚後，彼女はアメリカ人の作曲家ヘンリー・コーウェルと結婚した．彼女はラディンとの友人関係を持続した．

22 ケアリー・デ・アングロによる写本にはいくつかの引用が登場しない．今回の版〔1989年版〕では補遺としてある．

23 Gerhard Wehr, *Jung: A Biography*, tr. d. M. Weeks (Boston and london, 1987), p. 6. 以下を参照のこと．Jung, "Marriage as a Psychological Relationship" (1925), CW 17, pars. 324ff.; "Mind and earth" (1927), CW 10, pars. 49ff.; *Sinnsuche oder Psychoanalyse: Briefwechsel Graf hermann Keyserling-Oskar A. H. Schmitz aus den Tagen der Schule der Weisheit* (Darmstadt, 1970), register, s.v. Jung. ［2012］以下も参照のこと．"C.G. Jung: Letters to Oskar Schmitz, 1921-31," *Psychological Perspectives* 6 (1975).

24 *Jung: Letters*, vol. 1, p. 54 (20 Sept. 1928).

25 CW 18, pars. 171ff.

26 Adelaide Louise Houghton, *The London Years 1925-1929* (New York, 1963; privately published), entries for 28 oct. 1925, 21 Feb. 1926. および，ジェイムズ・R・ホートンからの私信．

27 伝記的情報はシメナ・デ・アングロによる．以下も参照のこと．W. Mcguire, *Bollingen: An Adventure in Collecting the Past* (Princeton, 1982), index, s.v. "Baynes, Cary F.," and p. 330.［2012］シメナ・デ・アングロの回想によると，自分の結婚がうまくいかなかった理由を探るために，チューリッヒで彼女はユングとの分析を経験した．以下も参照のこと．Gui de Angulo, *The old Coyote of Big Sur: The Life of Jaime de Angulo* (Big Sur: Henry Miller Memorial Library, 1995).

28 私信（1978年1月11日）．

29 私信（1978年1月29日）．

30 私信（1978年2月）．

訳注

i マガイアー編集の1989年版の表題は「分析心理学―― 1925年セミナーの記録」（Analytical Psychology : Notes of the Seminar in 1925）というものだった．

ii *Collected Papers on Analytical Psychology*.

iii 『変容の象徴』野村美紀子訳，筑摩書房．なお邦訳はドイツ語版著作集に収録された第4版からの訳出．同書の初版の英訳にはPsychology of the Unconscious（『無意識の心理学』）というかなり意訳されたタイトルが付されており，英語で行なわれたこのセミナーの中ではユングも同書のことを *The Psychology of Unconscious* と呼んでいる．ただし，後にユングは *Die Psychologie vom Unbewusste* という書も記しているので（GW 7），混乱を防ぐ意味で本書では，本文中の *The Psychology of Unconscious* は『リビドーの変容と象徴』とドイツ語原題の訳語で表記する．

iv *Das Unbewusste im normalen und kranken Seelenleben*.

v The Unconscious in the Normal and Pathological Mind.

vi　英訳版ユング著作集（Collected Works）第 7 巻の表題.
vii　原文 American Indian.

第 1 回

1　On the Psychology and Pathology of So-called Occult Phenomena" (tr. M.D. Eder), in *Collected Papers on Analytical Psychology*, ed. Constance E. Long (New York and London, 1916; 2nd ed., 1917), pp. 1–93. (CW 1, pars, 1ff., tr. R.F.C. Hull.)〔『心霊現象の心理と病理』宇野昌人ほか訳，法政大学出版局〕. *MDR*, pp. 106f./109f.［2012］以下も参照のこと．F.X. Charet, *Spiritualism and the Foundations of Jung's Psychology* (Albany: State University of New York Press, 1993).
2　バーゼル大学医学生時代のユングのエドゥアルド・フォン・ハルトマン（1842–1906）およびアルトゥール・ショーペンハウアー（1788–1860）の発見については以下を参照のこと．*The Zofingia Lectures* (1896–1899; CW, suppl. vol. A), index, s.w.［2012］ユング所有のショーペンハウアーの『意思と表象としての世界』には彼の蔵書票があり，その日付は 1897 年となっている．それには多くの注釈が記されている．1897 年 5 月 4 日，ユングはバーゼル大学の図書館からショーペンハウアーの『余録と補遺』を借りている．同書の彼自身の蔵書の日付は 1897 年となっていて，多くの注釈が寄せられている（特に超越的推測と霊視に関する箇所）．ユングはバーゼル大学の図書館から 1898 年 1 月 15 日にハルトマンの『無意識の哲学』を，1898 年 9 月 13 日に『物自体』を，1898 年 10 月 18 日に『キリスト教の自己崩壊と未来の宗教』をそれぞれ借りている．ショーペンハウアーとフォン・ハルトマンに関しては以下を参照のこと．Angus Nicholls and Martin Liebscher, eds., *Thinking the Unconscious: Nineteenth-Century German Thought* (Cambridge: Cambridge University Press, 2010). ユングによる彼らの著作の読解については以下を参照のこと．Shamdasani, *Jung and the Making of Modern Psychology: The Dream of a Science* (Cambridge: Cambridge University Press, 2003), pp. 197f.
3　*Die Welt als Wille und Vorstellung* (1818); *Über den Willen in der Natur* (1836)〔『ショーペンハウアー全集 8 自然における意思について』金森誠也訳，白水社〕.
4　*Philosophic des Unbewussten* (1869); tr., *Philosophy of the Unconscious* (1931).
5　［2012］ツームシュタイン - プライスヴェルクはこの交霊会の終了について，以下の見解を示している（*C.G. Jung's Medium*, p. 92）．あるときユングが大学の友人を連れてきた．彼らの存在はヘレーネを混乱させ，その力は彼女のもとから去っていってしまった．ユングのために，彼女は腕を動かして催眠状態に自分を置こうとしたが，うまくいかなかった．彼女は演技をし，彼らはそれに気がついた．彼らは笑い出し，ユングはそれに耐えられなかったのだ，と.
6　この少女はユングのいとこ，ヘレーネ・プライスヴェルクである．以下を参照のこと．Stefanie Zumstein-Preiswerk, *C.G. Jung's Medium: Die Geschichte der Helly Preiswerk* (Munich, 1975). 以下の要約も参照されたい．James Hillman, "Some Early Background to Jung's Ideas: Notes on *C.G. Jung's Medium* ... ," *Spring*, 1976, pp. 123–36.
7　*Psychological Types* (CW 6), def. 18.〔『タイプ論』林道義訳，みすず書房，460–1 頁〕.
8　*The Zofingia Lectures*, index. ユングが後に行なった『ツァラトゥストラかく語りき』

は以下も参照のこと．John Haule, "From Somnambulism to Archetypes: The French Roots of Jung's Split from Freud," *Psychoanalytic Review* 71 (1984); pp. 95–107, and my "From Geneva to Zurich: Jung and French Switzerland," *Journal of Analytical Psychology* 43, no. 1 (1998): pp. 115–26.

4 *Freud/Jung*, 2 J (5 Oct. 1906), 6 J (26 Nov. 1906), and 43–4 J (4 and 11 Sept. 1907)〔『フロイト／ユング往復書簡集』（平田武晴訳，誠信書房，4-5 頁，11 頁，105-9 頁〕．およびユング著作集 4 巻の最初の 2 本の論文も参照のこと〔「フロイトのヒステリー学説――アシャフェンブルクの批判への反論」（Die Hysterielehre Freuds: Eine erwinderung auf die Aschaffenburgsche Kritik. 1906），および「フロイトのヒステリー理論」（Die Freud'sche Hysterie theorie. 1908）〕．［2012］バーデン - バーデンとチュービンゲンでの 1906 年の学会，およびアムステルダムでの 1907 年の学会については以下を参照のこと．Mikkel Borch-Jacobsen and Sonu Shamdasani, *The Freud Files: An Inquiry into the History of Psychoanalysis* (Cambridge: Cambridge University Press, 2011), chapter one.

5 ［2012］ここで言及されているのは，ユングの「ヒステリーに関するフロイトの理論――アシャフェンブルクの批判への反論」（CW 4）である．同論文は後に以下に掲載された．*Münchener medizinische Wochenschrift*, LIII: 47, November 20, 1906, pp. 2301–2.

6 『ヒステリー研究』（1893; SE II）には，フロイトによる症例が 4 例掲載されている．フロイトによる転換ヒステリーに関する著作のリストである「補遺 B」は，1906 年以前の他の論文が 11 本引用されている．

7 ヨーゼフ・ブロイアーによる「アンナ O.」の事例史については以下を参照のこと．SE II, pp. 21–47〔『ヒステリー研究 上』金関猛訳，中央公論新社，25–64 頁〕．ユングは『ヒステリー研究』をすでに 1902 年の時点で引用している．以下を参照のこと．CW 1, n. 114.

8 ［2012］当時フロイトは医学生であったため，彼が呼ばれていたとは考えにくい．「アンナ O.」の事例に関しては以下を参照のこと．*Remembering Anna O.: A Century of Mystification*, trans. K. Olson in collaboration with X. Callahan and the author (New York: Routledge, 1995).

9 "The Psychology of Dementia Praecox" (1907), CW 3, pars. 1ff〔『分裂病の心理』安田一郎訳，青土社，67 頁以降〕．

10 "The Content of the Psychoses" (1908), CW 3, par. 358〔「精神病の内容」『分裂病の心理』安田一郎訳，青土社，27 頁〕．*MDR*, pp. 124ff/125ff〔『ユング自伝 1』河合隼雄ほか訳，みすず書房，182 頁以降〕．

11 パウル・オイゲン・ブロイラー（1857–1939）．ブルクヘルツリ病院院長（1897–1927）．

12 「B. St.」あるいは「バベッテ S.」の事例．『早発性痴呆の心理学』における主要な事例．pars. 198ff〔『分裂病の心理』（安田一郎訳，青土社，185 頁〕．「精神病の内容」（1908）においても同様．CW 3, pars. 363ff〔「精神病の内容」『分裂病の心理』安田一郎訳，青土社，29 頁以降〕．以下も参照のこと．*MDR*, pp. 125–8 (both eds.)〔『ユング自伝 1』河合隼雄ほか訳，みすず書房，184–8 頁〕．

13 *MDR*, p. 149/146「この本を通じて，私はフロイトを知るようになったのであ

る」〔『ユング自伝 1』（河合隼雄ほか訳，みすず書房，215 頁〕．1906 年 12 月，ユングはフロイトに『早発性痴呆の心理学』（1907）を贈呈している．*Freud/Jung*, 9 J〔『フロイト／ユング往復書簡集』平田武晴訳，誠信書房，17-9 頁〕．1907 年 3 月 3 日，ユングとその妻はヴィーンのフロイトを訪問している．ibid., p. 24〔『フロイト／ユング往復書簡集』平田武晴訳，誠信書房，31 頁〕．

14　*MDR*, p. 150/147〔『ユング自伝 1』河合隼雄ほか訳，みすず書房，216 頁〕．

15　この 3 カ月前の 1925 年 1 月中の 1 〜 2 日，ユングはニューメキシコのタオス・プエブロを訪れている．*MDR*, p. 252/237〔『ユング自伝 2』河合隼雄ほか訳，みすず書房，66-76 頁〕．以下も参照のこと．William McGuire, "Jung in America, 1924–1925," *Spring*, 1978, pp. 37–53.

16　*MDR*, pp. 156, 158/152, 154〔『ユング自伝 1』河合隼雄ほか訳，みすず書房，227 頁以降〕．

17　［2012］ユングは複数のインタビューにおいて，フロイトの夢が義理の妹であるミンナ・ベルナイスとの不倫関係と直接的に関係するものだったと示唆している．1953 年 8 月 29 日のクルト・アイスラーとのインタビュー（Sigmund Freud Collection, Manuscript Division, Library of Congress, Washington, DC). John Billinsky, "Jung and Freud (the End of a Romance)," *Andover Newton Quarterly* 10 (1969): pp. 39–43. この問題については以下も参照のこと．Peter Swales, "Freud, Minna Bernays, and the Conquest of Rome: New Light on the Origins of Psychoanalysis," *New American Review* 1 no. 2–3 (1982): 1–23; Franz Maciejewski, "Freud, His Wife, and His 'Wife,' " *American Imago* 63 (2006): pp. 497–506（後者は，1898 年 8 月にスイスのマローヤにある「ホテル・シュヴァイツァーハオス」にて，フロイトが義理の妹と「フロイト夫妻」として部屋をとったとの調査内容を明らかにしている）．

18　ユングは「リビドーの変容と象徴：思考の発達史に関する考察」（Wandlungen und Symbole der Libido: Beiträge zur Entwicklungsgeschichte des Denkens）を『精神分析的および精神病理学的研究』誌上で当初 1911 年および 1912 年の 2 部に分けて，ついで1912年に著書として発表している．1916年の同書の英訳はベアトリース・M・ヒンクルによるもので，『無意識の心理学――リビドーの変容と象徴性の研究，思考の進化史に対する考察』（Psychology of the Unconscious: A Study of the Transformations and Symbolisms of the Libido; A Contribution to the History of the Evolution of Thought）との英題が付された．1952 年，全編にわたって改訂，拡張されたものが『変容の象徴――ある統合失調症の序幕の分析』（Symbole der Wandlung: Analyse des Vorspiels zu einer Schizophrenie）として発表．英訳は 1956 年（*Symbols of Transformation: An Analysis of the Prelude to a Case of Schizophrenia*. CW 5）．『自伝』の中で，ユングはこの夢を「私の著書のある種の序幕」と呼んでいる．*MDR*, p. 158/ 154〔『ユング自伝 1』河合隼雄ほか訳，みすず書房，228 頁〕．

19　［2012］フロイトの問いに対してユングは妻の名前を挙げたと，E. A. ベネットは報告している（*C.G. Jung* [1961; Wilmette: Chiron Books, 2006], p. 89）．ユングはアニエラ・ヤッフェに対しては，妻と義理の妹の名前を挙げたと示唆している（*MDR*, p. 159）〔『ユング自伝 1』河合隼雄ほか訳，みすず書房，230 頁〕．この夢に関するさらなる注釈については以下を参照のこと．Jung, "Symbols and the Interpretation of Dreams" (1961), CW 18, § 465f〔「象徴と夢解釈」『ユング 夢分析論』

横山博監訳・大塚紳一郎訳，みすず書房〕, Jung/ Jaffé protocols, Jung Collection, Manuscript Division, Library of Congress, p. 107.

20 実際にはメソポタミア．ユングが手に取った本はフリードリヒ・クロイツァーの『古代民族の象徴性と神話』（*Symbolik und Mythologie der alten Völker*. [Leipzig and Darmstadt, 1810–1823]）である．*MDR*, p. 162/158〔『ユング自伝 1』河合隼雄ほか訳，みすず書房，233 頁〕.

21 *Freud/Jung* 140 J, 12 May 1909〔『フロイト／ユング往復書簡集』平田武晴訳，誠信書房，25-8 頁〕; *MDR*, p. 117/119〔『ユング自伝 1』河合隼雄ほか訳，みすず書房，233 頁〕.

22 フランク・ミラーは一時期ジュネーヴ大学のテオドール・フルールノワのもとで学んだアメリカ人の臨時講師で．ミラーは「下意識の創造的想像の数例」（Some Instances of Subconscious Creative Imagination）というフランス語の論文を『心理学年報』（vol. V, Geneva, 1905）にて発表し，同論文にはテオドール・フルールノワの序文が寄せられている．ユングが所有していた同論文のコピーには大量の注釈が付されている．第 4 回注 1 も参照のこと．以下も参照されたい．Shamdasani, “A Woman Called Frank,” *Spring: A Journal of Archetype and Culture* 50 (1990): pp. 26–56.

23 放散虫に関する夢．*MDR*, p. 85/90f〔『ユング自伝 1』河合隼雄ほか訳，みすず書房，122 頁〕．以下にその絵が描かれている．*Jung: Word and Image*, p. 90〔『ユング そのイメージと言葉』氏原寛訳，誠信書房，90 頁〕.

24 フロイトがユングの著書に「父に対する抵抗」と記して送り返したという物語は有名だが，同書の初版の一冊がロンドンのフロイトの書斎に現存している．それにはユングの手で「従順ではないけれど，心から感謝している教え子より，師に捧げる」と記されている（*Freud/ Jung*, new ed., 324F n. 2, addendum）〔『フロイト／ユング往復書簡集』（平田武晴訳，誠信書房，312-5 頁〕．以下も参照のこと．*Jung: Letters*, vol. 1, p. 73, in a letter of March 4, 1930.「フロイトは私の著書を受け取りましたが，私の考えはすべて父に対する抵抗以外の何ものでもないと私に言ったのです」

25 ［2012］「精神分析運動の歴史について」（SE 14, p. 26）の中で，フロイトは自身の教え子の大半がチューリッヒ経由でやってきたことを認めている〔『フロイト全集 13』道籏泰三訳，岩波書店，64-5 頁〕．〔シャーンドル・フェレンツィ（ハンガリー），カール・アブラハム（ドイツ），アーネスト・ジョーンズ（カナダ，のちにイギリス），ルートヴィヒ・ビンスヴァンガー（スイス，ユングのフロイト初訪問に同行）など，最初期の精神分析運動の主要人物の多くがユングを経由してフロイトの知遇を得ている〕

26 *MDR*, p. 171/165〔『ユング自伝 1』河合隼雄ほか訳，みすず書房，254 頁〕.

訳注

i 勤務先であったブルクヘルツリ病院の方針により，当時ユングは家族とともに病院と同じ建物内に設けられた自室で生活していた．

ii フロイトは 1908 年 9 月 18 ～ 21 日，ユングを訪ねてチューリッヒ郊外のブルクヘルツリ病院を訪問し，ユングの案内で病棟を見学している．

iii ユングがヴィーンのフロイト宅を訪れたのは 1907 年 3 月 3 日のことである．

文通が始まったのは1906年.

第4回

1 ［2012］1955年12月17日，エドウィン・カッツェンエルンボーゲンはユングに宛てに下記の内容の手紙を送っている.「私はかなり以前に「リビドーの道のり」に関連して，その報告の著者の女性，ミラー氏が当時デンヴァー州立病院で自分の担当患者だったとお伝えいたしました. 実際の人物に対して行った検査に基づく私の診断は，彼女が記した冊子のみに基づく直観的分析を完全に確証するものでした」(Jung archives, Swiss Federal institute of technology, Zurich). フランク・ミラーは「軽躁的特性を伴う精神病質パーソナリティ」と診断された. 彼女は1週間後に退院が許可され，その後自発的にマクリーン病院に入院している. その際の診断は「精神病質劣等感」であり「大幅な改善」を示したために数カ月後に退院している. いずれの一連の治療記録にも宇宙起源神話，早発性痴呆の診断，恒常的な錯乱状態の痕跡は見られない. 当時，精神病質は幅広いカテゴリであり，遺伝性性の背景を指すものだった. 前掲書収録の以下の拙論を参照のこと. “A Woman Called Frank”.

2 CW 5, p. xxviii: Foreword to the Second (german) edition [of Wandlungen und Symbole der Libido] (November, 1924). この序文は『変容の象徴』の後の版には含まれていない. 英語での初出は著作集5巻（CW 5 (1956)).

3 （第2部ではなく）第1部第4章（CW 5, pars. 46ff). ミラーは「神に栄光あれ」と題された「夢詩」のファンタジーを創り出し，それを目が覚めた状態でアルバムの中に書き記した. 以下を参照のこと. S. T. Coleridge, “Kublai Khan.”

4 ibid., pars. 115ff.: chapter V. それと同様にミラーは「太陽に向かう蛾」と題された詩も創作している.

5 *Psychologische Typen* (1921); tr. h. g. Baynes, *Psychological Types* (1923). 同書には「個性化の心理学」との副題が添えられていたが，これは英語版（CW 6）でもドイツ語版でも，後続の版には引き継がれなかった. CWおよびGWには4本の関連論文を含む付録が収録されている（以下の注11を参照). 以下を参照のこと. *MDR*, pp. 207f./198f〔『ユング自伝1』河合隼雄ほか訳，みすず書房，246頁以降〕.

6 写本版では“transifrom”. タイプミスか？

7 写本版では“Mithra”. これはドイツ語では通常の表記である. “Mithras”は英訳版著作集で採用されている. ミトライズム（Mithraism）という言葉をユングはひとつのパラダイムとして使用しているが，これは紀元2世紀ごろにローマ帝国に広く普及していた善と悪の対立を基盤とする宗教のことである.

8 1916年版455頁（1919版252頁). 〔著作集に収録された〕『変容の象徴』においてはこの一説は削除されている. 以下を参照のこと. pars. 644–5.

9 「魂の石」あるいは呪物. 以下を参照のこと. “On Psychic Energy”（1928; CW 8), par. 119. ユングは同論文を1912年，『変容と象徴』の完成直後に書きはじめたが，タイプ論の問題の研究の方を優先した（“On Psychic Energy,” par. 1, n. 1). オーストラリアのアボリジニーに関するユングの情報源は以下の書物である. W.R. Spencer and F.J. Gillen, *The Northern Tribes of Central Australia* (1904). 同書は以下でも引用されて

いる．*Psychological Types* (CW 6), especially par. 496.

10 1911 年春にアルフレート・アードラーがフロイトと決別した後，アードラーに対するユングの（フロイトへの手紙の中の）言及は一貫して否定的なものだった．しかし 1912 年秋，「精神分析理論」（CW 4, p. 87）の前書きでユングはこう記している．「さまざまな点に関して，（アードラーと）似た結論に達したのだと私は認識している」．以下を参照のこと．*Freud/Jung*, 333J n. 1〔『フロイト／ユング往復書簡集』平田武晴訳，誠信書房，330 頁〕．［2012］1912 年，ユングはアードラーの著書『神経症的性格』に関する「精神分析理論について——いくつかの新著の書評」という表題の，現在のところ未発表だが肯定的な書評を記している．以下の拙著を参照のこと．*Jung and the Making of Modern Psychology: The dream of a Science* (Cambridge: Cambridge University Press, 2003), pp. 55f.

11 CW 6, pars. 88–92.

12 “A Contribution to the Study of Psychological types”（CW 6, appendix）〔『タイプ論』林道義訳，みすず書房，533–42 頁〕．1913 年の精神分析学会ミュンヘン大会（ユングとフロイトが最後に出会った機会）での講演．§ 880–2 で，ユングはフロイトの理論とアードラーの理論とをタイプの点から比較している．

13 1927 年の小論の中で，ユングがこれらの女性のタイプについて簡単に論じている．以下を参照のこと．“Mind and Earth,” CW 10, pars. 75f. 1934 年に行なわれたチューリッヒの心理学クラブでの講演で，トーニ・ヴォルフはこれらのタイプとそれ以外の 2 つのタイプ，つまりアマゾンと平均的女性を包括する 4 組の図式を仮定している（Students association, C. G. Jung institute, Zurich, 1956）．以下も参照のこと．Wolff, *Studien zu C. G. Jungs Psychologie* (Zurich, 1959), pp. 269–83.

14 Daudet: *L'hérédo: Essai sur le drame intérieur* (1916). 同書は『自我と無意識の関係』（1928, CW 7, pars. 233, 270）に引用されている〔『自我と無意識の関係』高橋義孝訳，人文書院，41 頁および 88 頁〕．

15 CW 6, pars. 184, 828.

第 5 回

1 前出の第 4 回，注 14 を参照のこと．

2 E.T.A. ホフマン『悪魔の霊液』（1813），『黄金の壺』（1813）．

3 *MDR*, pp. 163–65/158–60〔『ユング自伝 1』河合隼雄ほか訳，みすず書房，234–7 頁〕．［2012］1913 年，ユングはこの夢を『黒の書』に以下のように書き記している．「私は南部の町にいて，狭い踊り場がある上り坂の通りにいる．真昼の 12 時で陽光が燦々と降り注いでいる．一人の年老いたオーストリア人の税関検査官かそれに類する人が私の傍を通り過ぎ，消えてしまう．誰かが「あいつは死に切れないんだ．3，40 年前に死んだんだが，まだ自分を解放できないでいるんだ」と言う．私がとても驚いていると，そこに怪しげな人物がやってくる．彼はがっしりとした体格の騎士で黄色っぽい鎧を身にまとっていた．彼は堅固そうで，かつ謎めいていて，完全武装していた．彼は背中に赤いマルタ騎士団の十字を背負っている．彼は 12 世紀からずっとここに居続けていて，毎日，12 時と 1 時のあいだに同じ道順を歩いているのだという．誰もこれらの二人の亡霊に目を奪われ

ず，私だけが非常に驚いている．／私の解釈のスキルを用いるのにはためらいを感じるが，年老いたオーストリア人に関しては，フロイトが想起され，騎士に関しては，私自身が想起された．／内側で「すべて空っぽで見せかけだ」という声がするが，私はそれに耐えなければならない」（*Black Book* 2, cited in *Liber Novus*, p. 198）〔『赤の書』（河合俊雄監訳，創元社，200–1 頁〕

4 13 〜 14 世紀ドイツの神秘主義者・神学者．若いころ，ユングは彼の著作を読んでいた（*MDR*, p. 68/76）〔『ユング自伝 1』河合隼雄ほか訳，みすず書房，107 頁〕.「マイスター・エックハルトにおいてのみ，私は命の息吹を感じた」．『タイプ論』（CW 6, par. 410–33）では広い範囲で議論されている．

5 *MDR*, pp. 171f/166f〔『ユング自伝 1』河合隼雄ほか訳，みすず書房，236 頁以降〕.『自伝』の第 6 章は本セミナーの第 5 回と第 6 回を利用したものだが，そこではより完全に素材が展開されている．パラッツォ・ベッキオとの比較は『自伝』では削除された．比較により適しているのは，付近にある建築物ロギア・デイ・ランツィの方だろう．

6 ［2012］1913 年，ユングはこの夢を以下のように述べている．「私が（1912 年のクリスマスの少し後のころ）見た夢は次のようなものだった．私は自分の子どもたちと壮麗豪華なしつらえの塔――ひろびろとした柱廊広間――におり，丸テーブルを囲んで座っている．テーブルの天板は見事な深緑色の石でできていた．突然，かもめか鳩が飛んできて，軽々とそのテーブルの上に舞い降りる．私は子どもたちに，その美しい白い鳥が驚いて逃げてしまわないように，静かにするよう言って聞かせる．突然，その鳥が 8 歳くらいの小さなブロンドの女の子に姿を変え，その素晴らしい柱廊で私の子どもたちと一緒に遊びながら走り回る．そして，その子は突然かもめか鳩に姿を変え，私に次のように言う．「その夜の最初の 1 時間，オス鳩が 12 人の死者と忙しくしている間だけ，私は人間になれるのです」と．この言葉とともにその鳥は飛び去り，そこで目が覚めた」（*Liber Novus*, 198）〔『赤の書』河合俊雄監訳，創元社，201 頁〕.

7 ユングはこの文言を『リビドーの変容と象徴』で引用しているが（cf. *Psychology of the unconscious*, 1916 ed., p. 63），そこでは単に「古い神秘主義」とされている．ユングは著作集 5 巻（par. 77）でもそれを繰り返しているが，そこではエメラルド・タブレットとヘルメス・トリスメギストスを完全な形で引用している．

8 *MDR*, pp. 173f/168f〔『ユング自伝 1』河合隼雄ほか訳，みすず書房，248 頁以降〕.

9 ibid., pp. 175f/169f〔『ユング自伝 1』河合隼雄ほか訳，みすず書房，256 頁以降〕.［2012］『新たなる書』の中で，ユングはこう記している．「それは 1913 年 10 月のことだった．一人で旅をしていたときに，日中に突然，ヴィジョンが降りかかってきた．北海とアルプスのあいだの北方で低地の国々全てが，途方もない大洪水に見舞われているのを見たのである．それはイギリスからロシアまで，北海の海岸からほとんどアルプスにまで及んでいた．大波が黄色く泡立ち，瓦礫と無数の死体が浮いているのが見えた．／このヴィジョンは 2 時間にわたり，私は混乱し，気分が悪くなった．私にはそれが理解できなかった．それから 2 週間たって，そのヴィジョンはもっと激しくなって戻ってきた．そして内なる声が，こう話しかけてきた．「見なさい．それはまったく本当のことなのですよ．そうなるのです．それは疑いのないことです」．私はまた 2 時間，このヴィジョンと戦ったが，

それは私を捕らえて放さなかった．私は疲れ果て，混乱した．そして私は，自分の精神が病んでしまったのかと思った」（p. 231）〔『赤の書』河合俊雄監訳，創元社，237 頁〕．ユングはシャフハウゼンに向かう途中だった．シャフハウゼンにはユングの義母が住んでいて，彼女の 57 歳の誕生日は 10 月 17 日だった．汽車での旅は約 1 時間かかる．

10 *MDR*, pp. 185ff/178ff 〔『ユング自伝 1』河合隼雄ほか訳，みすず書房，265 頁以降〕．その他の夢やヴィジョンについて記述した数頁後のこの時点で，ユングがこう記している．「私はその声がある女性からのものだと確かに知っていた．それはそれが，才能ある精神病質患者で，私に強い転移を起こしていたある患者の声だとわかったのだ」．［2012］問題の女性がザビーナ・シュピールラインだと考える人もいるが，実際にはマリア・モルツァーである．以下の拙論を参照のこと．Introduction, *Liber Novus*, p. 199 〔「序論 新たなる書―― C.G. ユングの『赤の書』」『赤の書』（河合俊雄監訳，創元社，203 頁〕/ *Cult Fictions: C.G. Jung and the Founding of Analytical Psychology* [London: routledge, 1998]. ユングがここで言及している議論は『黒の書』には記されていない――年代学的研究は，ユングが 1913 年の 11 月と 12 月のあいだに『黒の書 2』に進行したということを示唆している．『黒の書 2』は部分的に『新たなる書』の「第一の書」に再現されている．

第 6 回

1 ［2012］『新たなる書』において，ユングは次のように記している．「そして戦争が始まった．そこで私は，これまで体験してきた数々のことについて目を開かされた．そして，そのことで私はまた，この書のここまでの部分に書き留めてきた全てを語る勇気を得たのである」（p. 336）〔『赤の書』（河合俊雄監訳，創元社，374 頁〕

2 *MDR*, chapter VI, “Confrontation with the Unconscious” 〔『ユング自伝 1』河合隼雄ほか訳，みすず書房，第 6 章「無意識との対決」〕．

3 ［2012］ *The Red Book, Liber Primus*, chapter 2, “Soul and God,” pp. 233f 〔「第一の書」「第二章 魂と神」『赤の書』，河合俊雄監訳，創元社，239 頁以降〕．

4 ユング著作集 2 巻に収録されている精神生理学的研究を参照のこと（1907-1908）．

5 *MDR*, p. 188/180.「私は当初，これらのファンタジーを『黒の書』に書き下ろした．後になってそれを『赤の書』に移し，それには絵も飾ることにした」〔『ユング自伝 1』河合隼雄ほか訳，みすず書房，268 頁〕．［2012］『新たなる書』も参照のこと〔「新たなる書―― C.G. ユングの『赤の書』」『赤の書』，河合俊雄監訳，創元社〕．

6 ［2012］ミトラの典礼からの引用．ユングは 1910 年 8 月 31 日付のフロイトへの手紙の中でもこの文章を引用し，それを「精神分析のモットー」とすべきだと提案した．*Freud/Jung*, p. 350 〔『フロイト／ユング往復書簡集』平田武晴訳，誠信書房，92 頁〕．

7 このファンタジーは以下で詳細に記述されている．*MDR*, pp. 179f/172f 〔『ユング自伝 1』河合隼雄ほか訳，みすず書房，256 頁以降〕．

8　1925年の元旦，ユングは友人一行とグランド・キャニオンを訪問している．以下を参照のこと．Mcguire, “Jung in America,” pp. 39ff / Barbara Hanner, *Jung, His Life and Work: A Biographical Memoir* (New York,1976), pp. 158ff〔『評伝ユング　その生涯と業績』後藤佳珠ほか訳，人文書院，262頁〕.

9　［2012］このファンタジーが生じたのは1913年12月12日のことである．『新たなる書』の中でユングは次のように述べている．「私は，目に映る灰色の岩壁に沿って，大きな深みに沈んでいった．私は黒ずんだ汚泥にくるぶしまで浸かりながら，暗い洞窟の前に立つ．まわりには影たちが漂っている．私は不安に襲われるが，入っていかねばならないことはわかっている．狭苦しい岩の裂け目を這ってくぐり抜けて，私は，洞窟の中にたどり着いた．黒ずんだ汚水で地面は見えない．けれども，向こうのほうに赤く光る石を見つけ，私はそこにたどり着かねばならない．私は，泥水の中を歩いて渡っていく．洞窟は叫び声の凄まじい轟音で満ちている．私は石を摑む．それは岩壁の暗い隙間を塞いでいたのだ．おぼつかない思いであたりを見回しながら，石を手にしている．私は声を聞きたくない．それは私を遠ざける．けれども，私は知りたい．ここから何か言葉が聞こえるはずだ．私は隙間に耳をあてる．地下水流の轟きが聞こえる．その暗い流れの水面に血まみれの人の頭が一つ見える．そこには，傷を負い，打ちのめされた者が一人泳いでいる．この光景を，私は身震いしながら長い間眺めている．暗い流れの中を，大きな黒いスカラベが通り過ぎていくのが見える．／流れの深い奥底に，赤らんだ太陽が急に輝き，黒っぽい水を射し照らす．そのとき，私は，太陽がぼんやりと光っている深みを目指して，暗い岩壁の上を蠢く蛇の群れを見て，戦慄を覚える．何千匹という蛇がうようよ動いていって，太陽を覆い隠す．突如として深い闇が降りかかる．血の紅き噴出，深紅の血が，長い間溢れるように噴き出し，そして尽き果てた．私は恐ろしさで身じろぎもできない」（*Liber Primus*, chapter 5. “Descent into Hell in the Future” p. 237）〔「未来への地獄行き」『赤の書』河合俊雄監訳，創元社，246頁〕

10　*MDR*, p. 180/173〔『ユング自伝1』河合隼雄ほか訳，みすず書房，257頁〕.

11　ドイツの化学者F•A•ケクレ・フォン・シュトラドーニッツはベンゼンまたはベンゾール分子の環構造を提唱した（1865年）．そしておそらくそれは夢，もしくはヴィジョンの中でそのような形を見た後でのことだった．公表された文献の中でユングが最初にこれに言及しているものとして，以下を参照のこと．“The visions of Zosimos” (1937;CW 13), par. 143．以下も参照のこと．“The Psychology of the Transference” (1946;CW 16), par. 353〔『転移の心理学』林道義訳，みすず書房，9頁〕.

訳注

i　animaはラテン語で「魂」の意．語尾の -aは女性形である．

ii　ユングがここで述べているのは，ラテン語のanimaとanimusの微妙なニュアンスの違いのことである．どちらも「魂」「霊」を意味する言葉だが，女性形の語尾（-a）を持つanimaは「空気，息，命，魂」，男性形の語尾（-us）を持つanimusは「知性，精神，意思，勇気」というニュアンスの違いがある．以下も参照のこと．Murray Stein, *Jung's Map of the Soul: An Introduction*, pp. 133ff.

第7回

1　特定できなかった．有名なティッセン・ボルネミッサ・コレクションがルガーノのヴィラ・ファボリータに収容されたのは1932年になってからのことである．

2　おそらくJ・H・フュースリー（ヘンリー・フュースリー）の「レバノンの洞窟におけるフオンとシェラスミンの邂逅」（1804–1805）．個人蔵，ヴィンタートゥール（スイス）．時折，チューリッヒのクンストハウスに展示されている．

3　おそらく“or”の複写ミスだろう〔原文では“all of nothing”と表記されている箇所を，編者の解釈にしたがって“all or nothing”の誤記として訳出した〕．

4　以下の小論を参照のこと．“Picasso” (1932; CW 15), pars. 204ff.

5　フランスの画家マルセル・デュシャンの「階段を降りる裸体」は，1913年2月17日から3月15日，ニューヨークのアーモリー・ショウで展示された際，大変な流行を引き起こした．ユングは3月中旬，ニューヨークに滞在していた．以下を参照のこと．*Freud/Jung*, 350 J, n. 1〔『フロイト／ユング 往復書簡集』誠信書房，348頁〕．ユングはアーモリー・ショウでピカソの絵画を，おそらくはじめて見ていた可能性がある．

6　ミュンヘン彫刻美術館の彫刻（紀元前5世紀）．トロイ戦争の場面を描いている．

7　以下を参照のこと．*MDR*, pp. 179ff/173f〔『ユング自伝1』河合隼雄ほか訳，みすず書房，257頁以降〕．［2012］『新たなる書』において，ユングは以下のように記している．「私は一人の若者と高い山にいた．夜明け前であったが，東の空はもう明るかった．そのとき，山にジークフリートの角笛が歓声のように響きわたった．そこでわれわれは，われらが仇敵の到来を察知した．われわれは武装し，彼を殺そうと狭い岩道で待ち伏せした．すると，死者の骨で造られた馬車に乗ったジークフリートが，山々のはるか上空をやって来るのが見えた．彼が切り立った岩壁を大胆かつ見事に下降してきて，われわれが待ち伏せる狭い道にやって来た．彼が目の前の角を曲がろうとしたとき，われわれは一斉に発砲し，銃弾を受けた彼は転落して死んだ．その後すぐに私が逃げようとしたところ，凄まじい土砂降りの雨が降ってきた．雨がやんだ後，またもや死ぬほどの苦しみに苛まれ，英雄の殺害という謎を解けなければ，私は自殺しなければならないということを確かに感じたのだ」（*Liber Primus*, chapter 7, “Murder of the Hero.” pp. 241–2）〔『赤の書』河合俊雄監訳，創元社，251頁〕

8　［2012］『新たなる書』において，ユングは以下のように記している．「私が偉大なもの，美しいものとして讃えるものの全てを，彼（ジークフリート）は自分の内に備え，彼は私の力，私の勇敢さ，私の誇りであった」（p. 242）〔『赤の書』河合俊雄監訳，創元社，252頁〕

9　［2012］『新たなる書』において，ユングは以下のように記している．「雨は，民族の上にもたらされる大いなる涙の洪水である．それは，死の脅威で民族が凄まじい圧力にさらされた後に，その緊張を解く涙の洪水である．雨は私の中の死者の悼みであり，キリスト教の埋葬と再生に先立つものである．雨は大地を肥沃にするものであり，雨が，新しい小麦，若々しく成長する神を生み出すのだ」（p. 242）〔『赤の書』河合俊雄監訳，創元社，252頁〕

訳注

i　原文 subjective．本書では文脈に応じて，subjective を「主観的」「主体的」「主体としての」，objective を「客観的」「客体的」「客体としての」と訳し分けている．名詞の subject / object の訳語も同様．

第 8 回

1　この逸話はここで述べられているような形では文献の中に見当たらない．

2　匿名ではない．著者はジョン・ハバード医学博士『ピーター・ブロッブス，およびその親類たちの本物の夢』（*Authentic Dreams of Peter Blobbs and of Certain of his Relatives*; London, 1916）．同書はユングが 1920 年夏にイングランドのコーンウォールで行なった（内容は記録されていないと思われる）セミナーの主題だった．以下を参照のこと．*Dream Analysis*, ed. William Mcguire, introduction, p. ix〔『夢分析』入江良平訳，人文書院，11 頁〕．

3　おそらくビエンヌ湖のサン・ピエール島のこと．1765 年，J・J・ルソーは 2 カ月間そこに避難している〔それとは別にジュネーヴに「ルソー島」という名の小島が存在する〕．

4　*MDR*. pp. 181f/174〔『ユング自伝 1』河合隼雄ほか訳，みすず書房，269 頁以降/259 頁〕．

5　このファンタジーが生じたのは 1913 年 12 月 21 日のことである．以下を参照のこと．*Liber Novus*, pp. 245f〔『赤の書』河合俊雄監訳，創元社，258 頁〕．

6　写本版では "Elias"（エリヤのドイツ語およびギリシャ語の表記）／サロメの人物像に関しては以下の第 11 回，第 12 回も参照のこと．

7　［2012］私「いったいどんな奇跡があなたたちを結びつけたのですか？」／E「奇跡ではない．最初からそうだったのだ．私の知と私の娘はひとつのものなのだ」／私はショックを受けた．理解できない．／エ「こう考えてみるといい．彼女の目が見えないこと，私の目が見えること．それが私たちを永遠に伴わせているのだと」（*Liber Novus*, pp. 245f）〔『赤の書』河合俊雄監訳，創元社，256 頁〕．

8　ハーマン・メルヴィルの小説『マーディ』の中の司祭と乙女，およびライダー・ハガードの小説『あのひと』を参照のこと．第 15 回の注 1，および第 16 回の最後も参照されたい．

9　「集合的無意識の元型」（1934, CW 9 I, par. 64）〔『元型論』林道義訳，紀伊國屋書店〕，および後の著作を参照のこと．ユングは 1910 年にはグノーシス派の著述家たちの研究を開始していたが（*MDR*, p. 162/158），1918 年からこのセミナーの時期にかけて「真剣」に取り組んだと述べている（ibid., pp. 200f/192f）．［2012］シモン・マグス（紀元 1 世紀）は魔術師．使徒行伝（8: 9–24）において，魔術師シモンはキリスト教徒になった後に，ペテロとパウロから聖霊を授ける力を買い取ろうとした（ユングはこの説明を誇張と見なした）．彼に関するさらなる記述は外典のペテロ行伝や，キリスト教教父たちの著作にも見られる．魔術師シモンはグノーシス主義の開祖のひとりと見なされ，2 世紀にはシモン派が生まれている．彼はティルスの売春宿で見つけた，トロイのヘレネの生まれ変わりの女性と常に旅を共にしていたと言われている．ユングはこれをアニマ像の例として引用して

いる（“Soul and Earth,” 1927, CW 10, § 75）．シモン・マグスに関しては以下も参照のこと．Gilles Quispel, *Gnosis als Weltreligion* (Zurich: Origo Verlag, 1951), pp. 51–70 / G.R.S. Mead, *Simon Magus: An Essay on the Founder of Simonianism Based on the Ancient Sources with a Reevaluation of his Philosophy and Teachings* (london: theosophical Publishing house, 1892).『新たなる書』では，キリストがフィレモンにシモン・マグスと呼びかけている（p. 359）〔『赤の書』河合俊雄監訳，創元社，642 頁〕．

10　ヴァーグナーの『パルジファル』の登場人物．［2012］クンドリとクリングゾルは『新たなる書』（p. 302）にも登場する．

11　フランチェスコ・コロンナ『ポリフィリス狂恋夢』（Venice, 1499）．ユングの門弟リンダ・フィールツ・ダヴィドによる以下の解釈研究も参照のこと．*The Dream of Poliphilo* (tr. Mary Hottinger, B.S., 1950; orig., Zurich, 1947).

12　グスタフ・マイリンク『ゴーレム』（1915），『緑の顔』（1916）．両書は『タイプ論』（CW 6, par .205），および後の著作にも引用されている．

第 9 回

1　第 7 回．このレクチャーで議論されている写真は発見されていない．

2　第 4 回，第 6 回を参照のこと．

3　*Types*, pars. 231–2〔『タイプ論』林道義訳，みすず書房，149–50 頁〕．

4　［2012］テルトゥリアヌス（共通紀元約 160–220）はキリスト教教父のひとりで，初期教会の用語法の大半の元となった人物．1921 年，ユングはテルトゥリアヌスの著作を『タイプ論』で議論している（CW 6, § 16f）〔『タイプ論』林道義訳，みすず書房，18 頁以降〕．

訳注

i　原文 intellect．ここでは思考（thinking）と同義で用いられている．

第 10 回

1　写本版では“*Yi King.*”ジェイムズ・レッグによる翻訳書（*Sacred Books of the East*, XVI, 2nd ed., Oxford, 1899）ではこのように綴られている．同書は 1925 年時点で入手可能だった唯一の英語の翻訳書だった（ユングの書庫に東方聖典叢書 50 巻のうち 4 巻を除いてすべてが所蔵されている）．ここで参照されているのはリヒャルト・ヴィルヘルム翻訳の『易経』を，ユングの序文つきでケアリー・F・ベインズが英語に翻訳したもの（*The I Ching or Book of Changes*, New York/Princeton and London,1950; 3rd ed.,1967）．ユングの序文は著作集 11 巻にも収録されている．英訳版の以前の翻訳者は当セミナーの記録者であるデ・アングロ博士だった．ユングの易経への関心は 1920 年ごろまで遡る（*MDR*, p. 373/342）〔『ユング自伝 2』河合隼雄ほか訳，みすず書房，237 頁〕．ユングとヴィルヘルムがはじめて出会ったのは 1923 年ごろ．

2　［2012］『老子道徳経』に以下のようにある（Oxford: Oxford University Press, 2008, 2, p. 7）．「天下の人々が皆美しいと認めるから，醜いものが生じる．皆善いと判

断するから，善くないものが生じるのだ．有と無とは互いに補いつつ生じ，難と易《い》とは互いに補いあいつつ成立し，長と短とは互いにその形を決めあい，高と低とは互いに満たしあい，音と声とは互いに調和しあい，先と後とは互いに随《したが》いあう」〔『老子訳注 帛書「老子道徳経」』小池一郎訳，勉誠出版，5-6 頁〕

3　［2012］参照されているのはニーチェの『ツァラトゥストラかく語りき』．同書でツァラトゥストラは次のように述べている．「だが，人間は木と同じようなものだ．高みへと明るみへと上へ伸びていこうとするほどに，その根は強く向かっていく．地へ，下へ，暗みへ，深みへ，――悪のなかへ」（Trans. Richard Hollingdale, Harmondsworth: Penguin, 1969, p. 69）〔『ツァラトゥストラかく語りき』佐々木中訳，河出文庫，68 頁〕．ユング所有の同書のこの文章の横の余白には線が引かれている．

4　［2012］*Bhagavad Gita*（Trans. Laurie Patton, London: Penguin, 2008, p. 28）．（クリシュナ）「ヴェーダは三要素《グナ》よりなるもの（現象界）を対象とする．三要素よりなるものを離れよ．アルジェナ．相対を離れ，常に純質《サットヴァ》に立脚し，獲得と保全を離れ，自己を制御せよ」〔『バガヴァッド・ギーター』上村勝彦訳，岩波文庫，38 頁〕

5　［2012］ニーチェ『ツァラトゥストラかく語りき』（*Thus Spoke Zarathustra*），第二部，第五章，"On the Virtuous"（pp. 117f.）を見よ．〔『ツァラトゥストラかく語りき』佐々木中訳，河出文庫，「徳ある者たちについて」，157 頁以降〕

6　［2012］伝承によれば，万里の長城の西門である函谷関の守衛，尹喜.

7　ユリウス・ロベルト・マイヤーは 1940 年代のドイツの物理学者．以下を参照のこと．"On the Psychology of the Unconscious" (1917), CW 7, pars. 106ff.

8　ジュゼッペ・タルティーニは 18 世紀のバイオリン奏者で作曲家．彼にインスピレーションを与えた夢については以下を参照のこと．*Encyclopaedia Britannica*, 11th ed., s.v. Tartini.

9　ドレスデンのゲメルデガレリー（画廊）の「システィーナの聖母」，およびローマのサン・ピエトロ・イン・ヴィンコリ教会の「モーセ像」．イタリアのルネサンス美術に関する歴史家ジョン・シーアマンによると，初期の文献にこれらの作品がヴィジョンにインスピレーションを得たものだということを示す証拠は存在しない．シーアマンはユングのこの供述についてこう指摘している．「19 世紀の専門書の中のかなり杜撰な空論の物象化である……いずれの芸術作品もヴィジョンを表象しているというのは奇妙である」

10　カール・ランプレヒトはドイツの歴史家．以下を参照のこと．*Dream Analysis*, p. 192〔『夢分析』入江良平訳，人文書院，257-8 頁〕．［2012］ランプレヒトの業績と主要なユングの概念との関係については以下を参照のこと．Shamdasani, *Jung and the Making of Modern Psychology: The Dream of a Science* (pp. 282-3 and 305).

11　一般に Yellow River Map と言われている〔河図の「河」は黄河を指している〕．以下を参照のこと．*the I Ching*, 3rd ed., pp. 309, 320.

12　［2012］ピエール・アベラールは中世のスコラ哲学者．1921 年，ユングは以下で，唯名論と実念論との論争に関連してアベラールの業績を詳細に論じている．*Psychological Types* (CW 6, § 68f.)〔『タイプ論』林道義訳，みすず書房，54 頁以降〕．

13　［2012］以下を参照のこと．Freud, *Three Essays on the Theory of Sexuality*, SE 7〔『フロ

イト全集 6　性理論のための三篇』渡邉俊之訳，岩波書店〕.

14　写本版では “hells of sons”．誤記か.

15　この文章と前述の文章が以下に引用されている．Joan Corrie, *ABC of Jung's Psychology* (London, 1928), p. 58.

16　“A Contribution to the Study of Psychological Types” (CW 6), pars. 499f〔『タイプ論』林道義訳，みすず書房，533 頁〕．元はドイツ語のレクチャーで，フランス語版に改定された．いずれも 1913 年.

17　前述の文章とこの文章のこの箇所までが以下に引用されている．Joan Corrie, *ABC of Jung's Psychology* (London, 1928), p. 58.

18　ユングによる以下の文献を参照のこと．*Forward to Introduction to Zen Buddhism* (1939; CW 11), par. 882〔『東洋瞑想の心理学』湯浅泰雄ほか訳，創元社，175 頁〕．同論では別の形でこの逸話が述べられている．［2012］ユングは 1954 年に心理学クラブで，スヴェーデンボリに関する議論の中でこのエピソードに言及している（notes of Aniela Jaffe, Jaffe Collection, Swiss Federal Institute of Technology）.

19　これは記録に残っているユングの書物の中で，クンダリニー・ヨーガにはじめて言及された箇所である．1932 年の秋，ユングとドイツのインド学者の J・W・ハウアーはこのテーマに関する大半は英語でのセミナーを催した．［2012］以下を参照のこと．Shamdasani, *The Psychology of Kundalini Yoga: Notes of the Seminar Given in 1932 by Jung* (Princeton, NJ: Princeton University Press, 1996).

訳注

i　エドモン・ロスタンの劇の主人公のオンドリ.

第 11 回

1　CW 6, pars. 40ff〔『タイプ論』林道義訳，みすず書房，33 頁以降〕.

2　Goethe, *Versuch die Metamorphose der Pflanzen zu erklären* (1790).

3　ルイ・アガシーは，スイス・アメリカ人の自然科学者．「複合的創造」という理論を主張した．ユングは他ではアガシーを引用していないが，アガシーの『創世計画』（1875）を書斎に保有していた.

4　たとえば『ティマイオス』（37d）.

5　実際には第 8 回，注 6.

6　［2012］『新たなる書』に，ユングは以下のように記している．「エリヤとサロメのほかに，私は第三の原理として蛇を見出す．蛇は二人と結びついているものの，二つの原理の間にある未知のものである．蛇は，私における両方の原理の絶対の本質上の差異を教えてくれる．先に考えることの側から快楽を見ると，まずはじめに恐ろしげな毒蛇が見える．快楽の側から先に感じようとすると，まずはじめに冷酷にして残忍な蛇が感じられる．蛇は，人間に備わる大地的な本質であるが，人間はそのことを意識していない．そのあり方は土地や民族によって変わる．なぜなら，育む大地の母から流れてくる神秘なのだから」（p. 247）〔『赤の書』河合俊雄監訳，創元社，258 頁〕

7　*MDR*, p.182/174〔『ユング自伝 1』河合隼雄ほか訳，みすず書房，271 頁／258

頁〕．CW 5, index, svv. hero; snake(s) ――大部分はもとの『リビドーの変容と象徴』と同じもの．

8　［2012］『新たなる書』の第2層において，ユングはエリヤとサロメの像をそれぞれ先に考えることと快楽によって以下のように解釈した．「私の深みの諸力とは，先に定めること，そして快楽である．先に定めること，あるいは先に考えること（Vordenken）は，プロメテウス的なものである．彼は特定の考えなしに，混沌としたものに形と確定性を与え，水路を掘って，快楽にその対象を先に差し出す．先に考えることは，考えることに先立っている．ところが快楽は力で，それ自体に形や確定性を持たずに，さまざまな形に欲望を抱いては破壊する．快楽は形を愛し，自分に形を捕らえ，歓迎しない形は破壊する．先に考える者は予見者だが，快楽は目が見えていない．快楽は先を見ず，自分を揺り動かすものを欲しがる．先に考えることそれ自体には力がないから，心を動かさない．ところが快楽は力であるから，心を動かすのである」（p. 247）〔『赤の書』河合俊雄監訳，創元社，258頁〕．おそらく1920年代のいつかに書かれたもっとあとの記録において，ユングはこのエピソードに以下のようにコメントし，書き留めている．「この二人が一緒に現れることは，人間の精神の中に果てしなく繰り返してやって来るイメージである．老人は精神的原理を表しており，人はそれをロゴスと呼ぶ．娘は非精神的な感情原理を表しており，人はそれをエロスと呼ぶ」（p. 362）〔『赤の書』河合俊雄監訳，創元社，413頁〕

9　本書112頁，および118–9頁．

訳注

i　キュスナハトの自宅内でユングが面接室として使用していた書斎は，壁や書棚が薄い緑色で統一されている．以下のウェブサイトで実際の写真を見ることができる．https://www.cgjunghaus.ch/de/museum/

第12回

1　原文のまま（1925）．原子核の分裂のプロセスが発見されたのは1938年のことである．

2　以下を参照のこと．*MDR*, p. 182/174〔『ユング自伝1』河合隼雄ほか訳，みすず書房，271頁および259頁〕．

3　以下を参照のこと．『マタイ伝福音書』14章6節以降，および『マルコ伝福音書』6章22節以降．ただしどちらの箇所においても，女性に名前はついていない．名前が同定されるのはフラウィウス・ヨセフスの『古代ユダヤ史』（*Antiquities of the Jews*, XVIII, ch. 5）においてである．ユングの書斎にはヨセフスの著作の（ドイツ語の）1735年版が含まれている．それには「ユング博士」と記入されており，おそらくユングの父親か祖父のことだろう．ユングは14歳になった1889年に自らの蔵書票を添付している（ローレンツ・ユングからの私信）．

4　London, 1923. 以下を参照のこと．“Mind and Earth” (1927; CW 10), par. 75.

5　マハートマーや聖者は，チベットに住む神智学を創始した精神的な師だと考えられている．他の偉大な宗教の師も聖者と見なされる．以下を参照のこと．B.F.

Campbell, *Ancient Wisdom Revived: A History of the Theosophical Movement* (Berkeley, 1980), pp. 53–4. 神智学に関するユングの懐疑的な態度については以下を参照のこと．*Types* (CW 6), par. 594, and *Dream Analysis*, pp. 56, 60〔『タイプ論』林道義訳，みすず書房，380–1 頁，『夢分析』入江良平訳，人文書院，90 頁および 94 頁〕.

6 ［2012］1916 年 2 月 16 日，『黒の書 6』においてユングの魂は彼に次のように説明している．「私自身が，上方のものと下方のものをつなぐことを通して一つになっていないならば，私は三つの部分に解体していく．蛇あるいはその類のもの，あるいは別の動物の姿になって，自然をデーモン的に生き，恐怖と憧憬とに揺り動かされながら，あちこちをさまよう．人間の魂，それはいつもあなたと共に生きている．天上の魂，その場合は私は天上の魂として神々のもとにしばらくとどまり，あなたから離れて，あなたに知られることなく，小鳥の姿で現れる．この場合，三つの部分それぞれは，独立している」(reproduced in *Liber Novus*, p. 367)〔『赤の書』河合俊雄監訳，創元社，419 頁〕．この時期のエピソードのひとつにおいて，ユングは以下のように記している．「すると，私の魂は分裂して，鳥となった魂はさっと舞い上がって高いところにいる神々のもとへ行き，蛇となった魂は這って低いところにいる神々のもとへ行った」(ibid., p. 358)〔『赤の書』河合俊雄監訳，創元社，403 頁〕

7 "Concerning Mandala Symbolism" (1950; CW 9 i), par. 685〔「マンダラ・シンボルについて」『個性化とマンダラ』林道義訳，みすず書房，207 頁〕.

8 ［2012］ユングが言及しているのは以下の対話のことである．「私「考えはあまりに先走り，私には行き過ぎた観念がはばかられます．それは危ういのです．なぜなら，私は一人の人間で，いかに多くの人間が，考えを自分自身のものと見なすことに慣れきってしまい，ついには自分自身と考えを混同するまでになるかをあなたはご存知です」／エ「そのような人間を見ているからといって，彼らと同じ世界に存在しているからといって，木や動物と自分を混同する気か？　おまえが自分の考えの世界にいるという理由で，自分の考えと同じでなくてはならないのか？　木や動物がおまえの身体の外にあるように，おまえの考えもおまえの自己の外にある」／私「わかります．私の思考の世界は私にとって，世界というよりむしろ言葉でした．私は自分の思考の世界のことを，自分のことのように考えていました」／エ「おまえの人間の世界や，おまえ以外の全ての存在に対して，「おまえは私だ」と言うのか？」」(*Liber Novus*, p. 249)〔『赤の書』河合俊雄監訳，創元社，260 頁〕

9 ［2012］*Liber Novus*, pp. 251f〔『赤の書』河合俊雄監訳，創元社，263 頁以降〕.

10 ［2012］ユングが言及しているのは以下のエピソードのことである．「十字架の足もとに黒い蛇が絡みついている——私の足にはその黒い蛇が巻き付いている——私は金縛りにあったようになり，両腕を伸ばす．サロメが近づいてくる．蛇は私の体じゅうに巻き付いてしまい，私の顔はライオンになっている．／サロメはこう言う．「マリアはキリストの母です．おわかりか？」／私「恐ろしく，訳のわからない力だが，末期の苦しみにあられる主を見倣うよう私に強いているようだ．けれどもいったいどうして僭越にもマリアを私の母と呼べようか？」／サ「おまえはキリストだ」／私は十字架にかけられた者のように腕を広げて立つ．体にはぎっしりと無惨に蛇が巻き付いている．「サロメよ，私がキリストだと言う

のか？」／まるで私は，ひとりで高い山の上に立ち，微動だにせず腕を広げているかのようである．蛇は私の体を恐ろしい輪になって締め付け，私の体からは血が山腹の泉へと流れ落ちる．サロメは私の足下に身を屈め，私の足を黒髪で包む．彼女は長い間ずっとそうしている．すると彼女は叫ぶ．「光が見える！」と．確かに，彼女は見えている．彼女の目は見開いているのだ．蛇は私の体から落ち，ぐったりと地面に横たわっている．私は蛇をまたいで進み，預言者の足下に跪く．予言者の姿は炎のように光り輝いている」（*Liber Novus*, p. 252）〔『赤の書』（河合俊雄監訳，創元社，264–5 頁〕

11　引用は，球を伴う天国の形を逆さまに映す，円を伴う地獄という空洞の円錐状の形についてのダンテの概念である．

12　この物語はここで述べられているような形ではどのロシアの作家の作品の中にも見つからない．ただし，意見を求められたスラブ学者たちは，その物語がレオニド・アンドレーエフによる「口笛」という物語を間違って想起したものだろうという点で合意している．

13　Lucius Apuleius, *The Golden Ass*, XI. Cf. *Symbols of Transformation* (CW 5), par. 102, n. 51; *Psychology of the Unconscious* (1916), p. 496, n. 30〔『変容の象徴』野村美紀子訳，筑摩書房，127 頁，注 4〕.

14　CW 5, par. 425, and pl. XLIV; *Psychology of the Unconscious*, pp. 313f〔『変容の象徴』野村美紀子訳，筑摩書房，423 頁および図 182〕.［2012］リチャード・ノルは以下でこのエピソードに言及している．"Jung the Leontocephalus," *Spring: A Journal of Archetype and Culture* 53 (1994): pp. 12–60. ノルの論文については以下も参照のこと．Shamdasani, *Cult Fictions: Jung and the Founding of Analytical Psychology* (London: Routledge, 1998).

15　CW 5, par. 425, and pl. XLIV; *Psychology of the Unconscious*, pp.313f〔『変容の象徴』野村美紀子訳，筑摩書房，423 頁および図 182〕.

16　CW 5, pl. LXIII〔『変容の象徴』野村美紀子訳，筑摩書房，649 頁，図 293〕.

17　C.W. King, *The Gnostics and Their Remains, Ancient and Medieval* (London, 1864) ——ユングの蔵書に含まれている．

18　記録が存在しない（ただし以下の文献を除く．Joan Corrie, *ABC of Jung's Psychology*, 1927, p. 80. 同書ではその夢がこのセミナーからのものだと記されている）．1910 年 2 月 20 日付のフロイトへの書簡の中で，ユングはこう記している．「なにしろ雑然としたもの，とくに神話が心中で煮えたぎっているのです……わたしの夢は意味深長な象徴の数々を楽しんでおりまして」〔『フロイト／ユング往復書簡集 下』平田武晴訳，誠信書房，23 頁〕

19　Franz Cumont, *Textes et monuments figurees relatifs aux mysteres de Mithra* (2 vols., Brussels, 1894–1899) / *Die Mysterien des Mithra* (1911) ——キュモンによる他の著作と同じく，どちらもユングの蔵書に含まれている．ミトラ教へのユングの関心は早くも 1910 年 6 月の時点で，フロイトとの書簡において言及されている．以下を参照のこと．letters 199a F and 200 J〔『フロイト／ユング往復書簡集 下』平田武晴訳，誠信書房，71–7 頁〕．ユングは『変容と象徴』の中でキュモンを頻繁に引用している．

第 13 回

1 第 1 の絵のみ，元の写本版の中から再現されている．原画は現存していない．

2 ラディンの講演の記録は発見されていないが，その主題がアメリカ中西部のウィネバゴ族の医術儀礼であったことがここからは明白である．以下を参照のこと．Radin, *The Road of Life and Death: A Ritual Drama of the American Indians* (B.S. V; New York, 1945). ユングとラディンの関係，およびラディンがいかにしてそのセミナーに参加することになったのかについては，マガイアーの「序論」を参照のこと．

訳注

i 原文では unconscious だが conscious の誤表記として訳出した．後続の内容，および第 12 回，116 頁も参照のこと．

第 14 回

1 ユングは 1924 年に世界新教育連盟の後援でロンドンで行われた計 3 回のレクチャーの第 3 回に，はじめてこの夢に言及した．レクチャーの第 1 回は 5 月 10 日，ウェンブリー郊外で開催されたばかり大英帝国博覧会で地元の教育団体の会合の一部として行なわれた．第 2 回は 5 月 12 日，第 3 回は 5 月 13 日に，ウエストエンドのモーティマー・ストリート・ホールで開催された（*Times Educational Supplement*, 3, 10, and 17 May, 1924）．ユングは最初から英語でレクチャーの原稿を作成し，それから C・ロバート・アルドリッチが改訂作業を行なった．原稿は最初にドイツ語で出版され（1926 年），そのあと（本書のレクチャーに加えて）H・G・ベインズおよびケアリー・F・（デ・アングロ・）ベインズの手で英語に翻訳されたものが『分析心理学論集』（*Contributions to Analytical Psychology*, 1928）の中に収録された．ここで議論されている夢に関しては以下を参照のこと．“Analytical Psychology and Education”(CW 17), par. 208. さらに詳しくは以下を参照のこと．“Archetypes of the Collective Unconscious” (1934; CW 9 i), pars. 71ff〔「集合的無意識の諸元型について」『元型論　増補改訂版』林道義訳，紀伊國屋書店，67 頁〕.

第 15 回

1 H. Rider Haggard, *She* (London, 1887), Pierre Benoît, *L'Atlantide* (Paris, 1920), Gusttav Meyrink, *Das grüne Gesicht* (Leipzig, 1916). 後の著作で，ユングはアニマの主要な例として『あのひと』と『アトランティード』の 2 冊を引用している．ユングが小説『アトランティード』と出会ったのは，1920 年 3 月のアルジェリアとチュニスへの旅行のときのことだったらしい．以下を参照のこと．*Word and Image*, p. 151.

2 Marie Hay, *Evil Vinyard*, New York and London, 1923. アグネス・ブランシェ・マリー・ヘイ（1873–1938）はイギリス人女性．ドイツ外交官のヘルベルト・ベネッケンドルフ・ウント・フォン・ヒンデンブルクと結婚した．スイス人の詩人ゴットフリート・ケラーの危機的な人生についての著作（1920）もある．ヘイ，ハガード，ブノアの小説に関する言及としては以下を参照のこと．“Mind and Earth”

(1927; CW 10), pars. 75–91. 本セミナーでの報告と議論については，後述の第16回の補遺を参照のこと．

3　ユングの機能タイプ理論の古典的な説明は『タイプ論』第10章に見られる〔『タイプ論』林道義訳，みすず書房〕．

4　図では「個人」となっている．

5　わかりやすさのために，この一節にはイタリック表記が追加されている〔本書では傍点による強調〕．同段落は以下に引用されている．Corrie, *ABC of Jung's Psychology*, pp. 29f.

第16回

1　ユングは1924年にロンドンで行なったレクチャーのひとつにおいて，はじめてこの事例について，この箇所よりも詳細に論じている．既出の第14回注1を参照されたい．以下も参照のこと．“Analytical Psychology and Education” (CW 17), par. 182 / “Basic Postulates of Analytical Psychology” (1931), CW 8, par. 685 / “The Tavistock Lectures” (1935), CW 18, par. 282〔『分析心理学』小川捷之訳，みすず書房，210頁〕．

2　［2012］カベイロイはサモトラキの秘儀で讃えられる神々で，豊穣を促すもの，そして船乗りを保護するものと考えられていた．ゲオルク・フリードリヒ・クロイツァーおよびフリードリヒ・シェリングはカベイロイをギリシャ神話の原初的な神々であり，そこから他のすべての神々が発展したと考えた（*Symbolik und Mythologie der alten Volker* [Leipzig: Leske, 1810–23]；*Schelling's Treatise on“The Deities of Samothrace*” (1815)（R・F・ブラウンによる解説・翻訳 , Missoula, MT: Scholars Press, 1977））．ユングは両方の著作を所有していた．カベイロイはゲーテの『ファウスト』第2部第2幕に登場する．カベイロイは『赤の書』に登場した（pp. 306, 320f., and 326f.）〔『赤の書』河合俊雄監訳，創元社，331頁，352頁および361頁〕．

3　ユングの情報源となったのはクヌート・ラスムッセンの著書（*Neue Menschen; ein jahr bei den nachbarn des Nordpols* [1907]）かもしれない．同書はユングの蔵書に含まれていた．あるいは『夢分析』セミナー（pp. 5f, 1928）〔『夢分析1』入江良平訳，人文書院，26頁〕で引用したラスムッセンの著書（*Across Arctic America* [1927]）か．

4　写本版のこの箇所は誤りだと思われる．おそらく“enough”．

5　［写本版注］レクチャーに関連して混乱させられる点がたくさん浮かび上がってきたため，ユング博士は記録に以下の補遺と同様に，補助的素材を追加した．

6　［2012］1921年，ユングは以下のように記している．「もし心が理念に対して生きた価値を与えることができなければ，そもそも理念とは何なのであろうか．またもし心が事物から感覚的印象の影響力を奪い取るなら，客観的事実とは何なのであろう．実在は，もしそれがわれわれの中の現実でないならば，「こころ《アニマ》の内なる存在」とは言えないであろう．生きた現実は事物の実際の客観的なあり方のみによっても，理念的定式のみによっても与えられるのではなく，むしろ両者が生き生きとした心理的過程の中で統合されることによって，すなわち「こころ《アニマ》の内なる存在」であることによって，与えられるのである」*Psychological Types* (CW 6, §77)〔『タイプ論』林道義訳，みすず書房，60頁〕．

7　本の割り当てについては第15回（1週間前）を参照のこと．

8 "Collection of British and American Authors". 同書はヨーロッパ大陸での販売のためにドイツの企業が（英語で）出版したもの．合法的な形ではアメリカおよびイギリスの領土では流通しなかった．

9 ヘンリー・ライダー・ハガード卿（1856–1925）はイギリスに帰国し，イギリス人の富豪の娘と結婚する以前，1875年から1880年まで南アフリカでナタールの総督の秘書として勤務していた．ハガードの恋愛小説は彼に名声と富をもたらした．

10 London, 1914. ブラックウッド（1869–1951）は超自然現象を主題とした短編を多く記している．その作品はグスタフ・マイリンクと比較されてきた．

11 表現主義的芸術家・作家のアルフレート・クービン．シュミッツの妹と結婚した．ユングは彼の小説『もうひとつの面』（1909）を「無意識のプロセスの直接的知覚の古典的な例」として引用している（*Jung: Letters*, vol. 1, p. 104: 19 Nov. 1932）．

12 カリクラテスは紀元前五世紀のギリシャの建築家のことではなく，『あのひと』の登場人物〔「あのひと」，すなわちアッシャが太古の昔に愛した男性〕．

13 Haggard, *Ayesha, or the Return of She* (1895).

14 1811年，スコットはアボッツフォードに地所を購入した．1814年，ウェイヴァリー小説群の最初の1冊を出版．1826年，破産．

15 アーサー王伝説の中の聖杯の探求の主人公であるパーシヴァル，パルツィーヴァル，パージファルのことを，ユングはヴォルフラム・フォン・エッシェンバッハの詩やヴァーグナーのオペラを通じてよく知っていた．ユングはどちらの作品もさまざまな形で引用している（ユングはフロイトへの書簡（Dec. 1908, 117 J）の中でパージファルに触れ，『リビドーの変容と象徴』（1912）では聖杯に言及している．以下を参照のこと．*Psychology of the Unconscious*, ch. 6, n. 36 と CW 5, par. 150, nn. 577, 60〔『変容の象徴』野村美紀子訳，筑摩書房，465頁〕/ *Types*, CW 6, par. 371ff.〔『タイプ論』林道義訳，みすず書房，236頁以降〕．エンマ・ユングはこのセミナーが開催された年に聖杯伝説の研究を開始したらしい．以下を参照のこと．ユング夫人が亡くなった時点では未完成のままだったが，フォン・フランツの手で完成された著作（*The Grail Legend* [orig. 1960; tr. Andrea Dykes, New York and London, 1971]）に寄せられたマリー・ルイーズ・フォン・フランツの序文（p. 7）を参照のこと．フォン・フランツによれば，ユングは妻の関心を尊重して，聖杯伝説と錬金術との関連についての研究を行なわなかったのだという．［2012］パージファルは『新たなる書』の中に登場している（p. 302）〔『赤の書』河合俊雄監訳，創元社，328頁〕．

16 15世紀．通常はカステロ・ディ・フェーロと呼ばれる．ロカルノ郊外，マッジョーレ湖の湖畔のヌミジオにある．以下を参照のこと．*Kunstdenkmaler der Schweiz*, vol. 73 (Basel, 1983), pp. 219ff.

17 ベイコンは幼いころニカラグアで生活したことがあった．以下の彼の自伝を参照のこと．*Semi-centennial* (New York, 1939).

18 ロレトの連禱とも呼ばれる（16世紀）．祈禱の文言とその分析について，以下を参照のこと．*Types* (CW 6), pars. 379. 390ff., 406〔『タイプ論』林道義訳，みすず書房，242頁，246項以降，259項〕．

19 写本版では「アトランティード」（"Atlantide"）．

20　写本版では “a moral”.

21　その6年前に聖別されていた，宗教的象徴性を備えたパリのモンマルトルのサクレ・クール寺院の聖堂，もしくは聖心に関するローマ・カトリック教会の信仰のいずれか．

22　ユングがウィリアム・ジェイムズからとった用語．以下を参照のこと．“A Contribution to the Study of Psychological Types“(1913; CW 6), par. 867〔『タイプ論』林道義訳，みすず書房，536頁〕

23　1931年11月，エンマ・ユングはチューリッヒの心理学クラブで，アニムスの問題に関するレクチャーを行なった．論文が以下において発表されている．Wirklichkeit der Seele (Psychologische Abhandlungen 4; Zurich, 1934); tr. C. F. Baynes, “On the Nature of the Animus,” *Spring*, 1941. 以下の形で再版された．E. Jung, *Animus and Anima* (New York, 1957), pp. 1-44〔『内なる異性——アニムスとアニマ』笠原嘉，吉本千鶴子訳，海鳴社，6-60頁〕.

訳注

i　原文では institution だが，intuition の誤りとして訳出した．

ii　原文では psychical だが，前後の文脈から physical の誤りとして訳出した．

iii　原文では “hero” で，以下の議論を含めて，「英雄」と「主人公」が同じ言葉であることに留意されたい．

iv　第二帝政（1852-1870）の誤りだろう．